DINHEIRO, ELEIÇÕES E PODER

BRUNO CARAZZA

Dinheiro, eleições e poder

As engrenagens do sistema político brasileiro

Copyright © 2018 by Bruno Carazza

Grafia atualizada segundo o Acordo Ortográfico da Língua Portuguesa de 1990, que entrou em vigor no Brasil em 2009.

Capa
Thiago Lacaz

Preparação
Cacilda Guerra

Checagem
Érico Melo

Índice remissivo
Probo Poletti

Revisão
Clara Diament
Angela das Neves

Dados Internacionais de Catalogação na Publicação (CIP)
(Câmara Brasileira do Livro, SP, Brasil)

Carazza, Bruno
    Dinheiro, eleições e poder : As engrenagens do sistema político
brasileiro / Bruno Carazza. — 1ª ed. — São Paulo : Companhia
das Letras, 2018.

    Bibliografia
    ISBN 978-85-359-3125-9

    1. Brasil — Política e governo 2. Campanhas eleitorais
3. Dinheiro — Aspectos políticos 4. Doações de empresas 5. Eleições
— Leis e legislação — Brasil 6. Partidos políticos — Brasil I. Título.

18-15499   CDD-324.981

Índice para catálogo sistemático:
1. Brasil : Política e governo   324.981

[2018]
Todos os direitos desta edição reservados à
EDITORA SCHWARCZ S.A.
Rua Bandeira Paulista, 702, cj. 32
04532-002 — São Paulo — SP
Telefone: (11) 3707-3500
www.companhiadasletras.com.br
www.blogdacompanhia.com.br
facebook.com/companhiadasletras
instagram.com/companhiadasletras
twitter.com/cialetras

Sumário

Introdução 7

PARTE I: DINHEIRO E ELEIÇÕES

1. O marqueteiro e o dinheiro nas eleições 21
2. Tentando dimensionar o caixa dois 28
3. Quando a doação é demais, o eleitor deveria desconfiar .. 40
4. Doa quem tem interesse no Estado 54
5. Pouca ideologia, muito pragmatismo 63
6. Eles se lambuzaram com o dinheiro das empresas 76
7. Os caciques 88
8. Contribuições de campanha e resultado das eleições ... 100

PARTE II: DINHEIRO E PODER

9. Presidencialismo de coalizão ou de cooptação? 113
10. Siga o líder 131
11. Medidas provisórias, lucros permanentes 140
12. Os superpoderes do resolvedor-geral da República 155
13. Emendas que valem ouro 164

14. Interesses em jogo nas comissões 176
15. Bancadas que botam banca 186
16. Bobo da corte? 197

PARTE III: DESATANDO OS LAÇOS ENTRE DINHEIRO,
ELEIÇÕES E PODER

17. O STF não acabou com a farra 217
18. Um olhar para o mundo: financiamento público
ou privado? 227
19. Oferta e demanda de dinheiro nas eleições:
listas fechadas vs. voto distrital 241
20. Cresça e apareça: coligações e cláusula de barreira 250
21. Quem quer combater o caixa dois? 259
22. Cooptação e predação do Estado 267

Conclusão 277
Agradecimentos 283
Notas 287
Referências bibliográficas 311
Índice remissivo 317

Introdução

Numa manhã de maio de 2004, eu estava numa sala em pleno Senado Federal, diante de alguns dos maiores vultos da política brasileira: José Sarney, Renan Calheiros, Tasso Jereissati, Aloizio Mercadante, Antonio Palocci e outros.[1] No final da reunião, um rápido diálogo entre dois senadores me ensinou como nossa República funciona de verdade.

Servidor público de carreira, desde 2002 eu vinha participando das discussões técnicas em torno de um projeto de lei de interesse do Ministério da Fazenda: a nova Lei de Falências. Naquele momento de nossa história recente, a estabilidade macroeconômica havia sido assegurada com o bem-sucedido tripé responsabilidade fiscal, câmbio flutuante e metas de inflação, e o olhar da equipe então comandada por Pedro Malan começava a se deslocar para o lado micro da economia.[2]

Ao tomar posse como ministro da Fazenda, Antonio Palocci garantiu a continuidade da política econômica do governo anterior, para alívio do mercado e de um imenso eleitorado que havia confiado na Carta ao Povo Brasileiro elaborada pelo Partido dos

Trabalhadores (PT) durante a campanha presidencial de Luiz Inácio Lula da Silva. E partindo do diagnóstico de que o crescimento sustentável só seria alcançado com reformas institucionais para aumentar a produtividade brasileira, Palocci atribuiu à Secretaria de Política Econômica (SPE), onde eu trabalhava, a missão de coordenar a chamada agenda microeconômica.[3]

Os debates a respeito da nova Lei de Falências ilustravam bem essa nova orientação. A legislação que tratava do processo de fechamento de negócios fracassados havia entrado em vigor ainda na primeira metade do século anterior. O Brasil do decreto-lei nº 7.661/1945 era eminentemente agrário; a urbanização e a industrialização ainda davam seus primeiros passos. Não espantava, portanto, que os processos de falência de grandes empresas surgidos a partir da década de 1990, como Mesbla, Mappin e Encol, se arrastassem por décadas na Justiça, muitas vezes manchados por acusações de fraudes. O resultado era a deterioração dos ativos (marcas, fundos de negócios, imóveis, maquinários), com imensos prejuízos para os antigos trabalhadores, credores e fornecedores.

A orientação que recebemos na SPE foi retomar um projeto de lei que já tramitava havia anos na Câmara dos Deputados — o PL nº 4.376/1993 — e torná-lo uma norma moderna, capaz de estimular a recuperação das empresas viáveis e de propiciar a rápida transferência dos ativos daquelas que se encontravam em situação irreversível. Para isso, foi constituído um grupo de trabalho informal com servidores de diferentes órgãos — além do Ministério da Fazenda, Banco Central, Casa Civil, Ministério da Justiça, Câmara e Senado —, com diferentes formações, para estudar o assunto.

O grande desafio era conciliar os interesses divergentes em torno da legislação. Trabalhadores, bancos, fornecedores e o próprio fisco concordavam com o princípio geral da lei, mas cada qual queria assegurar para si maiores vantagens na hora da distribuição dos valores arrecadados durante a falência. Para chegar à proposta mais equilibrada possível, pesquisamos a experiência internacional, ouvimos especialistas nacionais e estrangeiros, acadêmicos e profissionais da área, realizamos reuniões, audiências e seminários em vários estados — tudo para chegar a um projeto final que alinhasse os incentivos divergentes em prol do estímulo à produção, da proteção ao crédito e da capacidade de geração de renda e tributos.

E por fim, depois de anos de idas e vindas, chegamos à tal reunião no Senado para bater o martelo sobre a redação final que seria posta em votação no plenário. O relator do projeto, o já falecido senador Ramez Tebet (MDB-MS[4]), havia convidado o ministro Palocci para explicar os principais pontos do projeto para os líderes dos partidos. E eu me encontrava naquela fileira de assessores que se posicionam atrás das autoridades para dar algum suporte caso o ministro precise de algum dado ou informação específica.

Foi quando se deu o diálogo que abriu meus olhos para o modo como as leis são feitas no Brasil. A certa altura da reunião, quando se discutia o procedimento da recuperação extrajudicial — um método mais rápido e informal de resolução de conflitos, sem a interferência da Justiça —, houve uma conversa entre dois senadores (um do PT e outro do PSDB), mais ou menos nos seguintes termos:

— Você já conversou com o Ernane?* O que o Ernane acha disso?

— O Ernane falou que está o.k. A redação ficou boa.

— Então, se o Ernane concordou, a gente não se opõe.

A reunião continuou normalmente e, ao final, combinou-se a data em que o projeto seria colocado em pauta.

Poderia ter passado batido, mas aquela história de Ernane me deixou intrigado. Nem eu nem qualquer dos meus colegas tínha-

---

* Nome fictício.

mos ouvido falar desse nome nas discussões sobre o projeto. Na saída do Senado, encontramos uma assessora parlamentar do Ministério da Fazenda. Como ela vivia o dia a dia do Congresso, contamos a ela o diálogo entre os dois senadores e lhe perguntamos se sabia quem era o tal Ernane. Ela deu uma risada e explicou de quem se tratava: o lobista de um grande grupo de comunicação.

Fazia todo o sentido. Àquela época, aquele conglomerado de mídia estava às voltas com grandes dívidas e, portanto, seus donos e executivos tinham muito interesse na redação final da Lei de Falências, sobretudo no que se referia à possibilidade de realizar uma recuperação extrajudicial. Era mesmo de esperar que o supervisor de "relações institucionais" — designação corporativa de quem faz lobby — daquele grupo de comunicação acompanhasse de perto o processo e utilizasse toda a sua influência junto a lideranças de partidos de todas as nuances ideológicas para aprovar um texto que melhor atendesse à empresa. O folclore em Brasília, segundo a assessora parlamentar, era que nada de relevante seria aprovado no Congresso sem passar pelas mãos do Ernane.

Muitos anos depois eu me lembrei dessa história quando elaborava o meu projeto de doutorado na Universidade Federal de Minas Gerais (UFMG). Com formação original em economia, aquela experiência de analisar e acompanhar a tramitação de projetos de lei no Congresso me inspirou a estudar direito. Para o doutorado, decidi investigar como os grupos de interesses influenciavam a concepção da legislação, um tema que costuma passar ao largo da pesquisa jurídica. Lembrando do Ernane, resolvi analisar as relações entre dinheiro, eleições e poder na elaboração das leis no Brasil.

É importante destacar, no entanto, que a promoção de interesses, sejam eles particulares ou coletivos, junto a agentes públicos é, em princípio, legítima e democrática. Também é razoável que parlamentares e governantes recorram a empresários e outros agentes privados antes de tomarem suas decisões — faz parte do processo de compreensão da realidade e dos possíveis efeitos de suas decisões. Contudo, o que pode afrontar os ideais do Estado Democrático de Direito são os métodos empregados e os arranjos institucionais que garantem que alguns indivíduos tenham um acesso tão privilegiado aos detentores de poder a ponto de influenciar sobremaneira suas ações a seu favor. Afinal, vínculos incestuosos entre as elites econômica e política são tradição na história brasileira. Uma passada de olhos na legislação aprovada no Império (1822-89) revela que grande parte dos princípios normativos tratava de concessões feitas a agentes privados para explorarem, com exclusividade, determinadas atividades econômicas, como mineração, transportes e bancos.[5] Avançando pelo período republicano, acadêmicos como Gilberto Freyre (1933), Sérgio Buarque de Holanda (1936), Victor Nunes Leal (1949), Raymundo Faoro (1958), Roberto DaMatta (1979) e José Murilo de Carvalho (2001) identificaram no patrimonialismo e no clientelismo uma chave para entender o Brasil.

A restituição da democracia e a instituição de uma nova ordem constitucional trouxeram consigo a liberdade de imprensa e o fortalecimento das instituições de controle — Ministério Público, Polícia Federal, Receita Federal, Tribunais de Contas, Controladoria-Geral da União. Como consequência, o país passou a ser rotineiramente abalado por escândalos de corrupção que expõem as vísceras do exercício de poder no Brasil. Do "esquema P. C. Farias" à Operação Lava Jato — passando pelo escândalo dos Anões do Orçamento, as suspeitas sobre o processo de privatizações no governo Fernando Henrique Cardoso e os mensalões petista, tucano e do Democratas (DEM), para ficar só nos mais rumorosos —, nossa história recente é uma sucessão de crises que expõem políticos poderosos ligados a empresários interessados em benesses estatais.

Uma análise em perspectiva dos grandes casos de corrupção

a partir de 1988 revela uma superposição de personagens, empresas e práticas ilícitas que evidenciam como nosso Estado vem sendo capturado por essa relação viciosa que concentra renda e poder na mão de poucos.

A leitura do Relatório Final da Comissão Parlamentar Mista de Inquérito (CPMI) do "esquema P. C. Farias" oferece uma boa indicação de como a história se repete no Brasil contemporâneo.

Paulo César Siqueira Cavalcante Farias, o "P. C. Farias", teve formação clássica. Foi seminarista, professor de francês e latim e advogado de júri. Mas no seu depoimento à CPMI que investigava suspeitas de corrupção no governo Collor, autointitulou-se um "comerciante nato".[6] Certamente foi essa habilidade para os negócios que o credenciou a participar da campanha de Fernando Collor de Mello — primeiro, na sua candidatura ao governo de Alagoas em 1986 e, três anos depois, na vitória que o conduziu à Presidência da República.

P. C. Farias não foi o tesoureiro oficial da campanha — perante o Tribunal Superior Eleitoral (TSE), esse cargo foi exercido por Cláudio Vieira, seu antigo companheiro de seminário e secretário particular de Collor. Mas o próprio Vieira reconheceu, em seu depoimento perante a CPMI, que P. C. Farias foi o "coletor de apoios financeiros" da campanha.[7]

O "esquema P. C." foi criado numa época em que eram proibidas as doações eleitorais de empresas — situação, aliás, que voltou a imperar no Brasil em 2015. No entanto, as investigações realizadas pela Receita Federal, pela Polícia Federal e pelos membros da CPMI revelaram práticas que soam familiares aos brasileiros que hoje se acostumaram a acompanhar diariamente os desdobramentos da Operação Lava Jato nos jornais.

A CPMI concluiu que P. C. Farias utilizou suas empresas — sobretudo a consultoria EPC e a operadora de transporte aéreo Brasil Jet — para receber dinheiro de grandes grupos empresariais interessados em contratos públicos e financiamentos de instituições financeiras oficiais.[8]

Para fazer o dinheiro chegar até seu destino final — o pagamento de despesas pessoais do presidente Fernando Collor e de sua família, além de seus principais assessores e campanhas de diversos candidatos —, foram utilizadas contas bancárias fantasmas,[9] doleiros,[10] notas fiscais frias (mais de 70% das notas emitidas pela EPC tinham fortes indícios de irregularidades, atestou a Receita Federal),[11] além de contas não declaradas no exterior e em paraísos fiscais. P. C. Farias controlava direta ou indiretamente empresas nas Bahamas, Ilhas Virgens Britânicas e Americanas, Aruba, França e Miami.[12]

Entre as empresas que alimentaram o esquema buscando se aproximar do núcleo do poder no governo Collor, aparecem no Relatório Final da CPMI figuras centrais nos processos da Lava Jato: Odebrecht, Andrade Gutierrez, OAS, Serveng-Civilsan, Carioca Engenharia.[13] Grande parte do dinheiro do esquema foi movimentada em contas-fantasmas abertas no Banco Rural, que se tornaria famoso alguns anos depois devido aos escândalos dos mensalões tucano e petista.[14] Até Eduardo Cunha, então um ilustre desconhecido, que viria a se tornar o pivô de outro impeachment 24 anos depois, é citado no Relatório Final da CPMI por ter sido indicado por P. C. Farias para a presidência da extinta Telerj.[15]

Obviamente a escala de valores naquela época era muito menor. A Odebrecht aparece no relatório como principal abastecedora do esquema, contribuindo com 3,2 milhões de dólares para as empresas de P. C. Farias. Comparado com os valores de anos depois — a "central de propinas" da Odebrecht movimentou 3,37 bilhões de dólares entre 2006 e 2014, segundo os executivos do grupo baiano —, esse valor parece insignificante. Mas o que importa destacar aqui não é o montante, e sim o método e os personagens, que se intensificam e se repetem ao longo do tempo. E, a esse respeito, no ano seguinte ao impeachment de Collor, eclodiu em Brasília outra bomba: a descoberta das práticas ilícitas cometidas pelos "Anões do Orçamento".

Em 20 de outubro de 1993, a revista *Veja* estampou na capa o ex-diretor de Orçamento da União José Carlos Alves dos Santos prometendo entregar "os podres do Congresso" (era essa a manchete). Ao longo da entrevista, o servidor denunciou o deputado João Alves — que havia duas décadas era membro da Comissão de Orçamento — de comandar um esquema de manipulação da execução das emendas orçamentárias que beneficiou dezenas de parlamentares em conluio com instituições "filantrópicas" e empreiteiras. Como a maioria dos políticos envolvidos era de baixa estatura e pertencente ao chamado "baixo clero" do Congresso, o escândalo ficou conhecido como o dos Anões do Orçamento.

De acordo com o depoimento de José Carlos Alves dos Santos à CPMI criada para investigar suas denúncias, as grandes empreiteiras brasileiras (Andrade Gutierrez, Odebrecht, Queiroz Galvão e OAS) tinham fácil acesso aos membros da Comissão de Orçamento, com vários de seus representantes chegando a frequentar a casa do deputado João Alves.[16] Entre eles, o denunciante chega a citar nominalmente o executivo Cláudio Melo, da Odebrecht[17] — cujo filho, de mesmo nome, assumiu o lugar do pai como lobista da empreiteira no Congresso e hoje é um dos delatores na Operação Lava Jato.

As constatações da CPMI naquela época não divergem muito do resultado das investigações da Polícia Federal e do Ministério Público sobre o petrolão, vinte anos depois. As empreiteiras manipulavam o orçamento de obras públicas, influenciavam os projetos, burlavam o processo licitatório, agiam em cartel num rodízio de vencedores dos certames com posterior subcontratação das parceiras para executar as obras — tudo possibilitado pelo pagamento de "participações" (propinas) aos políticos que faziam vista grossa ao esquema.[18]

Como um desdobramento da CPMI, a Polícia Federal apreendeu

na casa do executivo Manoel Ailton Soares dos Reis, da Odebrecht, uma planilha com centenas de nomes de deputados acompanhados de valores e percentuais. Em depoimento à comissão parlamentar, o executivo alegou não se tratar de propinas, mas de um planejamento para futuras doações de campanha[19] — afinal, as doações de empresas haviam sido autorizadas para as eleições de 1994.

Olhando retrospectivamente, não há como não associar a planilha de Ailton Reis ao setor de Operações Estruturadas da Odebrecht e a sua lista de codinomes na Operação Lava Jato. Por falar nisso, "Babel" (Geddel Vieira Lima), "Esquálido" (Edison Lobão), "Missa" (José Carlos Aleluia) e "Decrépito" (Paes Landim) estão presentes na lista de codinomes da Odebrecht na Lava Jato e também foram investigados pela CPMI por supostamente terem beneficiado as empreiteiras na Comissão de Orçamento em troca de propinas antes de 1993.

Todas essas evidências obtidas nas investigações dos grandes escândalos de corrupção descobertos no Brasil nas últimas décadas indicam que há um modus operandi entre grupos empresariais que buscam no governo toda forma de benefícios — de licitações viciadas a empréstimos do Banco Nacional de Desenvolvimento Econômico e Social (BNDES), de subsídios fiscais a regulação frouxa — e políticos dispostos a concedê-los mediante pagamento — na forma de propina, doações eleitorais oficiais ou via caixa dois.

O propósito deste livro é demonstrar como as relações entre dinheiro, eleições e poder ocorrem no país e resultam em legislação e políticas públicas que se afastam do que seria desejável do ponto de vista do interesse geral para atender a pleitos de grupos de interesses bem organizados e com acesso a parlamentares e autoridades. Para isso, um volume imenso de dados sobre doações de campanhas eleitorais, tramitação de projetos, votações e atuação parlamentar foi compilado para dar uma visão ampla do processo.

Para contextualizar melhor a discussão, em cada capítulo serão trazidas histórias pinçadas das delações premiadas e dos depoimentos de testemunhas ouvidas nas várias fases da Operação Lava Jato e do julgamento da chapa Dilma-Temer no TSE. A intenção de utilizar esse material não é atestar a veracidade das informações prestadas por delatores ou depoentes — até mesmo porque muitos dos processos sequer foram julgados ainda —, mas apenas trazer relatos de casos específicos para ilustrar aquilo que os dados revelam. Parte-se, portanto, do velho provérbio italiano: *se non è vero, è ben trovato.* As histórias contadas para procuradores e juízes pelos "colaboradores" podem não ser verdadeiras; mas fazem todo o sentido diante das evidências coletadas.

A fim de garantir a fluidez do texto, realizamos pequenos ajustes nas transcrições para eliminar frases truncadas e repetições de palavras, comuns em registros orais. Obviamente, o sentido dos textos originais foi mantido, conforme o leitor interessado pode comprovar nas referências indicadas nas notas que acompanham as citações.

Outra informação importante para o leitor refere-se ao recorte temporal utilizado. De acordo com a disponibilidade dos dados, o livro retrocede a 1994, quando foram autorizadas as doações eleitorais feitas por empresas. No entanto, para certas variáveis simplesmente não há dados para períodos mais antigos; por isso, a análise retrocede mais ou menos na história conforme a existência de informações nos bancos de dados permite. Mas, como trabalhamos com inúmeras variáveis e dimensões do sistema político brasileiro, a disponibilidade de algumas estatísticas para todo o período analisado não chega a comprometer a visão geral e abrangente que se pretende apresentar.

O livro está organizado em três partes, cada uma delas subdividida em capítulos curtos. Na primeira, são apresentados dados e evidências sobre o crescimento da influência do dinheiro nas eleições. Mostraremos como o perfil do financiamento eleitoral foi se concentrando em grandes doadores, que, por sua vez, realizam seus aportes para candidatos e partidos numa lógica estritamente empresarial e nem um pouco ideológica. A consequência desse processo, naturalmente, é que políticos com maior habilidade em se aproximar dos grandes doadores passam a ter mais chances de ser eleitos, o que cria um viés antidemocrático em favor de quem provê os recursos para as campanhas.

Na segunda parte, analisamos o reverso da medalha: como os candidatos se comportam diante dos financiadores de suas campanhas depois que são eleitos? Para demonstrar se há um vínculo de gratidão no comportamento de parlamentares durante os seus mandatos, é investigada a relação entre dinheiro e o exercício de poder em diversas dimensões do seu trabalho, como a participação em frentes parlamentares (as chamadas "bancadas"), a indicação para integrar comissões, o exercício de liderança partidária e de relatoria, a propositura de emendas e ainda seu posicionamento nas votações principais.

Por fim, na última parte do livro discutimos as possibilidades de reformas necessárias para rompermos esse círculo vicioso entre interesses econômicos e políticos que lesa toda a coletividade em favor dos grupos que dominam esse processo. Diante do diagnóstico de que injetar grandes volumes de recursos pelas vias legais ou ilegais é um excelente negócio tanto para as empresas que adotam essa estratégia quanto para os políticos contemplados pelas doações, mostramos que o problema não se resolveu com a decisão do Supremo Tribunal Federal (STF) de proibir o financiamento eleitoral realizado por pessoas jurídicas. Partindo do pressuposto de que problemas complexos exigem soluções igualmente complexas, apresentamos alternativas presentes na literatura acadêmica e na experiência internacional para baratear nossas eleições e diminuir a influência econômica em nossa democracia.

Sem enfrentarmos essa questão de forma direta, atacando todas as suas dimensões, daqui a poucos anos veremos as mesmas empresas, personagens e táticas desnudadas pela Operação Lava Jato protagonizando novos escândalos de corrupção — como tem sido ao longo de toda a Nova República, desde P. C. Farias. E continuaremos a ver lobistas sorrateiramente pautando as decisões no Congresso Nacional.

PARTE I: DINHEIRO E ELEIÇÕES

1. O marqueteiro e o dinheiro nas eleições

O baiano João Santana conheceu a fama por diferentes prismas. Na década de 1970, formou uma banda chamada Bendegó, gravou dois discos e foi músico de apoio de Caetano Veloso em vários shows. Algumas de suas composições chegaram a ser gravadas por Moraes Moreira e Pepeu Gomes.

Nos anos 1980, já formado em jornalismo, trabalhou em alguns dos principais veículos da imprensa nacional, como *Veja, Jornal do Brasil, O Globo* e *IstoÉ.* Cobria a área de política, talvez por influência do pai, que foi prefeito de sua cidade natal. Ironicamente, o futuro marqueteiro do PT nasceu num município chamado Tucano.

Como jornalista, ao lado dos colegas Augusto Fonseca e Mino Pedrosa, João Santana arrebatou em 1992 o Prêmio Esso, o mais importante de seu ofício no país. No auge das acusações contra P. C. Farias, sua reportagem "Eriberto: testemunha-chave" fez a conexão entre as contas abastecidas por propinas de empresas e as despesas pessoais de Fernando Collor de Mello. A entrevista bombástica com o motorista pessoal do presidente foi determinante para o primeiro impeachment de nossa história.

Mas acompanhar os bastidores da política deve ter sido pouco para João Santana. No momento em que a legislação brasileira foi alterada para permitir que empresas doassem recursos para as campanhas eleitorais, João Santana abandonou o jornalismo para ingressar no marketing político. Contratado por Duda Mendonça, trabalhou em campanhas de candidatos de diversos espectros ideológicos, do peemedebista Garibaldi Alves (eleito governador do Rio Grande do Norte em 1994) ao petista Antonio Palocci (prefeito de Ribeirão Preto em 2000), passando por muitos outros, como a candidatura de Celso Pitta (PPB, atual PP) à prefeitura de São Paulo em 1996.

O sucesso de João Santana era tão grande que, mesmo já sendo sócio de Duda Mendonça, decidiu seguir carreira solo. Ao lado da sua sétima mulher, Mônica Moura, fundou em 2002 a Polis Propaganda e Marketing Ltda.

A estreia da nova empresa baiana de marketing político se deu naquele mesmo ano, com a campanha vitoriosa de Delcídio Amaral[1] ao Senado Federal. Ao mesmo tempo, na campanha presidencial, seu ex-sócio Duda Mendonça colhia os louros da estratégia de reposicionamento da imagem de Lula "Paz e Amor". A propósito, a criação de uma nova estética e linguagem para a candidatura de Lula em 2002 foi um dos últimos trabalhos de João Santana na agência do seu conterrâneo Duda Mendonça.

Poucos anos depois, outro escândalo de corrupção mudaria de novo a vida de João Santana. Um caso aparentemente pequeno de propina nos Correios gerou desdobramentos que atingiram em cheio a Presidência da República, revelando um esquema de compra de votos de parlamentares e resvalando na campanha presidencial de Lula — Duda Mendonça chegou a admitir o recebimento de dinheiro de caixa dois pelos serviços prestados ao PT em 2002.

Segundo os relatos da delação premiada feita aos procuradores federais da Operação Lava Jato, João Santana estava na Argentina quando, no dia 20 de agosto de 2005, recebeu uma ligação de Gilberto Carvalho, então chefe de gabinete de Lula. O presidente queria uma reunião urgente com ele.

Quatro dias depois, um carro oficial o esperava no aeroporto de Brasília. No Palácio do Planalto, João Santana se reuniu com Lula, Gilberto Carvalho e Palocci. Em pauta, a necessidade de desenvolvimento de um plano para recuperar a imagem do presidente, muito desgastada com a crise do mensalão.

Na saída do encontro, Palocci teria dito a João Santana que encarasse aquele trabalho como uma "consultoria de pré-campanha", pois Lula certamente seria candidato à reeleição se eles conseguissem superar a crise.[2]

O ex-ministro da Fazenda estava certo. João Santana ajudou a reconstruir a imagem de Lula perante a opinião pública ("Deixa o homem trabalhar" foi um dos bordões criados pelo baiano) e tornou-se não apenas o responsável por sua reeleição em 2006, mas o marqueteiro brasileiro mais bem-sucedido nos dez anos seguintes.

De repórter que ajudou a derrubar um presidente a marqueteiro que salvou outro, João Santana virou uma espécie de Midas da política. Comandou a propaganda política de Lula (2006) e de Dilma Rousseff (2010 e 2014), e também campanhas presidenciais em El Salvador (Mauricio Funes, 2009), Venezuela (Hugo Chávez, 2009), Angola (José Eduardo dos Santos, 2012), República Dominicana (Danilo Medina, 2012 e 2016) e Panamá (José Domingo Arias, 2014). De todas essas eleições, só não venceu nesta última. Com uma ascensão tão rápida, João Santana finalmente passava a fazer jus a seu apelido de juventude, quando tocava na banda Bendegó: Patinhas, o tio milionário do Pato Donald.

O sucesso de João Santana e de sua agência Polis teve um preço — e ele foi crescente ao longo dos anos. De acordo com os contratos firmados com o diretório do PT e apresentados por Mônica Moura na sua delação premiada, o custo das campanhas presidenciais subiu de maneira significativa eleição após eleição. Em 2006, com Lula, a dupla cobrou 8,25 milhões de reais para o primeiro turno[3] e 5,5 milhões para o segundo.[4] Quatro anos depois, na eleição de Dilma Rousseff, a fatura subiu para 34 milhões de reais,[5] além de 1 milhão de consultoria para a pré-campanha.[6] A reeleição de Dilma em 2014 saiu bem mais cara: 50 milhões de reais para o primeiro turno[7] e mais 20 milhões pelo segundo.[8] É importante destacar que todos esses contratos têm exatamente o mesmo objeto. Assim, ainda que descontando a inflação, o valor cobrado por João Santana e Mônica Moura cresceu 231% entre 2006 e 2014.

Esse crescimento exponencial do custo com marketing eleitoral nas campanhas presidenciais dos últimos anos não é algo particular do PT. Ao se compilarem os dados de financiamento eleitoral entre 1994 e 2014, essa tendência é comum a todos os cargos em disputa.

No Gráfico 1 é apresentada a evolução da arrecadação nas disputas estaduais e federais brasileiras nos últimos seis ciclos eleitorais.[9] Nele, são levadas em conta somente as doações realizadas por pessoas físicas e jurídicas, descartando-se as contribuições de partidos políticos e comitês. Essa opção se deve a uma particularidade da legislação eleitoral brasileira, que permite que os candidatos façam doações entre si. Ou seja, candidatos a presidente da República ou a governador, por exemplo, podem repassar o dinheiro que arrecadarem para candidatos a deputados federais ou estaduais. Essa característica — conhecida popularmente como "dobradinha" — impede que os dados de doações a cada candidato sejam somados diretamente, pois isso ocasionaria uma dupla contagem.[10]

Pois bem, para ter um panorama da importância do financiamento eleitoral ao longo do tempo, utilizamos então apenas as contribuições feitas por indivíduos e empresas — eliminando, assim, o repasse de valores entre candidatos. Esse indicador, portanto, não leva em conta os valores recebidos pelo Fundo Partidário ou os recursos que os partidos possam auferir com a venda de suvenires como bótons ou camisetas, por exemplo. Mesmo partindo dessa avaliação mais cautelosa, podemos verificar que o impacto das eleições sobre a economia brasileira vem crescendo de forma vigorosa.

GRÁFICO 1
VOLUME TOTAL DE RECURSOS DOADOS POR PESSOAS FÍSICAS E JURÍDICAS
NAS ELEIÇÕES DE 1994 A 2014

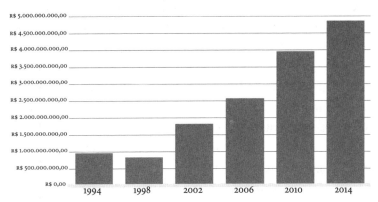

FONTE: Elaborado pelo autor a partir de informações disponibilizadas por David Samuels (1994 e 1998) e do Repositório de Dados Eleitorais do TSE (2002 em diante).
NOTA: Valores atualizados até outubro de 2017 pelo Índice Nacional de Preços ao Consumidor Amplo (IPCA).

Tomando como ponto de partida as eleições de 1994, quando as doações de pessoas jurídicas foram liberadas, as contribuições de empresas e indivíduos passaram, em valores atualizados, de 959 milhões para 4,9 bilhões de reais — ou seja, descontada a inflação, as doações eleitorais quintuplicaram no intervalo de vinte anos compreendido entre 1994 e 2014.[11] E é sempre bom destacar que estamos tratando aqui, exclusivamente, de doações oficiais, sem estimar o que abasteceu as campanhas por meio de caixa dois.

Esse crescimento exponencial das contribuições eleitorais se deve não apenas à corrupção; existem características estruturais que pressionam a demanda por dinheiro por parte dos candidatos. Em primeiro lugar, somos um país de dimensões continentais: em 2016, éramos 144088912 eleitores[12] espalhados por um vasto território com características demográficas muito distintas que impactam diretamente as estratégias de campanha.

Além disso, as regras eleitorais e outras características de nosso sistema político exigem que os candidatos invistam muito dinheiro para atrair a atenção do eleitor. Para começo de conversa, salvo raras exceções, nossos partidos têm pouquíssima identificação com grandes segmentos da população. Com 35 legendas autorizadas pelo TSE,[13] a maioria delas sem qualquer bandeira ideológica ou plataforma eleitoral clara, essa sopa de letrinhas diz muito pouco à maioria dos eleitores. Como resultado, nossas eleições são extremamente personalistas — e é preciso muito dinheiro para se diferenciar na multidão de partidos e candidatos.

No caso dos cargos majoritários — como presidente da República, governadores e senadores —, para se tornar conhecido perante o eleitorado é necessário investir pesado em programas de TV e rádio, conteúdo para internet, telemarketing e pesquisas de opinião, sem falar em deslocamentos pelo nosso imenso território. Como pudemos ver pela história de João Santana, esses serviços exigem profissionais de marketing, publicitários, produtores, criadores de conteúdo, artistas, institutos de pesquisas e equipamentos de última geração — de estúdios a jatinhos.

Para os cargos proporcionais (deputados estaduais e federais), temos um agravante derivado do sistema eleitoral brasileiro: a disputa é realizada em lista aberta. Isso quer dizer que, em cada estado, as cadeiras para a Câmara dos Deputados e as Assembleias Estaduais são distribuídas de acordo com o total de votos obtidos pelos partidos ou coligações (chamado de sistema proporcional) — e os candidatos mais votados em cada agremiação ficam com os respectivos lugares (que é o critério de lista aberta). Essa característica de nosso sistema eleitoral faz com que cada candidato tenha que disputar um lugar ao sol não apenas contra os rivais dos outros partidos, mas também contra os colegas do seu próprio time. Logo, para ganhar votos é preciso fazer corpo a corpo para fixar seu nome junto ao eleitorado diante de centenas ou milhares de concorrentes em cada estado. Para isso, haja cabo eleitoral, santinho, cavalete, comício, carro de som e agitadores de bandeiras nos semáforos.

Eleições decididas em áreas (distritos eleitorais) muito grandes, com um número imenso de partidos sem identidade ideológica junto ao eleitor e regras eleitorais que pulverizam candidaturas, geram um desenho institucional que é altamente dependente de dinheiro para se viabilizar. É por isso que os números revelam que as eleições brasileiras têm se tornado mais dispendiosas ao longo dos últimos vinte anos. E é por isso também que figuras como João Santana e Mônica Moura surfaram nessa onda de dinheiro que inundou a política brasileira.

Além de ser um sistema extremamente ineficiente — mesmo gastando cada vez mais, não há nenhuma evidência de que estamos elegendo políticos mais comprometidos com o bem comum —, as recentes investigações mostram que esse é um modelo bastante propício à corrupção. Afinal, a cada dois anos temos milhares de candidatos sedentos por dinheiro que procuram empresas e milionários para apoiarem suas campanhas. Embora não possamos descartar a existência de doações desinteressadas e ideológicas, é evidente que muitos executivos e empresários se aproveitaram desse contexto para trocar contribuições por apoio durante o exercício do mandato.[14]

Em seu depoimento ao ministro Herman Benjamin, relator do julgamento da chapa Dilma-Temer no TSE, o próprio João Santana oferece um diagnóstico cruel sobre a lógica de nosso sistema eleitoral: "Enquanto existir, ministro, um empresário querendo corromper de um lado e de outro um político querendo ser corrompido, essa situação vai perdurar".[15] E é sobre isso que falaremos no próximo capítulo.

2. Tentando dimensionar o caixa dois

Hilberto Silva dedicou quarenta anos de sua vida à Odebrecht. Foi contratado em 1975 e, ao longo da sua carreira, passou por várias áreas, no Brasil e no exterior. Em determinado momento de 2006 foi chamado à sala da presidência. Marcelo Odebrecht queria que ele chefiasse o departamento de Operações Estruturadas, um setor diretamente subordinado a ele, o herdeiro e novo comandante do grupo baiano.

A proposta provocou um sentimento ambíguo em Hilberto. De um lado, seria a oportunidade de trabalhar próximo de quem comandaria uma das maiores empreiteiras do país nas décadas seguintes. Mas Hilberto não queria encerrar a sua carreira exercendo aquele tipo de trabalho: o pagamento de propinas e outras despesas ilícitas da empresa.

Marcelo não gostou de ouvir um "não" como resposta. Afinal, a indicação já havia sido aprovada pelo patriarca, Emílio Odebrecht, e pelos principais conselheiros do grupo. Hilberto, porém, permaneceu irredutível. Agradeceu o convite e a confiança nele depositada pela cúpula da empresa após tantos anos de trabalho, mas declinava a chefia daquele setor.

A solução para o impasse, segundo o relato de Hilberto, diz muito sobre a natureza do trabalho que seria executado, e que acabou levando-o a firmar um acordo de colaboração premiada muitos anos depois:

— Não, o senhor tem que aceitar — dizia Marcelo Odebrecht, com sua característica assertividade.

— Então o senhor não está me convidando, está me intimando.

— E qual é a diferença? — quis saber o presidente.

— É o dobro do preço. Se o senhor estava disposto a me dar alguma coisa a mais para eu aceitar, se prepare para dar muito mais.

"E ele fez isso, não só me obrigou a aceitar, como me motivou bastante com os benefícios e remunerações."[1]

A insistência de Marcelo Odebrecht — e a sua disposição para pagar o preço cobrado por Hilberto — tinha motivo. O novo presidente planejava um período de grande crescimento para a empresa, e nessa estratégia o setor de Operações Estruturadas seria bastante demandado. Por isso ele precisava de alguém não apenas de confiança, mas também com maior conhecimento do mercado financeiro para fazer a intermediação de recursos junto aos políticos.[2]

"Acho difícil ter uma empresa no Brasil que não faça pagamento não contabilizado — e isso não se refere necessariamente a propina, ou até mesmo caixa dois de campanha."[3] Segundo Marcelo Odebrecht, a empreiteira utilizava caixa dois para inúmeros propósitos, como resgate de funcionários sequestrados e pagamento de proteção a milícias em países onde possuía canteiros de obras (Iraque, Angola, Colômbia). O executivo Benedicto Júnior, presidente da área de infraestrutura da Construtora Norberto Odebrecht, afirmou que chegou a pagar algo em torno de 400 mil dólares para resgatar o corpo de um funcionário morto no Iraque.[4] Mas essa contabilidade paralela também era utilizada para fins menos humanitários, como pagamento de bônus para executivos e a compra de empresas quando julgavam ser conveniente não aparecer em público como adquirentes do negócio.[5]

O departamento de Operações Estruturadas foi criado no início da década de 1990, logo após os escândalos de P. C. Farias e dos Anões do Orçamento, que chamaram a atenção da imprensa e das autoridades para as práticas de pagamentos ilícitos da empresa. Até então a companhia — "inclusive na época em que o dr. Norberto ainda era presidente", explicou Hilberto Silva, referindo-se ao avô de Marcelo e fundador do grupo baiano — utilizava notas fiscais frias, lastreadas em contratos fictícios, para fazer pagamentos não contabilizados. O novo setor desenvolveu práticas financeiras muito mais elaboradas.

> Foi em 90, 92, e nós criamos um processo onde, por planejamento fiscal, a maior parte feito fora do Brasil, em países que você podia fazer esse tipo de planejamento, porque não era crime, nós fazíamos a geração de recursos. Esses recursos eram colocados, então, em empresas de terceiros. E alguns empresários da organização podiam se utilizar desses recursos para fazer pagamentos não contabilizados, incluindo caixa dois de campanha e tudo. E alguns deles usavam isso para fazer propina.[6]

Na explicação de Hilberto Silva, a Odebrecht tinha um executivo, de nome Marcos Grilo, que fazia operações financeiras fraudulentas no exterior para gerar recursos em caixa dois.[7] Esses valores eram aplicados em bancos sediados em paraísos fiscais e, quando necessário, eram posteriormente internalizados no Brasil por meio de doleiros.[8]

As ordens de pagamento partiam sempre do alto escalão do

grupo baiano. Até 2009 era Marcelo Odebrecht quem pessoalmente determinava a distribuição do dinheiro não contabilizado. Com o crescimento da companhia e, portanto, do "setor de propinas", a responsabilidade foi delegada para os seis presidentes das principais empresas da organização. "Caiu dentro da minha área, o papel da área de Operações Estruturadas era pagar." Para isso, os valores eram acondicionados em mochilas que comportavam 500 mil reais e repassados a "prestadores de serviços" terceirizados que se encarregavam de distribuí-las aos interessados.[9]

Toda essa logística era comandada pela enxuta equipe de Hilberto Silva.

> Eu recebia uma programação semanal, essa programação vinha com os codinomes, esses codinomes vinham com os locais, tipo Rio, São Paulo, e os valores do dia, de cada dia. E aí eu passava para o prestador de serviços, via o montante de cada local do estado, Rio ou São Paulo, e o endereço eu passava depois, assim que o chefe passava para mim.[10]

A sra. Maria Lúcia Tavares e sua colega Angela Palmeira cuidavam do operacional da distribuição do dinheiro. Acima delas, Hilberto Silva contava com o trabalho de Luiz Eduardo da Rocha Soares e de Fernando Migliaccio. Este último chegou a admitir, sem esconder certo orgulho, que, num único dia, distribuiu 35 milhões de reais a políticos. "Foi o meu recorde."[11]

Um dos executivos do grupo, Alexandrino Alencar, conta como as ordens para o pagamento de caixa dois eram executadas pelo departamento de Operações Estruturadas:

> Então eu contatava a pessoa das Operações Estruturadas e dizia: olha, temos essa demanda, temos que fazer uma programação [...]. Eu falava com duas pessoas: um chamado Fernando Migliaccio e

outro com a Lúcia Tavares. Porque a Lúcia Tavares era a mais operacional de todos, era do dia a dia: Qual é o hotel? Onde? Qual é a senha? Porque tem umas senhas que você tinha que fornecer para a pessoa saber [que esse] é o mensageiro.[12]

As entregas do dinheiro eram realizadas geralmente em hotéis e flats, mas outros lugares mais inusitados também eram utilizados, a critério do freguês e dependendo do volume:

> Então você se hospedava num hotel, ele também se hospedava no hotel e de noite ele visitava o quarto do interessado, entregava e ia embora, para poder ter mais segurança se fossem valores maiores. Se fossem valores pequenos, encontravam num bar, em todos os lugares. Você não tem ideia dos lugares mais absurdos que se encontrava, no cabaré... Ele encontrava a pessoa, o preposto ia lá e pegava [o dinheiro].[13]

Marcelo Odebrecht calcula que o departamento de Operações Estruturadas movimentava entre 0,5% e 1% do faturamento do grupo para fazer pagamentos de caixa dois de campanhas, propinas a políticos e outras despesas, como milícias e bônus a executivos.[14] Para se ter uma ideia da dimensão dos recursos não contabilizados utilizados para fins ilícitos, o grupo registrou uma receita bruta de 132,5 bilhões de reais em 2015. Ou seja, caso não houvesse a Lava Jato, a empresa teria destinado entre 660 milhões e 1,3 bilhão de reais naquele ano para o pagamento de transações escusas, no Brasil e no exterior.

Hilberto Silva tem números mais precisos sobre o balanço financeiro do setor que comandava. Entre 2006 e 2014 teriam sido movimentados nada menos que 3,37 bilhões de dólares. E a evolução anual segue a trajetória observada para os dados de doações oficiais apresentada no capítulo anterior: 60 milhões de dólares em 2006, 80 milhões em 2007, 120 milhões em 2008, 260 milhões em 2009, 420 milhões em 2010, 520 milhões em 2011, 730 milhões em 2012 e em 2013, e 450 milhões em 2014 — quando a pressão inibidora da Lava Jato já se fazia sentir. "É um absurdo, mas é verdade."[15]

Mas quanto dessa quantia astronômica de, na cotação atual, mais de 10 bilhões de reais foi parar nas eleições brasileiras, enquanto valor não declarado ao TSE — ou seja, caixa dois?

Hilberto Silva estima que 20% do valor distribuído pelo seu setor teve como destino as campanhas eleitorais. O restante era propina — pagamento feito a políticos e autoridades para melhorar os resultados financeiros da empresa, seja para conquistar novos projetos e obras, seja para agilizar pagamentos devidos.[16]

Uma dificuldade para aqueles que pretendem traçar uma linha que separe o joio (propinas) do trigo (doações eleitorais via caixa dois) é que a opção entre caixa um e caixa dois podia partir do doador e muitas vezes do candidato. Pelo lado da Odebrecht, Benedicto Júnior, o responsável pela coordenação das contribuições nas eleições de 2014, considera que frequentemente o que motivava a decisão pela doação ilegal era uma política interna da própria empresa:

> Eu podia fazer doação eleitoral via caixa dois sem ser propina. Aliás, a maioria era feita assim. Eu só não fazia oficial porque eu não queria extrapolar os limites e nos expor como um grande doador. Não havia uma vinculação de que, porque era caixa dois, era uma propina, era derivado de algum contrato que me foi dado.[17]

E mais:

> Não sei se é esse o volume de 2014, mas vamos supor um número: [iríamos doar] 200 milhões. A gente definiu entre os presidentes,

com o acionista, que iríamos fazer uma doação oficial de 120 [milhões], porque não queríamos uma exposição grande. Não queríamos ser um grande doador, queríamos ser o quarto, o quinto ou o sexto.[18]

Segundo Marcelo Odebrecht, a questão do caixa dois era tão naturalizada para a empresa que a opção por receber dessa ou daquela forma era um mero detalhe, definido pelo destinatário do dinheiro:

> Porque a gente tratava a questão do caixa dois de uma maneira, infelizmente, tão natural — porque não é aí que estava a ilicitude —, racionalizando como a gente racionalizava [...]. Na verdade, o meu executivo se reunia com quem ele [o candidato] indicava e a pessoa direcionava: caixa um, caixa dois, como era a forma de pagamento.[19]

Na lógica "natural" da Odebrecht, o caixa dois era utilizado para evitar a exposição do grupo ao escrutínio não apenas da opinião pública, mas também da dos demais partidos e candidatos.

O problema de tentar fazer a distinção entre propina, caixa um e caixa dois é que o dinheiro não é carimbado, e os recursos ilegais podem resvalar nas campanhas de uma forma ou de outra. Para Marcelo Odebrecht, seria praticamente impossível separar o pagamento de propinas do caixa um e do caixa dois eleitorais. "Se é ou não propina, eu não acho que é baseado no caixa dois ou no caixa um [que pode ser feita a distinção]. Muitas vezes ele pode ter caixa dois com ilicitude eleitoral, mas sem ser propina, e pode ter caixa um que é propina."[20] Fernando Migliaccio, em depoimento ao TSE, adotou a mesma linha: "Eu não sei nem como dizer o que era caixa dois e o que era propina. Eu não sei nem, desculpe, a definição de vossas senhorias de qual é a distinção entre um e outro, porque para mim é uma coisa só".[21]

Uma forma de se verificar o montante de dinheiro ilegal que abasteceu as campanhas eleitorais é abstrair a questão das propinas e verificar quanto os agentes alegam que houve de caixa dois nas campanhas por eles financiadas.

Começando pela Odebrecht, Marcelo Odebrecht afirma que, segundo suas estimativas, três quartos do dinheiro gasto em campanhas eleitorais veio de caixa dois. Os dados revelados pelos seus executivos, no entanto, indicam que essa proporção é exagerada. Para as eleições de 2014, Benedicto Júnior calcula que o grupo Odebrecht aportou 200 milhões de reais em todos os cargos, partidos e candidatos. Destes, "apenas" 20% foram realizados por caixa dois[22] — o que levanta a hipótese de que, ao longo do tempo, os grandes doadores possam ter passado a utilizar mais caixa um do que caixa dois para abastecer as campanhas.

No depoimento que fez à Operação Lava Jato, o ex-diretor de abastecimento da Petrobras Paulo Roberto Costa estima que "os valores declarados de custos de campanha correspondem, em média, a apenas um terço do montante efetivamente gasto, sendo o restante oriundo de recursos ilícitos ou não declarados".[23] Segundo seus relatos, ele teria intermediado, por exemplo, doações de construtoras clientes da Petrobras para as campanhas de Sérgio Cabral em 2010 (30 milhões de reais)[24] e Eduardo Campos (20 milhões),[25] ambas envolvendo caixa dois.

Joesley Batista, o principal executivo da J&F Investimentos, tem estimativas menos exageradas para a participação do caixa dois em sua política de envolvimento com o financiamento eleitoral — pelo menos em termos percentuais. No seu depoimento de 7 de abril de 2017, que deu origem ao pré-acordo de colaboração premiada firmado com a Procuradoria-Geral da República, o líder das empresas capitaneadas pela JBS estima em 500 milhões de reais as doações realizadas pelo grupo nos últimos anos — cerca de 100 milhões dos quais por meio de caixa dois eleitoral.[26] O percentual de 20% em caixa dois bate com a prática da Odebrecht, segundo o relato de Benedicto Júnior.

A fatia do caixa dois nas doações realizadas pela JBS, no entanto, varia de candidato para candidato, o que faz supor que a forma de pagamento era, muitas vezes, uma opção do destinatário, e não do doador. Joesley alega que, nas eleições para o Senado de 2010, 1 milhão de reais foi doado para Marta Suplicy — a metade teria sido paga de forma não declarada.[27] Naquele mesmo ano, ainda segundo o executivo goiano, a campanha do tucano José Serra para presidente da República recebeu 20 milhões de reais da JBS. Desse total, 6,42 milhões (pouco menos de um terço) foram pagos mediante o uso de notas fiscais frias, não registrados no TSE.[28] A primeira eleição de Dilma Rousseff, por sua vez, envolveu um percentual um pouco mais tímido de caixa dois da JBS: enquanto 16,31 milhões de reais foram doados oficialmente, a empresa teria repassado ao PT, via Antonio Palocci, 2,82 milhões em espécie e 612,9 mil em pagamentos com notas fiscais fraudulentas.[29] Em termos percentuais, portanto, a campanha de Dilma em 2010 recebeu, via caixa dois, em torno de 17% do dinheiro total captado junto ao grupo da família Batista.

No entanto, há casos em que o peso dado ao caixa dois na arrecadação de determinados candidatos é totalmente preponderante. De acordo com as revelações de Ricardo Saud, vice-presidente de relações institucionais da JBS, a campanha de Delcídio do Amaral para o governo do estado do Mato Grosso do Sul em 2014 contou com apenas 1,1 milhão de reais em doações oficiais feitas pela empresa. Por debaixo dos panos, no entanto, correram 12 milhões de reais para o pagamento de fornecedores, 5,3 milhões em notas frias e mais 6,2 milhões em pagamentos em espécie para o ex-petista — nada disso declarado à Justiça Eleitoral.[30]

Com relação a Aécio Neves, Saud conta que a JBS despejou cerca de 80 milhões de reais na sua campanha presidencial de

2014, entre doações oficiais e a "compra" de dívidas de campanha, além da realização de entregas de dinheiro em espécie utilizando como intermediário um primo do senador mineiro.[31]

Outra evidência da importância dos pagamentos não declarados no montante de recursos movimentados nas eleições brasileiras pode ser colhida na colaboração premiada de Mônica Moura no âmbito da Operação Lava Jato. A publicitária conta que, na campanha que reelegeu Lula em 2006, os custos do marketing eleitoral desenvolvido pela sua agência, a Polis Propaganda, ficaram em torno de 24 milhões de reais. Destes, apenas 13,75 milhões foram pagos de forma oficial. Do restante, 5 milhões de reais foram quitados por Juscelino Dourado, que utilizava sacolas em que o dinheiro era acondicionado em caixas de roupas e sapatos. Essas entregas foram feitas a pedido de Antonio Palocci em muitos encontros realizados ao longo dos anos de 2006 e 2007 numa loja de chá no Shopping Iguatemi, em São Paulo. Os outros 5 milhões de reais foram pagos em depósitos feitos pela Odebrecht na conta de João Santana num banco na Suíça.[32]

Em 2010, na disputa pela primeira eleição de Dilma Rousseff, o casal João Santana e Mônica Moura cobrou, em contrato registrado no TSE, 34 milhões de reais pelos dois turnos. Porém, como no pleito anterior, uma parte seria quitada "por fora". Segundo Mônica Moura, o departamento de Operações Estruturadas da Odebrecht, nas pessoas de Hilberto Silva e Fernando Migliaccio, honrou o pagamento não contabilizado de 5 milhões de reais, entregues em malas de dinheiro em hotéis e flats de São Paulo. Outros 5 milhões de dólares, que na cotação da época equivaleriam a cerca de 10 milhões de reais, foram quitados pelo empresário Zwi Skornicki, que entrou no circuito depois de um impasse envolvendo a Odebrecht. O pagamento foi feito no exterior, por meio de uma offshore chamada Deep Sea, nos anos de 2013 e 2014, após muita pressão do casal de publicitários baianos sobre integrantes da cúpula do PT, como Antonio Palocci, João Vaccari Neto e Paulo Okamoto.[33]

Por fim, em 2014, Mônica Moura afirma que, após intensas negociações realizadas com Guido Mantega, ficou acertado que a estratégia que buscaria a reeleição de Dilma Rousseff para o Palácio do Planalto teria o custo total de 105 milhões de reais, mas que apenas 70 milhões seriam declarados. Os 35 milhões de caixa dois seriam cobertos pela Odebrecht, a cargo de Hilberto Silva e Fernando Migliaccio, por meio de pagamentos em espécie e em depósitos no exterior. No entanto, ao longo de 2014 a Lava Jato já dava as suas caras, e Mônica Moura conta que, do combinado, a empreiteira baiana arcou somente com 10 milhões de reais da dívida, realizada pelo já tradicional esquema de entrega de malas de dinheiro em flats e hotéis mediante a apresentação de senhas e contrassenhas. Mas os marqueteiros baianos nunca viram a cor dos 25 milhões de reais restantes.[34]

Da leitura dos relatos de Mônica Moura é possível depreender que o percentual das despesas realizadas por caixa dois, pelo menos no que diz respeito ao marketing eleitoral nas três últimas campanhas presidenciais vitoriosas do PT, girou em torno de 41,6% (Lula 2006), 30,6% (Dilma 2010) e 33,3% (Dilma 2014).

As evidências apontam, portanto, que há um mundo paralelo de arrecadação e despesas eleitorais nas campanhas brasileiras que passam ao largo dos registros do TSE. Parte desse montante começou a emergir com a Operação Lava Jato e as inúmeras delações de grandes financiadores das eleições, mas ainda é muito difícil precisar a quantia envolvida e quem se beneficia dela. Certamente esse será um terreno fértil para novas pesquisas num futuro breve.

Nos capítulos seguintes, toda a análise será realizada com base apenas nos registros de doações oficiais. Embora não seja um retrato completo do que acontece nas eleições brasileiras, consideramos ser uma boa amostra de como o dinheiro influencia o seu resultado e, mais ainda, o comportamento dos candidatos eleitos no exercício de seus mandatos. No entanto, os laços que unem a política e o poder econômico são muito mais fortes em virtude das contribuições não declaradas e do pagamento de propinas. Embora os números apresentados no restante deste livro sejam bastante eloquentes, é importante não perder de vista o alerta feito por Marcelo Odebrecht: "Eu duvido que tenha um político no Brasil que tenha se elegido sem caixa dois. E se ele diz que se elegeu sem, é mentira, porque ele recebeu do partido. Então, era impossível [alguém ter se elegido apenas com doações oficiais]".[35]

3. Quando a doação é demais, o eleitor deveria desconfiar

No dia 20 de maio de 2016, sem ter recebido qualquer intimação judicial, Eike Batista procurou a força-tarefa da Operação Lava Jato em Curitiba para prestar um depoimento espontâneo. O motivo de tanta vontade de colaborar com a Justiça era claro: na semana anterior haviam vazado os vídeos da delação premiada de Mônica Moura e João Santana, e a certa altura da narrativa Eike fora acusado de contribuir para o caixa dois da campanha de Fernando Haddad a prefeito de São Paulo em 2012.

De acordo com Mônica Moura, seu marido, João Santana, cobrou 30 milhões de reais para conceber, produzir e gravar os programas e comerciais eleitorais de Haddad para rádio e TV, além de criar peças gráficas e outros materiais promocionais. Desse montante, apenas 10 milhões de reais foram pagos pelas vias oficiais.[1] Mediante caixa dois, a Odebrecht entrou com 5 milhões pagos em espécie — o dinheiro foi entregue diretamente a Mônica em hotéis e flats — e mais 10 milhões de reais (cerca de 5 milhões de dólares na época) foram depositados pela empreiteira na conta de João Santana na Suíça. Faltavam, portanto, 5 milhões de reais para fechar a conta.

Ainda segundo a delação de Mônica Moura, os publicitários baianos cobraram insistentemente Antonio Palocci e João Vaccari Neto pelo pagamento dessa dívida. E teria sido o ex-tesoureiro do PT quem avisou que o próprio presidente Lula teria acertado, por intermédio de preposto, que a fatura seria paga por Eike Batista, o então bilionário dono do grupo EBX. Dias depois, Mônica Moura procurou o executivo Flávio Godinho, da OGX, que providenciou a transferência dos valores de uma offshore de Batista para a famosa conta Shellbill, de João Santana.[2]

Eike iniciou sua defesa espontânea perante o Ministério Público Federal justificando que sua participação como financiador de campanhas eleitorais sempre foi movida pelo espírito republicano. Desde 2006 ele fazia doações salomônicas, contemplando os principais partidos com o mesmo volume de recursos — 1 milhão de reais para cada um. "Eu fazia constantemente como um brasileiro que achava [que] essa é a minha contribuição política para que a democracia flua e continue."[3] De acordo com seu advogado, uma prova de que as doações de Eike Batista não tinham qualquer interesse vinha do fato de que muitos dos seus destinatários — como o senador Cristovam Buarque — nem sequer conheciam o antigo dono do conglomerado X.[4]

Meses depois Eike tentou de novo explicar seu envolvimento com o financiamento eleitoral, dessa vez como testemunha, no âmbito do julgamento da chapa Dilma-Temer no TSE. Em depoimento prestado em 7 de outubro de 2016, o empresário compara suas doações de campanhas a ações de caridade — como a contribuição para a construção de um Hospital da Criança — e a projetos que realizou para viabilizar os Jogos Olímpicos do Rio, como a limpeza da lagoa Rodrigo de Freitas.[5]

Os dados divulgados pelo TSE comprovam que Eike foi um dos principais doadores individuais nas eleições gerais ocorridas em 2006 (4,38 milhões de reais) e em 2010 (6,05 milhões). Em

2014 seu império já tinha ruído e, com isso, não há registro de doações de Eike como pessoa física. Mesmo assim, como mostra a Tabela 1, ele aparece em terceiro lugar no ranking das pessoas físicas que mais contribuíram para campanhas eleitorais entre 2002 e 2014.

TABELA 1

MAIORES DOADORES DE CAMPANHAS (2002, 2006, 2010, 2014) —
PESSOAS FÍSICAS

POSIÇÃO	NOME	VALOR (R$)
1	JORGE ALBERTO VIEIRA STUDART GOMES	28.906.388,68
2	GUILHERME PEIRÃO LEAL	24.701.684,87
3	EIKE FUHRKEN BATISTA	17.713.897,46
4	RONALDO CEZAR COELHO	13.812.140,31
5	ANA MARIA BAETA VALADARES GONTIJO	12.881.243,10
6	ANTONIO JOSE DE ALMEIDA CARNEIRO	10.537.064,33
7	JOÃO JOSÉ PEREIRA DE LYRA	10.486.057,26
8	JOSÉ JOÃO ABDALA FILHO	9.664.470,53
9	ALEXANDRE GRENDENE BARTELLE	8.472.429,16
10	ROSSINE AIRES GUIMARÃES	6.724.945,72
11	CARLOS ROBERTO MASSA	6.707.570,63
12	PEDRO GRENDENE BARTELLE	6.047.349,52
13	JOÃO ROBERTO BAIRD	5.279.861,67
14	WILSON PICLER	5.010.042,40
15	JIDALIAS DOS ANJOS PINTO	4.602.359,56
16	RICHARD KLIEN	4.578.847,38
17	TASSO RIBEIRO JEREISSATI	4.522.826,62
18	EDUARDO ALVES DE MOURA	4.058.536,42
19	CARLOS SEABRA SUAREZ	3.959.338,68
20	MARIA ALICE SETÚBAL	3.954.296,50

FONTE: Elaborada pelo autor a partir de informações do Repositório de Dados Eleitorais do TSE.
NOTA: Valores atualizados até outubro de 2017 pelo IPCA.

Não podemos saber se as doações de Eike Batista — ou de qualquer um dos empresários, banqueiros, comunicadores e socialites listados na tabela — foram realizadas "com espírito republicano". Mas a verdade é que, enquanto alguns cidadãos como os nela relacionados fazem contribuições eleitorais milionárias, a imensa maioria dos cidadãos brasileiros não se envolve com política — pelo menos não a ponto de colocar a mão no próprio bolso e destinar dinheiro para algum candidato ou partido.

Desde 2002, quando o TSE passou a divulgar as listas de doadores de campanha, o máximo de participação popular foi observado nas eleições de 2010: 208571 indivíduos fizeram algum tipo de doação. Isso representava apenas 0,15% do eleitorado brasileiro naquele ano. Em 2014, mesmo diante das eleições mais disputadas desde o fim do regime militar, o resultado foi ainda pior: só 145322 pessoas contribuíram — ou meros 0,10% do total de eleitores.

Com esse baixo envolvimento dos cidadãos com o financiamento eleitoral, não é difícil imaginar que o grosso do dinheiro para financiar as eleições, pelo menos até 2014, veio do setor empresarial. O Gráfico 2 mostra que, ao longo do tempo, candidatos e partidos foram atrás de empresários para saciar a demanda crescente de recursos para viabilizar a competição eleitoral.

Nas seis eleições gerais ocorridas entre 1994 e 2014, a participação das empresas no total da arrecadação dos partidos e candidatos variou entre 62% (em 2010) e 76,4% (em 2014). Engana-se, porém, quem imagina que o engajamento das empresas brasileiras no financiamento eleitoral era alto nesse período. Apesar da hegemonia das pessoas jurídicas no financiamento privado de campanhas no Brasil, a falta de representatividade também impera no segmento empresarial.

Confrontando o número de empresas doadoras com o universo de empresas ativas no país segundo as Estatísticas do Cadastro Central de Empresas do Instituto Brasileiro de Geografia e Estatísti-

GRÁFICO 2
EVOLUÇÃO DO PERFIL DE FINANCIAMENTO ELEITORAL POR TIPO DE
DOADOR NAS ELEIÇÕES DE 1994 A 2014

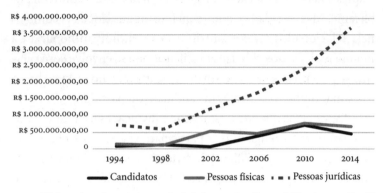

FONTE: Elaborado pelo autor a partir de informações disponibilizadas por David Samuels (1994 e 1998) e pelo Tribunal Superior Eleitoral (2002 em diante).
NOTA: Valores atualizados até outubro de 2017 pelo IPCA.

ca (IBGE), constata-se que o percentual de envolvimento empresarial com as eleições também é muito baixo. Assim como aconteceu no caso de pessoas físicas, nas eleições de 2010 também foi observado o recorde no número de empresas que fizeram contribuições, num total de 21 513 unidades. Porém, isso representava pouco mais de 0,4% das 5 128 568 em situação cadastral ativa perante o Cadastro Nacional da Pessoa Jurídica (CNPJ) no Brasil naquele ano.

Considerando a realidade de que, de um lado, as eleições brasileiras atraem cada vez mais dinheiro e, de outro, que há um baixíssimo envolvimento de pessoas físicas e empresas como fonte desses recursos, a constatação lógica é que, além de pouco democrático, o financiamento das campanhas eleitorais brasileiras é extremamente concentrado em poucos doadores.

Ao pesquisar o perfil das doações realizadas por pessoas físicas e jurídicas no Brasil de acordo com o valor total dos aportes das campanhas, chama a atenção o fato de que a faixa mais elevada — representada pelas doações superiores a 1 milhão de reais — não apenas é a dominante como cresce num ritmo acelerado a cada ciclo eleitoral. O Gráfico 3 revela que as doações milionárias respondiam por 38,8% do total arrecadado em 2002. Em 2014, contudo, elas atingiram o patamar de 75,4%. E esse crescimento se deu à custa de todos os outros segmentos, demonstrando que a maior parte do dinheiro para financiar as eleições brasileiras passou a depender de agentes capazes de (o termo parece bem apropriado para esse contexto) *investir* somas milionárias em partidos e candidatos.

GRÁFICO 3
DISTRIBUIÇÃO DO VALOR ARRECADADO POR FAIXA DE DOAÇÃO NAS ELEIÇÕES DE 2002 A 2014

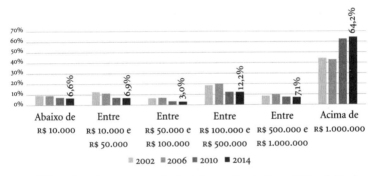

FONTE: Elaborado pelo autor a partir de informações do Repositório de Dados Eleitorais do TSE.
NOTA: Valores atualizados até outubro de 2017 pelo IPCA.

Mas quantos são os indivíduos e as empresas que têm o desprendimento de destinar pelo menos 1 milhão de reais de sua renda a uma única eleição? Decompondo esse grupo de doadores milionários em empresas e indivíduos, verificamos que essa categoria dos superdoadores é crescente, como mostra o Gráfico 4. O número mais do que dobrou entre 2002 e 2014: as doações milionárias passaram de 199 (sendo 191 empresas e oito pessoas) para 483 nas últimas eleições gerais — ano em que 450 pessoas jurídicas e 33 indivíduos aportaram quantias milionárias aos candidatos a um cargo federal ou estadual.

GRÁFICO 4
NÚMERO DE DOADORES QUE FIZERAM CONTRIBUIÇÕES SUPERIORES A R$ 1 MILHÃO NAS ELEIÇÕES DE 2002 A 2014 POR TIPO DE DOADOR

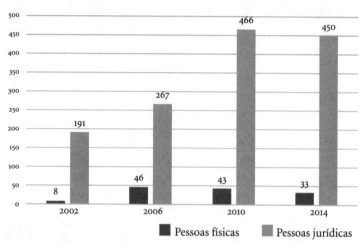

FONTE: Elaborado pelo autor a partir de informações do Repositório de Dados Eleitorais do TSE.
NOTA: Valores atualizados até outubro de 2017 pelo IPCA.

Mas o dado mais chocante vem do confronto entre os Gráficos 3 e 4: tomando as eleições de 2014 como base, constatamos que mais de 60% do volume total de dinheiro arrecadado por todos os candidatos e partidos veio de apenas 483 agentes. Ou seja, três de cada cinco reais aplicados nas eleições de 2014 partiram de um número muito reduzido de pessoas e empresas que decidiram aplicar no jogo político, pelas vias oficiais, mais de 1 milhão de reais de seu patrimônio. E o que é ainda mais espantoso: tomando em perspectiva o conjunto dos potenciais doadores — que nesse pleito abrangia 142,8 milhões de eleitores e 5,4 milhões de empresas —, não mais do que 33 pessoas e 450 empresas foram responsáveis por três quartos do total de recursos arrecadados para financiar as campanhas eleitorais de todos os cargos em disputa no país em 2014.

Apesar de revelarem uma grande concentração das fontes de recursos nas eleições num número reduzido de agentes, essas cifras ainda podem estar subestimadas. Em primeiro lugar, as estruturas societárias dos grupos econômicos brasileiros são extremamente complexas, compostas por dezenas — e muitas vezes centenas — de empresas, cada qual registrada sob um CNPJ diferente. Essa característica permitia que o mesmo grupo econômico utilizasse diversas empresas para realizar suas doações de campanha, desviando assim a atenção da imprensa.

Otávio Marques de Azevedo, presidente da Andrade Gutierrez até junho de 2015, quando foi preso na Lava Jato, declarou que a empreiteira mineira decidiu, em 2010, centralizar a estratégia de doações eleitorais na holding, uma vez que estava difícil coordenar a atuação das mais de cem empresas do grupo espalhadas por treze estados.[6]

Sua concorrente baiana foi muito além. Marcelo Odebrecht, em seu depoimento ao ministro Herman Benjamin, do TSE, admitiu que seu conglomerado utilizou mais de quinhentos CNPJS diferentes para fazer doações eleitorais nos últimos anos.[7] Com tamanha pulverização societária e obras espalhadas, no auge, entre 22 estados brasileiros, além de ter se tornado um dos grandes doadores de recursos para candidatos, o grupo era assediado por milhares de candidatos. Segundo relatou Fernando Migliaccio,

> O que acontecia? Um cidadão procurava Benedicto [Júnior, presidente de Infraestrutura do grupo] e pedia cinco. O mesmo cidadão procurava o Fernando Reis [presidente da Odebrecht Ambiental] e pedia mais cinco e o mesmo cidadão procurava Marcelo [Odebrecht] e pedia mais cinco. [...] Ele, ao invés de levar cinco, levava quinze. Então o Marcelo falou: "Vamos organizar. Fica tudo centralizado no Benedicto".[8]

Para evitar pagamentos duplicados a um mesmo candidato que recorria a diretores de empresas diferentes, Benedicto Júnior se reunia com "sete ou oito" dos principais presidentes do grupo, que traziam as demandas consolidadas das empresas a eles subordinadas. Segundo o executivo, os pedidos de doações começavam a chegar em fevereiro; em torno de maio era realizada a reunião de coordenação; e o grupo esperava o fechamento das coligações para começar os pagamentos, em geral, a partir de julho.[9]

Desse trabalho de verificação e consolidação saía o valor total a ser doado pelo grupo. Em 2014 o valor ficou em 120 milhões de reais de contribuições oficiais (caixa um).

O trabalho seguinte era definir quanto desse montante ficaria a cargo de cada companhia do conglomerado. Até 2015, quando as empresas ainda podiam doar, a legislação estabelecia um limite para suas contribuições eleitorais (2% do faturamento do ano anterior) e vedava a participação de concessionárias de serviços públicos — onde atuavam algumas importantes subsidiárias do grupo, como operadoras de aeroportos e prestadoras de serviços de água e esgoto municipais e estaduais. BJ, como era conhecido na Odebrecht, tinha então diante de si um quebra-cabeça para montar: distribuir o volume de 120 milhões de reais entre mais de quinhentas empresas, respeitando os limites legais de cada uma individualmente.

> Essa distribuição era feita aleatoriamente em cima dos volumes que cada empresa podia doar. Ou seja, numa empresa como a Construtora, [...] que faturava coisa de 20 e poucos bilhões, 30 bilhões, dependendo do ano, nós tínhamos um limite bastante elevado para doar, mas nós nos limitávamos a um valor para não ficarmos expostos.[10]

Essa preocupação em não se expor — ou seja, não aparecer para a mídia e o público em geral como uma única empresa que doava centenas de milhões de reais — também foi destacada por Marcelo Odebrecht:

> Você pega cada usina, por exemplo, de etanol, é uma empresa. Aí você distribui [as doações totais do grupo]. Porque você vai usando os limites que cada uma tem. [...] Então a gente vai usando várias empresas [...] e o pessoal vai buscando os limites para resolver. E outra coisa: como o processo de doação era criminalizado [junto à opinião pública], a gente evitava de algumas empresas aparecerem doando. Era uma confusão.[11]

Levando em conta essa estratégia de grandes grupos utilizarem dezenas, às vezes centenas de CNPJs diferentes para doar, fica claro que a concentração da oferta de recursos em poucas mãos é muito maior do que a apresentada acima. Infelizmente, os dados sobre estruturas societárias brasileiras, que poderiam oferecer um panorama mais realista dessa concentração, estão dispersos pelas juntas comerciais estaduais e com graves dificuldades de acesso para a população em geral.

Mas, mesmo assim, é possível atestar a altíssima concentração do financiamento eleitoral no Brasil em poucos agentes econômicos. Conforme pode ser visto na Tabela 2, tanto a Construtora Norberto Odebrecht S.A. quanto a Braskem (através do CNPJ da Copene Petroquímica do Nordeste S.A.) figuram entre as vinte maiores financiadoras das eleições brasileiras de 2002 a 2014 — e ambas pertencem à família de Marcelo Odebrecht. Para ficar só nesse seleto grupo das "vinte mais", a Companhia Siderúrgica Nacional (CSN) utilizou a sua subsidiária Companhia Metalúrgica Prada para doar mais de 50 milhões de reais entre 2002 e 2014 (a própria CSN doou mais de 28 milhões no mesmo período). Da mesma forma, o Bradesco valeu-se do Banco Alvorada, adquirido em 2003, para doar quase 110 milhões, além dos mais de 50 milhões do braço de seguros e previdência do grupo e de outros 22 milhões da holding.

TABELA 2
MAIORES DOADORES DE CAMPANHAS (2002, 2006, 2010, 2014) —
PESSOAS JURÍDICAS

POSIÇÃO	NOME	VALOR (R$)
1	JBS S.A.	567.960.018,87
2	CONSTRUTORA ANDRADE GUTIERREZ S.A.	203.533.282,49
3	CONSTRUTORA OAS	189.807.878,47
4	CONST. E COMÉRCIO CAMARGO CORRÊA S.A.	188.954.832,72
5	CONSTRUTORA QUEIROZ GALVÃO S.A.	145.364.961,83
6	BANCO ITAÚ S.A.	113.594.505,51
7	BANCO ALVORADA S.A. (GRUPO BRADESCO)	109.106.718,25
8	UTC ENGENHARIA S.A.	105.999.440,77
9	CONSTRUTORA NORBERTO ODEBRECHT S.A.	86.648.259,80
10	BANCO BMG S.A.	76.404.411,29
11	CERVEJARIA PETRÓPOLIS LTDA.	72.796.320,39
12	CARIOCA ENGENHARIA S.A.	61.544.540,11
13	GALVÃO ENGENHARIA S.A.	59.834.866,55
14	COPENE PETROQUÍMICA DO NORDESTE S.A. (BRASKEM)	56.266.769,74
15	SUCOCITRICO CUTRALE LTDA.	53.741.284,98
16	GERDAU COMERCIAL DE AÇO S.A.	53.712.973,80
17	BANCO BTG PACTUAL S.A.	52.058.816,84
18	BRADESCO VIDA E PREVIDÊNCIA S.A.	50.644.221,57
19	COMPANHIA METALÚRGICA PRADA (GRUPO CSN)	50.600.479,42
20	RECOFARMA INDÚSTRIAS DO AMAZONAS LTDA. (COCA-COLA BRASIL)	50.460.400,25

FONTE: Elaborada pelo autor a partir de informações do Repositório de Dados Eleitorais do TSE.
NOTA: Valores atualizados até outubro de 2017 pelo IPCA.

Ainda com relação aos maiores doadores relacionados na Tabela 2, as delações prestadas na Operação Lava Jato revelaram uma nova modalidade de burla à legislação eleitoral: a Odebrecht utilizou terceiros para fazer suas doações. Trata-se de um verdadeiro "caixa três", que até então não havia sido identificado pela Justiça Eleitoral.

É o próprio Marcelo Odebrecht quem explica como o esquema funcionava:

> Como nós não queríamos, e nem os políticos queriam aparecer com muita doação oficial nossa, então muitas vezes nós usávamos terceiros que faziam doação oficial e nós os reembolsávamos. Eu não sei precisar esse valor, acho que pode ser 10 milhões, ou até muito mais.[12]

E era muito mais. De acordo com Benedicto Júnior, só em 2014 a Odebrecht doou entre 40 e 50 milhões de reais utilizando, como laranja, a Cervejaria Petrópolis. A empresa é apontada por vários executivos por compor o mix de contribuições eleitorais, lícitas e ilícitas, feitas pelo grupo. É o que atesta, por exemplo, Luiz Eduardo da Rocha Soares, um dos "cabeças" do departamento de Operações Estruturadas: "No caso de campanhas políticas, a única coisa que posso relatar é que se pagava tanto pelo caixa um, [...] como caixa dois, pelo setor de Operações Estruturadas, e tinha uma ajuda de um parceiro, [...] que era a Cervejaria Petrópolis".[13]

O acerto com a produtora da cerveja Itaipava era realizado por Benedicto Júnior.

> Eu era responsável por procurar o dono da Itaipava, pela relação de amizade que eu detinha com ele, e dizia: "Eu preciso que você me ajude na eleição com 40 milhões. Faça uma avaliação, se há dispo-

nibilidade no seu caixa, na sua capacidade de doação eleitoral para ver se os limites estão atendidos". E ele voltava para mim e dizia: "Eu consigo fazer os 40". E aí, o que a gente fazia? Encaminhava uma lista de pedidos dos doadores e dizia: "É para esses doadores que você vai fazer".[14]

A produtora da Itaipava não recebia comissão por se prestar a esse papel de intermediária, e os valores eram compensados em negócios conjuntos realizados entre as duas empresas no futuro. Como explicou Luiz Eduardo da Rocha Soares:

> [Nós] fizemos três plantas para eles e Benedicto Júnior tinha um contato muito bom com o dono da Cervejaria Petrópolis, e eles destinavam uma parcela do montante a que tinham direito a doação para solicitações nossas e depois [se] compensava nessa relação comercial.[15]

Indagado pelo ministro Herman Benjamin se ele teria sido o criador desse esquema de "caixa três" da Odebrecht, BJ foi irônico: "Criador ou criatura, não é? Para atender ao sistema a gente tinha que ter criatividade, doutor".[16]

O esquema de utilizar a Cervejaria Petrópolis para essa espécie de "barriga de aluguel" de doações eleitorais começou entre 2008 e 2010.[17] Na tabela dos vinte maiores doadores de campanha no período de 2002 a 2014, a Cervejaria Petrópolis aparece na 11ª colocação, com contribuições de quase 73 milhões de reais. Se 40 milhões desse total são na verdade provenientes da Odebrecht apenas nas eleições de 2014, temos outra mostra de como o financiamento eleitoral brasileiro é muito mais concentrado do que sugerem os dados levando em conta os CNPJs individualmente.

Analisando os dados disponíveis, no entanto, já é possível inferir o perfil de quem dá as cartas no financiamento das campanhas eleitorais no Brasil. Passando os olhos pela Tabela 2, vemos no top 20 dos doadores de campanha não apenas empresas que foram dragadas pelo furacão da Lava Jato — JBS e as empreiteiras Andrade Gutierrez, OAS, Camargo Corrêa, Queiroz Galvão, UTC, Odebrecht, Carioca Engenharia e Galvão Engenharia — como também instituições financeiras (Itaú, Bradesco, BMG e BTG Pactual), siderúrgicas (Gerdau e CSN), uma empresa do agronegócio (Cutrale) e duas produtoras de bebidas (Cervejaria Petrópolis e a produtora da Coca-Cola no Brasil, a Recofarma).

A um exame mais atento, todas essas empresas têm muito a ganhar estreitando seus laços com o Estado. Embora esteja claro que as empreiteiras se aproximam dos políticos de olho nas licitações de obras públicas, elas próprias e as demais superdoadoras têm forte interesse na condução da política econômica — legislação tributária, política industrial, créditos subsidiados no BNDES e em outros bancos públicos, regras de comércio exterior e benefícios fiscais como os da Zona Franca de Manaus. Tudo isso nos permite duvidar do "espírito republicano" alegado por Eike Batista na defesa de suas doações para partidos e candidatos. No capítulo a seguir, apresentaremos fortes evidências de que pessoas e empresas não destinam milhões de reais a campanhas eleitorais apenas por idealismo — existem interesses concretos no retorno que esses investimentos podem trazer.

4. Doa quem tem interesse no Estado

As empresas não participam de campanhas eleitorais pelos belos olhos dos políticos. [...] Eu aqui vou até colocar um desabafo: isso é uma hipocrisia dentro deste país a gente achar, né, que uma empresa vai doar 10 milhões, 20 milhões [de reais], para qualquer partido, qualquer candidato, pensando que, depois, na frente, não vai cobrar isso. Nenhuma empresa faz isso. E eu posso falar, porque as empresas falavam isso para mim.[1]

Paulo Roberto Costa, diretor de Refino e Abastecimento da Petrobras entre maio de 2004 e abril de 2012,[2] começou a se exaltar no final de seu depoimento ao TSE a respeito de irregularidades na chapa Dilma-Temer em 2014. Naquela ocasião ele explicava, mais uma vez, as influências políticas e empresariais nos contratos firmados pelo seu setor ao longo dos últimos anos. Alçado ao cargo de diretor pelas mãos de José Janene, falecido presidente do Partido Progressista (PP), Paulo Roberto Costa já havia admitido, em colaboração premiada diante da força-tarefa da Operação Lava Jato, que solicitava às empresas contratadas pela sua diretoria o repasse de um percentual do valor recebido pelas obras e serviços para si próprio e para o grupo político que o colocou e o manteve no cargo por quase oito anos.[3]

Embora parte dessas propinas tenha sido entregue aos políticos em espécie ou até mesmo em depósitos bancários no exterior, uma parcela importante dela chegou às campanhas eleitorais travestida de doações oficiais — o chamado caixa um. E por esse expediente acabou se misturando a doações legítimas feitas por empresas e indivíduos. No bolo do financiamento eleitoral registrado no TSE em cada eleição, portanto, juntaram-se o "joio e o trigo" — expressão consagrada por inúmeros políticos envolvidos nas delações.

Abstraindo o fato de que uma parcela de difícil mensuração das doações eleitorais veio da corrupção, existem razões suficientes para imaginar que mesmo as contribuições legítimas foram motivadas por interesses empresariais ligados à atuação governamental. Se no capítulo anterior mostramos que há uma grande desigualdade na fonte de recursos para as campanhas — com alguns poucos grupos econômicos e empresários provendo a maior parte do dinheiro recebido por candidatos e partidos —, os dados indicam que também há uma forte concentração setorial do financiamento eleitoral.

Quem acompanha a economia e a política brasileiras nos últimos anos é capaz de imaginar quais setores dependentes da ação do Estado tradicionalmente doam grande volume de recursos nas eleições. Mas essa relação pode ser demonstrada comparando-se o percentual que cada setor econômico atingiu no financiamento eleitoral com sua respectiva participação no PIB brasileiro. Assim, quanto maior a diferença entre essas medidas, pressupõe-se que o setor dedica ao "mercado" eleitoral uma importância maior do que seu peso econômico sugere. O resultado, para as eleições de 2014, está no Gráfico 5.

GRÁFICO 5
DISCREPÂNCIAS ENTRE AS PARTICIPAÇÕES NO PIB E NO TOTAL DE DOAÇÕES DE
PESSOAS JURÍDICAS NAS ELEIÇÕES DE 2014 POR SETOR ECONÔMICO

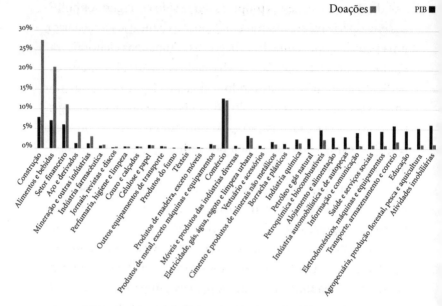

FONTE: Elaborado pelo autor a partir de informações do Repositório de Dados Eleitorais do TSE e do IBGE.
NOTA: Para calcular a participação setorial no PIB para as eleições de 2014, foram utilizados os dados de 2013 — os últimos disponíveis.

Como se vê, as contribuições de campanha ofertadas pelas empresas em 2014 se encontram não apenas distribuídas de forma desigual entre os setores econômicos, mas também alguns deles doam proporcionalmente muito mais do que sua importância na estrutura produtiva brasileira justificaria. Destacam-se nesse grupo, em ordem decrescente, os setores de construção, alimentício e de bebidas, financeiro, indústrias siderúrgica e de metalurgia, mineração e farmacêutica — entre outros.

A análise desses resultados diante da conjuntura atual revela, numa primeira leitura, como setores diretamente envolvidos nas operações anticorrupção em curso assumem posição de destaque no mercado de financiamento eleitoral brasileiro. Além das empreiteiras e da JBS, às voltas com a Lava Jato, bancos (Safra, Bradesco, Santander, BankBoston, BTG Pactual), cervejarias (Petrópolis) e siderúrgicas (Gerdau) estão na mira da Operação Zelotes, que investiga a venda de decisões favoráveis no âmbito do Conselho Administrativo de Recursos Fiscais (Carf). Portanto, não parece ser mera coincidência o fato de esses cinco setores aparecerem como os que contribuem para campanhas numa proporção muito maior do que sua importância no PIB sugere.

Entre aqueles que identificam na corrupção a explicação para o maior envolvimento de alguns setores com a política está Luiz Eduardo da Rocha Soares, executivo que ao longo de 28 anos passou por diversas empresas do grupo Odebrecht — inclusive um período de oito anos no famoso departamento de Operações Estruturadas, a "central da propina" do conglomerado baiano.[4] Na opinião particular de Luiz Eduardo Soares, "o setor de construção é um setor que por si só, há muitos anos e em muitos países do mundo tem sido, é muito propenso a esse tipo de problema de corrupção".[5]

Além da superexposição dos setores envolvidos em escândalos de corrupção, os resultados acima também podem ser explicados pela quase irresistível atração exercida pela atividade estatal sobre determinados ramos de atividade. Seja por meio das despesas bilionárias com licitações e contratos, pela edição de regulação, pelo desenho da política tributária ou via concessão de crédito subsidiado pelos bancos oficiais, o Estado é uma fonte praticamente inesgotável de negócios para o empresariado. E doações eleitorais são uma excelente forma de abrir portas e garantir acesso facilitado a quem exerce o poder.

Essa relação entre políticas públicas e financiamento eleitoral fica mais clara ao se analisar a evolução das doações ao longo do tempo. Tomando os dados disponibilizados pelo TSE, no período de 2002 a 2014 as doações de todas as empresas variaram mais de 540%, já descontada a inflação, como revela o Gráfico 6. Em termos setoriais, porém, há enorme discrepância no desempenho dos vários setores econômicos.

No top 5 dos segmentos com desempenho mais significativo nas quatro últimas eleições gerais, destacam-se petróleo e gás natural (1666,1% de crescimento nas doações), perfumaria, higiene e limpeza (954,2%), mineração (874,6%), petroquímica e biocombustíveis (833,5%) e alimentos e bebidas (652%). A explicação para o resultado expressivo desses setores encontra-se na política industrial conduzida pelo governo nas duas últimas décadas: política creditícia dos bancos oficiais (principalmente BNDES, Caixa Econômica Federal e Banco do Brasil), incentivos tributários, grandes projetos de infraestrutura, mudanças regulatórias e, é claro, o programa de investimentos da Petrobras, tendo o pré-sal como carro-chefe.

O papel exercido pelos incentivos ao setor de óleo e gás foi, inclusive, mencionado por Pedro Barusco, gerente executivo da área de engenharia da empresa e depois executivo da Sete Brasil, para justificar como as propinas proliferaram nos últimos anos. Com a experiência de quem trabalhou 32 anos na estatal petrolífera e mais dois anos na empresa criada para gerenciar os investimentos na exploração do pré-sal, Barusco admite que sempre existiu corrupção na Petrobras, mas ela se expandiu — e chegou com força nas campanhas eleitorais — em virtude da política energética.

> Tem [tinha] vários contratos de 3 bilhões [de reais] ao mesmo tempo. Quer dizer, o volume de investimento era tão grande, tão grande, que isso se alastrou, não é? Isso também foi um fato impor-

GRÁFICO 6
VARIAÇÃO DAS DOAÇÕES DE CAMPANHA DE PESSOAS JURÍDICAS POR SETOR ECONÔMICO A TODOS OS CARGOS NAS ELEIÇÕES ENTRE 2002 E 2014

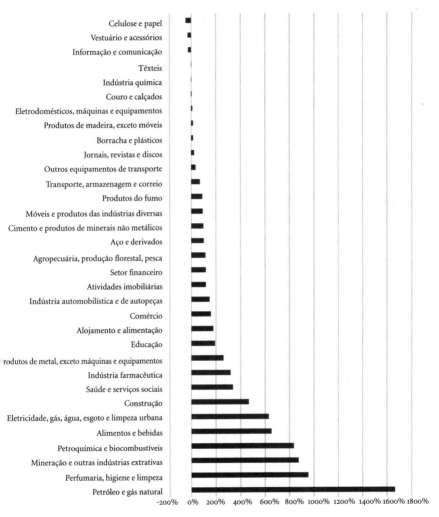

FONTE: Elaborado pelo autor a partir de informações do Repositório de Dados Eleitorais do TSE.
NOTA: Valores atualizados até outubro de 2017 pelo IPCA.

tante, não é? Mas eu não sei dizer quando começou. Eu acho que sempre existiu. Eu acho que... o... é... houve, assim, um... um apoio maior, ou um envolvimento maior da área política, não é? Até por causa dos recursos envolvidos, né, em função dos investimentos que foram realmente muito grandes, né?[6]

A dinâmica presente no Gráfico 6 oferece indícios de como outras formas de atuação governamental podem atrair contribuições de campanha de determinados setores econômicos. A ênfase dos grandes projetos de infraestrutura do governo federal nos últimos anos — como o Programa de Aceleração do Crescimento (PAC), os projetos do Minha Casa Minha Vida, as obras para os megaeventos esportivos de 2014 e 2016, a retomada dos programas de concessão etc. —, o protagonismo do crédito subsidiado dos bancos oficiais e as mudanças regulatórias em setores como os de mineração, planos de saúde e saneamento básico podem ter estimulado as doações de campanha provenientes de mineradoras (1932% de variação de recursos doados entre 2002 e 2014), indústria alimentícia (1585%), empreiteiras (1079%), bebidas (1072%), água, esgoto e coleta de lixo (899%) e o setor de saúde (815%).

A esse respeito, o operador Lúcio Funaro, que assume ter atuado para diversas empresas intermediando o pagamento de propinas e a doação de recursos para políticos ligados ao núcleo do Movimento Democrático Brasileiro (PMDB), destacou que um dos fatores para o envolvimento do grupo JBS com a política foi a grande oferta de crédito público em instituições como BNDES, Caixa Econômica Federal, Banco do Brasil e fundos de pensão. Essa disponibilidade excepcional de recursos no período foi fundamental para o crescimento do grupo empresarial e, consequentemente, de suas doações milionárias para campanhas eleitorais.[7]

Apesar desses sinais inequívocos de como o sistema de financiamento eleitoral constitui um incentivo para a influência de importantes setores econômicos sobre as eleições, o pesquisador norte-americano David Samuels, pioneiro dos estudos sobre o assunto no Brasil, chama a atenção para importantes segmentos empresariais que, a despeito de sua notória atuação no lobby político, assumem pouca relevância entre os grandes doadores de campanha, como as empresas de mídia, a indústria automobilística e a agroindústria.[8]

Para esclarecer essa aparente contradição, é preciso não perder de vista que é vedado às empresas de comunicação doar diretamente para campanhas eleitorais, por serem detentoras de concessões públicas — embora tenham imenso poder de influência sobre o eleitorado em razão de sua política editorial. O agronegócio, por seu turno, tem uma lógica própria de envolvimento com a política, que será explorada mais adiante: em vez de valer-se de políticos para intermediar suas demandas junto aos poderes Executivo e Legislativo, o setor consegue eleger diretamente empresários do setor para os cargos em disputa. Já a indústria automobilística, que merece pesquisas mais aprofundadas, parece exercer pressão por outros meios, em virtude até mesmo de sua configuração oligopolista e de seu peso na economia brasileira.

As estatísticas apresentadas neste capítulo apontam para uma realidade evidente: empresas, em sua maioria, doam motivadas por interesses econômicos, sejam eles ligados a práticas ilícitas que finalmente estão vindo à tona no Brasil, ou por meios legítimos, porém direcionados a estreitar laços com governantes e parlamentares. Dessa forma, visam obter acesso ao extenso leque de benesses ofertadas pelo Estado.

> Então, nós estamos nos iludindo neste Brasil, achando que as empresas patrocinam e apoiam candidatos, que depois isso vai ficar por isso mesmo. E um fato também que merece considerações de todos nós, é que as empresas não têm ideologia política, que as

empresas patrocinam candidatos da oposição e da situação. Com qual objetivo? Então, senhores aqui, da Justiça, senhores que podem resolver esse nosso Brasil, pensem um pouco sobre isso.[9]

Paulo Roberto Costa, o diretor da Petrobras que foi uma importante peça na engrenagem desse mecanismo de ligação entre o empresariado e a elite política do país, expôs ao ministro Herman Benjamin, no TSE, a necessidade de se entender a lógica das doações eleitorais brasileiras.

Para ele, a decisão de executivos e empresários a respeito do total de recursos a serem aportados nesse ou naquele partido ou candidato se pauta muito menos por convicções ideológicas do que por uma postura mais pragmática, relacionada a possíveis benefícios que poderão ser colhidos ao longo do mandato das chapas vencedoras.

O juiz Nicolau Lupianhes Neto, que conduzia o depoimento de Paulo Roberto Costa como auxiliar da Corregedoria-Geral Eleitoral, indagou, então, se o financiamento de campanhas seria uma espécie de cassino eleitoral, em que as empresas apostam suas fichas nesse ou naquele candidato independentemente de sua posição política. No calor do depoimento, Paulo Roberto Costa acabou não respondendo diretamente a essa pergunta. Mas buscaremos a resposta em evidências nos dados e depoimentos de executivos de grandes empresas no capítulo seguinte.

5. Pouca ideologia, muito pragmatismo

Fernando Migliaccio, um dos responsáveis pelo departamento de Operações Estruturadas da Odebrecht, via as doações de campanha, fossem oficiais ou por caixa dois, como apostas no futuro. Segundo ele, foram milhões e milhões dados a políticos nas últimas décadas sem haver uma contrapartida específica — "a troco de nada", ou melhor, visando relacionamentos futuros. "Olha, um dia esse senhor vai ser governador, um dia ele vai ser senador."[1]

Marcelo Odebrecht, por sua vez, tem uma explicação mais elaborada para justificar a política de contribuições eleitorais das empresas do grupo baiano. Na sua visão, o relacionamento da empresa com o governo baseava-se num tripé que envolvia: i) os investimentos necessários para cumprir os contratos, ii) as doações de campanhas, realizadas com o intuito de criar uma relação de confiança com as autoridades e iii) a colaboração com o projeto político do agente público interessado.

Nessa lógica, objetivos empresariais se misturavam ao interesse público e às ambições dos políticos num mesmo pacote:

Toda agenda empresarial, apesar de ser pautada em interesses empresariais legítimos, no interesse público (geração de emprego, geração de renda), sempre vem acompanhada de uma expectativa de você contribuir. [...] Então, se a gente tinha uma atuação muito forte em determinado estado, é natural que naquele estado a gente contribuísse muito. E, obviamente, o setor agrícola, ele contribui com aqueles políticos que defendem o setor agrícola; o setor financeiro contribui com os seus políticos que defendem o setor financeiro. Então, essa questão, toda agenda empresarial — e política —, principalmente na época em que era permitida doação eleitoral, ela vinha pautada, ou ela vinha acompanhada de um interesse de o empresário contribuir.[2]

A falta de critérios ideológicos nas doações da Odebrecht fica evidente na sua política interna de contribuições. Nos anos eleitorais, os principais executivos do grupo se reuniam para definir o limite máximo a ser doado, com o objetivo de evitar a exposição da empresa a pressões de partidos e candidatos e o risco de pagamentos duplicados. Em 2014, Marcelo Odebrecht se encarregou pessoalmente das doações para os principais candidatos a presidente da República — Dilma Rousseff, Aécio Neves e Eduardo Campos/ Marina Silva —, enquanto Benedicto Júnior, o BJ, comandou a distribuição das doações para os outros cargos e partidos.[3]

Para driblar o monitoramento da mídia, Marcelo Odebrecht se valia da estrutura do grupo econômico, que envolve centenas de empresas diferentes, para distribuir as doações de modo a respeitar os limites legais — até 2015, cada empresa poderia doar até 2% de seu faturamento bruto no ano anterior — e a tornar menos evidente para o público o fato de que torcia para diferentes times na disputa eleitoral. Essa estratégia fez com que, por exemplo, a Construtora Norberto Odebrecht apoiasse Dilma Rousseff, enquanto a Braskem, braço petroquímico do conglomerado, doasse para Aécio Neves.

No agregado final, Marcelo Odebrecht reconhece que havia a intenção de ser ecumênico nas doações que fazia aos principais partidos:

> Essa responsabilidade eu puxava para mim, porque era o seguinte: a minha preocupação era qual era a exposição que a Odebrecht teria como doadora oficial, somando todas as empresas. [...] O cuidado que a gente tinha era com a distribuição. Era mais ou menos... não me recordo bem, mas a gente tinha o cuidado de ser talvez um quarto para o MDB, um quarto para o PSDB [Partido da Social Democracia Brasileira], um quarto para o PT e um quarto para os outros partidos. Então, a gente tentava fazer uma doação oficial mais ou menos que demonstrasse uma posição equilibrada. Essa doação oficial global, sem entrar no mérito para quem foi... minha preocupação era o global e mais ou menos quanto seria para cada partido. Eu não entrava no mérito de quem estava recebendo.

Essa teria sido a política adotada para distribuir os 120 milhões de reais de dinheiro oficial da Odebrecht nas eleições de 2014.[4]

Essa política de distribuir valores entre vários partidos — de oposição ou situação, esquerda ou direita — em ano de eleições, de forma a criar um hedge contra surpresas na contagem de votos, é compartilhada por diversos empresários e executivos envolvidos na Operação Lava Jato. Ricardo Pessoa, da UTC, acusado de ser o líder do cartel de empreiteiras nas obras da Petrobras, admite que as empresas do seu grupo contribuíram com 54 milhões de reais entre praticamente todos os partidos em 2014.[5] Ou quase todos:

> Evidentemente que eu não ia doar para quem eu não tivesse conhecimento, não conhecesse, e fosse de um partido que não tivesse ex-

pressão. Mesmo assim, eu doei. Depende muito do pedido. Você sabe como é que funciona uma empresa de engenharia, com diversos gerentes no Brasil inteiro recebendo solicitação de deputado estadual, deputado federal, senador, governador e... parando por aí. As solicitações vêm de tudo quanto é lado. Você faz uma triagem. E quando você não doa, você pode, depois, até dizer: poxa, eu não doei; [mas] eu deveria ter doado. Essa é a realidade.[6]

Na Camargo Corrêa não era diferente. Segundo o advogado Vitor Sarquis Hallack, que presidiu o Conselho de Administração do grupo de 1º de setembro de 2006 a 31 de agosto de 2016 ("dez anos exatamente"),[7] a política de doações levava em conta, por um lado, a capilaridade de atuação na empresa, que gerava uma pressão por contribuições de candidatos em várias unidades da federação e concorrentes a diferentes cargos. Por outro, o grupo buscava, no agregado, manter um equilíbrio de acordo com a relevância e o peso da representação dos partidos. A diretriz, contudo, era uma só: "Para que a gente pudesse ter as melhores formulações e, de certa forma, também acesso para poder influir nas formulações das políticas públicas".[8]

O vice-presidente de Relações Institucionais da Camargo Corrêa durante as eleições de 2014, Marcelo Bisordi, relata que, naquele ano, já com a Operação Lava Jato no seu encalço, o grupo resolveu contratar um grande escritório de advocacia para minimizar os riscos de exposição naquela eleição. A empresa foi então orientada a realizar uma contribuição pré-eleitoral, destinada aos partidos de maior representatividade no Congresso e àqueles que teriam uma consistência política maior para manter o relacionamento com a empresa. Decidiu-se então fazer uma doação com montantes iguais para os três maiores partidos (PT, PSDB e MDB) e valores menores para dois outros partidos (Partido Socialista Brasileiro [PSB] e DEM). Os montantes giraram em torno de 5 milhões de reais para os maiores e um valor menor, "não vou me lembrar quanto", para os outros dois. Para o executivo, essa política transparente (redigiu-se até uma carta para os partidos explicando os critérios) gerou um antídoto contra as pressões dos políticos durante a eleição.[9]

Pelo lado do captador de recursos, Edinho Silva, coordenador financeiro da campanha de Dilma Rousseff em 2014, confirma a teoria de que praticamente não há doações ideológicas.

> Os representantes das empresas até diziam que... eles tornavam isso claro, né? Olha, nós estamos doando pra vocês, nós vamos doar também pra outras candidaturas. [...] E repito: eu sempre enxerguei essas doações como uma forma de relacionamento institucional das empresas, até porque — repito também —, no caso das empreiteiras, elas mantêm relações governamentais com todos os entes federados, não só com o governo federal.[10]

Como tentativa de apresentar, com dados, evidências sobre a opinião geral de executivos e políticos de que as contribuições eleitorais são movidas por interesse, e não por ideologia, calculamos o percentual que cada superdoador (empresa que doou mais de 1 milhão de reais em valores atuais) aplicou nas campanhas do PSDB e do PT desde 1994. A ideia foi confrontar a preferência dos grandes doadores em relação aos dois partidos protagonistas no plano federal nas duas últimas décadas. Os dados incluem as doações efetuadas pelas empresas e por indivíduos aos candidatos a todos os cargos (deputados estaduais e federais, senadores, governadores e presidentes), assim como as doações feitas diretamente aos partidos e aos comitês eleitorais.

A série de gráficos apresenta em cada ponto o percentual aplicado pelos superdoadores nas campanhas do PT (eixo horizontal) e do PSDB (eixo vertical) em cada eleição. A evolução do posicionamento dos grandes doadores entre os dois partidos apresenta fortes evidências de como o empresariado brasileiro se move em função das chances de vitória de cada agremiação e, mais do que isso, do que elas têm a oferecer em termos de oportunidades de negócio atreladas ao Estado.

Nas eleições de 1994, com o sucesso do Plano Real e a postura radical adotada até então pelo PT, as grandes doações concentram-se na proximidade do eixo vertical, indicando uma clara preferência pelo PSDB — o que é totalmente racional, levando em conta que não só em 1994, mas também em 1998, Fernando Henrique Cardoso venceu no primeiro turno, os tucanos dominaram os principais estados e construíram uma bancada significativa na Câmara e no Senado. Além disso, os tucanos apresentavam um discurso e realmente efetivaram um conjunto de reformas liberalizantes, pró-mercado, na economia brasileira.

Com a saturação do ciclo de reformas do governo FHC e as inúmeras crises externas e internas enfrentadas, Lula renasceu das cinzas (após três derrotas consecutivas) e despontou repaginado em 2002, com uma versão "Paz e Amor" e um discurso — materializado na Carta ao Povo Brasileiro — propondo a manutenção dos pilares da política econômica de FHC e um programa ambicioso de redução das desigualdades sociais. A estratégia deu certo em termos não apenas de garantir sua vitória, mas de atrair recursos dos superdoadores.

A partir de 2002 o PT se tornou uma máquina eleitoral, dominando as três eleições presidenciais posteriores, governos estaduais em todas as regiões do país e tornando-se uma das maiores forças no Congresso Nacional. Como consequência, desde 2002 a distribuição dos pontos nos gráficos passa a ficar esparsa entre os eixos vertical (PSDB) e horizontal (PT), com uma clara tendência rumo ao eixo horizontal também à medida que a política econômica do ministro Guido Mantega, principalmente após a crise fi-

GRÁFICO 7
PERCENTUAL DE DOAÇÕES SUPERIORES A R$ 1 MILHÃO DESTINADAS
AO PSDB E AO PT NAS ELEIÇÕES DE 1994

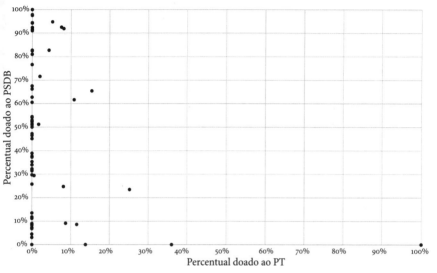

FONTE: Elaborado pelo autor a partir de informações disponibilizadas por David Samuels.
NOTA: Valores atualizados até outubro de 2017 pelo IPCA.

nanceira de 2008, passou a agradar ao empresariado nacional, com concessões indiscriminadas de benefícios fiscais, grandes obras de infraestrutura e um evidente protagonismo do BNDES na concessão de empréstimos subsidiados.

É importante destacar que o cenário começou a mudar em 2014, quando, depois de muitos anos, o PSDB teve reais chances de assumir o Palácio do Planalto. Conforme pode ser visto no Gráfico 8, naquele ano os superdoadores dividiram-se entre as campanhas de Aécio Neves e de Dilma Rousseff. O grande capital brasileiro mostra-se, mais uma vez, avesso ao risco: por via das dúvidas, é melhor fazer um seguro e ficar bem na foto com os dois principais candidatos.

A respeito dos dados do Gráfico 8, Gilles Azevedo, assessor

GRÁFICO 8
PERCENTUAL DE DOAÇÕES SUPERIORES A R$ 1 MILHÃO DESTINADAS AO PSDB E AO PT NAS ELEIÇÕES DE 2014

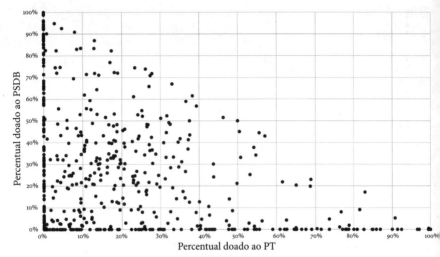

FONTE: Elaborado pelo autor a partir de informações do Repositório de Dados Eleitorais do TSE.
NOTA: Valores atualizados até outubro de 2017 pelo IPCA.

particular da presidente Dilma Rousseff e um ator com participação ativa na coordenação de suas campanhas em 2010 e 2014, afirma:

> Pelo conhecimento que eu tenho, os doadores da campanha da presidente são os mesmos doadores também da campanha do Aécio. Quer dizer, os doadores, em 2010, em 2006, [...] eu acho que é uma decisão empresarial, muito mais do que política, de aportar recursos nas diferentes campanhas, particularmente naquelas que têm alguma chance de vitória.[11]

Com a autoridade de quem esteve nos dois lados, tendo sido filiado ao PSDB e ao PT, Delcídio do Amaral assegura que não há ideologia no financiamento eleitoral, e que, mesmo sendo a Odebrecht e a OAS "mais petistas" e a Andrade Gutierrez "mais tucana", todas fizeram pesadas contribuições para os dois arquirrivais da política brasileira.[12]

Com a experiência de quem jogou pelos dois times — foi líder do PSDB no Senado durante vários anos e, já no MDB, nomeado presidente da Transpetro durante os governos Lula e Dilma —, Sérgio Machado é enfático a respeito desse assunto:

> Empresa nenhuma tem cor partidária. Tem interesse: interesse de contrato, interesse de projeto aprovado, interesse de incentivo fiscal etc. [...] Tanto que, se você for olhar, [...] os mesmos que contribuíram para a presidente Dilma também contribuíram pro Aécio, os mesmos que contribuíram pro Lula contribuíram pro Serra. São as mesmas empresas. Então, o processo não é aqui de um jeito e ali do outro.[13]

Um fato pitoresco que ilustra esse comportamento da elite econômica brasileira em relação às eleições de 2014 está no depoimento de Otávio Marques de Azevedo, ex-presidente da Andrade Gutierrez S.A., holding do conglomerado mineiro. O executivo conta que, à semelhança das suas concorrentes, centralizava a gestão das demandas por doações eleitorais num comitê de avaliação formado pelos presidentes das empresas do grupo. O valor a ser distribuído entre candidatos e partidos era definido com base na estratégia de se aproximar de candidatos viáveis e pró-mercado, e para isso eram contratadas pesquisas de intenções de voto para serem usadas como subsídios para a tomada de decisão.[14]

As eleições de 2014, no entanto, foram as mais imprevisíveis e acirradas desde a retomada da democracia no Brasil, o que, de acordo com o relato do executivo, afetou a estratégia de doações das empresas. Otávio Azevedo conta que a Andrade Gutierrez, ao contrário dos anos anteriores, represou as suas doações até agosto de 2014 em face das incertezas do quadro eleitoral. Segundo seu depoimento, a empresa vinha acompanhando, por meio de pesquisas eleitorais, o crescimento da chapa Eduardo Campos/Marina Silva, e por isso resolveu aguardar até começar a repartir o valor predefinido para as contribuições daquele ano — estipulado em 104 milhões de reais. Essa demora na distribuição do dinheiro chegou, inclusive, a incomodar os responsáveis pela arrecadação de fundos do PT.[15] Otávio Marques de Azevedo relata ter recebido uma "pressão horrorosa" de Edinho Silva e Gilles Azevedo para ele aumentar as doações — fato que é negado por ambos os petistas.

O Gráfico 9 comprova não apenas que o relato do executivo da empreiteira mineira é fidedigno, como parece ter sido a tônica entre os principais doadores de campanha do Brasil naquele ano. Nele, é apresentada a evolução do dinheiro proveniente de pessoas jurídicas arrecadado pelos três principais concorrentes à Presidência: Dilma Rousseff (PT), Aécio Neves (PSDB) e Eduardo Campos, substituído por Marina Silva (PSB) após seu falecimento em plena corrida presidencial.

À medida que plotamos no Gráfico 9 a dinâmica das doações de campanha (expressas nas linhas referentes a cada candidato, com magnitude definida no eixo vertical da esquerda) e os resultados das pesquisas eleitorais do Datafolha realizadas ao longo do primeiro turno (expressas nas colunas, em que cada tom representa um candidato, com os respectivos percentuais de intenção de voto), começa a fazer sentido a história contada por Otávio Azevedo, da Andrade Gutierrez: a evolução das doações para os três candidatos refletiu a expectativa dos doadores sobre quem tinha mais chances de vencer a eleição.

O gráfico indica três momentos bastante distintos no desenrolar da disputa eleitoral, que tiveram reflexo direto no volume de recursos aportado pelas empresas em cada candidatura.

O primeiro grande divisor de águas dessa eleição foi o trágico acidente que resultou na morte de Eduardo Campos, em

GRÁFICO 9
EVOLUÇÃO DAS DOAÇÕES PARA OS PRINCIPAIS CANDIDATOS À PRESIDÊNCIA DA REPÚBLICA EM 2014

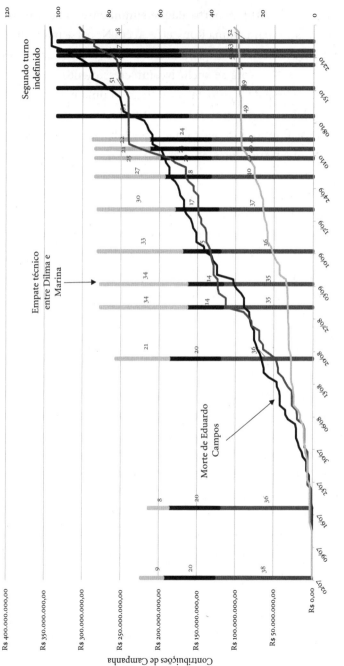

FONTE: Elaborado pelo autor a partir de informações do Repositório de Dados Eleitorais do TSE e de pesquisas de intenção de votos do Datafolha.

13 de agosto de 2014. A partir daquele momento, o volume de recursos doados para Dilma Rousseff e Aécio Neves se intensifica, aparentemente indicando que a disputa seria polarizada nesses dois concorrentes. Nota-se, inclusive, um crescimento expressivo de Dilma no final de agosto, talvez refletindo uma maior chance de que a eleição fosse resolvida em seu favor ainda no primeiro turno. Nessa fase, as doações para Marina Silva (em cinza-claro), embora também crescentes, apresentam um comportamento bem mais suave.

Essa tendência foi se alterando conforme as pesquisas eleitorais revelavam um crescimento surpreendente nas intenções de voto para Marina Silva a partir do final de agosto e início de setembro, quando a candidata do PSB chegou a empatar com Dilma Rousseff na liderança. A essa altura, as doações para Marina Silva começam a crescer num ritmo bem mais intenso, assim como as destinadas a Aécio Neves, refletindo a grande perspectiva de ocorrência de um segundo turno, em que os dois oponentes poderiam eventualmente se unir para tentar derrotar Dilma Rousseff, a candidata da situação.

Em fins de setembro, às vésperas do primeiro turno, temos então o terceiro grande momento do período eleitoral: as pesquisas começam a indicar que Marina Silva perdia força, porém sem um crescimento proporcional de Aécio Neves. Nesse cenário incerto da reta final, as doações para todos os candidatos subiram nas duas semanas que antecederam o primeiro turno. Porém, como as perspectivas de existência de um segundo turno começaram a ficar sombrias, as doações para Dilma Rousseff ganharam grande impulso, ultrapassando até mesmo as contribuições para Aécio Neves.

A história em três atos descrita acima reforça a impressão de que, pelo menos quando as eleições são muito disputadas, o dinheiro flui de um candidato para outro conforme as pesquisas eleitorais indicam as chances de vitória de cada um. Esse parece ter sido o caso das eleições presidenciais de 2014, em que o financiamento das campanhas de Dilma Rousseff, Aécio Neves e Marina Silva mostrou-se bastante responsivo às perspectivas de vitória e de realização de um segundo turno à medida que as pesquisas de opinião repercutiam as mudanças de humor do eleitorado ao longo da disputa eleitoral.

Essa evidência de que os recursos do financiamento eleitoral migram desse para aquele candidato de acordo com suas chances de vitória confere fundamento estatístico para o sentimento expresso pelos executivos da Odebrecht, UTC, Andrade Gutierrez e Camargo Corrêa: o fluxo de dinheiro não tem nada de ideologia, mas sim um claro pragmatismo no qual o que interessa é estar do lado do time vencedor — seja ele qual for.

6. Eles se lambuzaram com o dinheiro das empresas

Em *Por que as nações fracassam*, os renomados pesquisadores Daron Acemoglu (economista do Massachusetts Institute of Technology [MIT]) e James Robinson (cientista político e economista da Universidade de Chicago) consolidaram décadas de pesquisas acadêmicas que procuravam desvendar os mistérios do desenvolvimento econômico e social de países numa perspectiva institucional.

Analisando o desenvolvimento de sociedades da pré-história até os dias atuais, os autores chegaram a um diagnóstico que considero perfeito para descrever o Brasil: um país dominado há séculos por uma elite econômica e uma casta política umbilicalmente relacionadas, produzindo políticas públicas e leis concentradoras de renda e de poder.

Na conclusão do livro, porém, Acemoglu e Robinson apostavam que justamente o Brasil estava a ponto de atingir o momento crítico de criação de instituições políticas e econômicas pluralistas, que fomentam a alternância do poder, a competição e a inovação. Na visão dos autores, poucos países subdesenvolvidos pareciam tão aptos a romper o ciclo de extrativismo político e econômico e iniciar uma nova era de crescimento acompanhado de distribuição de renda como o Brasil.

Para os autores, a ascensão do PT ao poder representava a possibilidade dessa grande virada no desenvolvimento brasileiro. Um partido com forte base social, que cresceu ao longo de três décadas acumulando administrações municipais e estaduais que fomentavam a participação social (vide as experiências dos conselhos sociais e dos orçamentos participativos) e chegou à Presidência da República comprometido com "a provisão de serviços públicos, expansão educacional e um nivelamento das condições do jogo" na economia. Na conclusão do livro, o Brasil é retratado de modo muito mais auspicioso do que a Venezuela — e "seus políticos corruptos, com redes de compadrio" com o empresariado — ou o Peru, em que fitas de vídeo revelavam políticos sendo comprados por Alberto Fujimori e Vladimiro Montesinos. O Brasil havia "quebrado o molde" de típica República de Bananas latino-americana.

Obviamente, o otimismo de Acemoglu e Robinson não se devia apenas a uma predileção especial pelo PT. Na sua análise estão implícitas as mudanças no ambiente institucional que permitiram que um partido de esquerda vencesse as eleições presidenciais e implementasse o seu programa de governo sem rupturas. E isso aconteceu devido a um histórico que começa na redemocratização, se aprofunda com a Constituição de 1988, consolida-se com o Plano Real e, na visão dos autores, culmina com a eleição de Lula em 2002 e os sucessivos mandatos petistas. Uma história de sucesso, portanto, que sinalizava ao mundo que estávamos trilhando um caminho de reformas econômicas e sociais incrementais, voltadas para o crescimento e a redução da desigualdade social.

Por que as nações fracassam foi lançado em 2012, quando ainda não havia sido deflagrada a Operação Lava Jato. As revelações obtidas pelas investigações da Polícia Federal e do Ministério

Público, inclusive as derivadas das delações premiadas, expuseram as vísceras de nossa República, em que a "coisa pública" era devorada por um esquema tão extrativista que certamente surpreenderia Acemoglu e Robinson.

Ao contrário do que imaginaram os dois pesquisadores, a Operação Lava Jato revelou que a associação entre as elites política e econômica no Brasil não respeita coloração partidária. O envolvimento da cúpula do PT com as grandes empreiteiras e a JBS revela o mesmo modo de operação praticado desde sempre no Brasil: em troca de propinas e contribuições de campanhas, os políticos oferecem licitações de cartas marcadas, benefícios fiscais, crédito subsidiado em bancos públicos, regulação favorável e outras benesses para as grandes empresas. Aliás, é difícil imaginar um exemplo tão evidente dessa "parceria público-privada" no Brasil quanto aquela conversa que o presidente Michel Temer teve com Joesley Batista no porão da residência oficial, a altas horas da noite... E tudo isso tem muito a ver com doações de campanhas.

Outro pesquisador norte-americano, David Samuels, da Universidade de Minnesota, analisou o perfil do financiamento eleitoral no Brasil ao longo da década de 1990 e constatou que os partidos de esquerda — em especial o PT — tinham mais dificuldades de acesso ao financiamento eleitoral privado, arrecadando valores menores e dependendo mais das doações de pessoas físicas. Para o autor, essas características dificultavam a viabilidade política de partidos e candidatos com esse ideário no cenário brasileiro.[1]

Contudo, a inédita conquista da Presidência da República por um partido de esquerda no Brasil em 2002, com a eleição de Luiz Inácio Lula da Silva, mostrou como a realidade política brasileira não se prende a padrões preconcebidos pela pesquisa acadêmica. Analisando os dados oficiais de financiamento eleitoral, percebe-se como o PT atrai cada vez mais recursos conforme se consolida como uma alternativa viável de poder a partir de 2002.

VOLUME DE DOAÇÕES DE PESSOAS FÍSICAS E JURÍDICAS PARA O MDB, O PSDB E O PT (1994 A 2014)

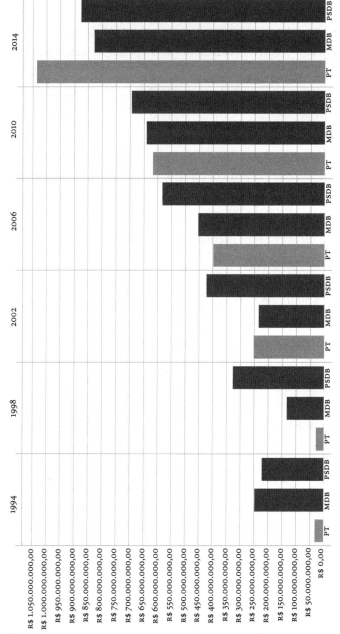

FONTE: Elaborado pelo autor a partir de informações disponibilizadas por David Samuels (1994 e 1998) e do Repositório de Dados Eleitorais do TSE (2002 em diante).

NOTA: Valores atualizados até outubro de 2017 pelo IPCA.

O Gráfico 10 mostra como o PT, à medida que se torna um campeão de votos — vencendo não apenas as eleições presidenciais de 2002 a 2014, mas também diversos governos estaduais e alcançando uma grande bancada de parlamentares na Câmara dos Deputados e no Senado Federal —, tem seu volume de doações recebidas aumentado de forma exponencial, a ponto de aproximar-se dos níveis de PSDB e MDB, partidos que tradicionalmente ocupam as posições de liderança na atração de capital nas eleições. O desempenho do partido em atrair contribuições chega ao ápice em 2014, quando supera 1 bilhão de reais e atinge a liderança entre todos os partidos em termos de arrecadação de recursos junto a empresas e indivíduos, com 21,3% do total. Para se ter uma ideia dessa evolução, o PT havia arrecadado, em valores atuais, apenas 30 milhões de reais em 1994, pouco mais de 3% da receita de todos os partidos naquele ano.

Analisando o perfil das fontes de financiamento dos principais partidos, verifica-se também que o PT passa, a partir de 2002, a ter um comportamento muito parecido ao dos seus rivais de centro e de direita no que se refere à dependência das contribuições das grandes empresas. No Gráfico 11 foram selecionados os cinco partidos com maior arrecadação no pleito de 2014, verificando-se o peso dos recursos provenientes de pessoas jurídicas nas eleições a partir de 1994. Nele, observa-se que no princípio o PT dependia sensivelmente menos das doações empresariais do que os demais partidos. No entanto, a partir de 2002, quando assumiu a Presidência, os petistas passam a se aproximar do "grande capital" para viabilizar sua ascensão e permanência no poder.

A estratégia do PT de procurar grandes empresários brasileiros para captar recursos para seus candidatos foi seguida pelos principais coordenadores financeiros de suas campanhas. Edinho Silva, arrecadador oficial de doações para a reeleição de Dilma

GRÁFICO 11
PERCENTUAL DE DOAÇÕES DE PESSOAS JURÍDICAS SOBRE O TOTAL RECEBIDO PELO PARTIDO, EXCETO FUNDO PARTIDÁRIO — PARTIDOS SELECIONADOS

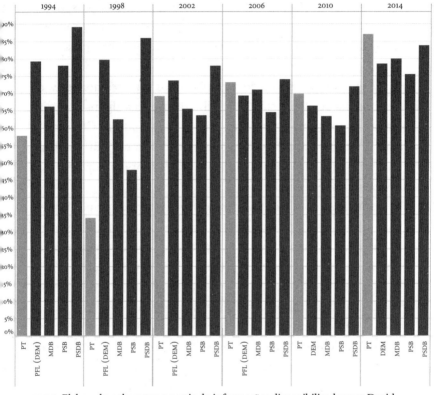

FONTE: Elaborado pelo autor a partir de informações disponibilizadas por David Samuels (1994 e 1998) e do Repositório de Dados Eleitorais do TSE (2002 em diante).

Rousseff em 2014 — ano em que seu partido angariou, junto a empresas, mais de 85% de sua receita —, explica seus métodos:

> Nós tínhamos a arrecadação que era feita por meio de contato, que eu fazia. Eu levantei os principais doadores de campanha do país, inclusive os principais doadores de campanha de 2010 — esse con-

tato eu fazia pessoalmente. Foram dezenas de reuniões que eu fiz. [...] Se nós pegarmos as últimas três, quatro campanhas, nós vamos ver que... você tem tradicionalmente as empresas que fazem doações. Sejam as grandes empresas, os grandes bancos, as grandes redes de comércio, enfim. Então, eu pegava essa relação e aí, nesse caso, que eram os grandes doadores, eu fazia o contato pessoal.[2]

Quando questionado a respeito dos maiores doadores da campanha de Dilma em 2014, Edinho Silva lista alguns dos principais grupos empresariais do país: "A JBF, a Andrade Gutierrez, a OAS, a Odebrecht, o Bradesco foi um doador importante também, a Amil, se eu não me engano, foi outra doadora importante, a BR Foods, também. Enfim...".[3]

Ao seguir o receituário dos demais partidos de grande expressão nacional, o PT, obviamente, abandonou as suas bases. Para tornar-se a máquina de votos e de atração de doações, saiu de cena o militante que doava parte do próprio salário para financiar a propaganda eleitoral dos seus companheiros e entrou o grande empresariado nacional. Como consequência, as doações provenientes de pessoas físicas passaram a representar cada vez menos no total arrecadado pelo partido nas últimas eleições. Nesse ponto, nota-se claramente uma distinção entre a evolução do perfil do PT — e também de seu principal e mais fiel parceiro de coligações nas eleições presidenciais, o Partido Comunista do Brasil (PCdoB) — e o dos partidos de esquerda mais radicais, como o Partido Socialismo e Liberdade (PSOL), o Partido Socialista dos Trabalhadores Unificados (PSTU), o Partido Comunista Brasileiro (PCB) e o Partido da Causa Operária (PCO), como pode ser visto no Gráfico 12.

No gráfico, é possível verificar não apenas que o percentual de doações de indivíduos para as campanhas do PT e do PCdoB cai a cada eleição desde 2002 como também que há muito os dois principais partidos de esquerda no Brasil exibem patamares bem

GRÁFICO 12
PERCENTUAL DE DOAÇÕES DE PESSOAS FÍSICAS SOBRE O TOTAL RECEBIDO PELOS PARTIDOS DE ESQUERDA, EXCETO FUNDO PARTIDÁRIO

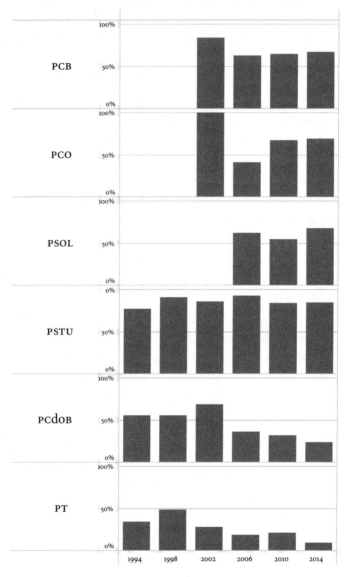

FONTE: Elaborado pelo autor a partir de informações disponibilizadas por David Samuels (1994 e 1998) e do Repositório de Dados Eleitorais do TSE (2002 em diante).

inferiores aos de seus parceiros de mesmo campo ideológico, mas que não participaram oficialmente da coligação no poder.

Esses números constituem mais uma evidência de que, como em outras partes do mundo, no Brasil o setor empresarial se aproxima desse ou daquele partido não em função de sua posição ideológica, mas sim das chances de vitória e de seu interesse em ter acesso privilegiado ao poder. E o outro lado dessa moeda é que os principais partidos, diante da urgência de custear campanhas cada vez mais competitivas e caras, moldam suas plataformas de governo para torná-las mais atraentes ao capital empresarial.

Os dados anteriores demonstram que, para se tornar competitivo no plano eleitoral, o PT adotou as mesmas estratégias de seus principais adversários políticos, captando doações milionárias de grandes empresas e — como ficamos sabendo a cada dia com os desdobramentos da Operação Lava Jato — cedendo a suas demandas por mais benesses.

Otávio Marques de Azevedo, ex-presidente da holding da Andrade Gutierrez, relata que em maio de 2008 foi procurado por Ricardo Berzoini, Paulo Ferreira e João Vaccari Neto. Os dois primeiros eram, à época, presidente e secretário de finanças do PT. Vaccari assumiria o posto de comandante das contas do partido em 2010.

Na reunião também estavam presentes os responsáveis pelo braço de engenharia do grupo mineiro, Flávio Machado (diretor) e Rogério Nora (presidente), da Construtora Andrade Gutierrez. Em pauta, um pedido para aumentar as doações eleitorais para o PT, tendo em vista os grandes projetos assumidos pela empreiteira em licitações do governo federal.

Segundo Otávio Marques de Azevedo, a construtora acabou decidindo não brigar com o governo. Paulo Ferreira, Berzoini e Vaccari foram então informados de que a Andrade Gutierrez iria contribuir para o PT.[4] O detalhe importante é que os pagamentos feitos ao partido, mesmo se oriundos de operações escusas, como as propinas decorrentes do contrato da usina de Belo Monte, eram sempre pagos via doações eleitorais oficiais, nunca por caixa dois.[5] Essa informação é confirmada por Flávio Barra, presidente da área de energia da Andrade Gutierrez Engenharia, que afirma que as propinas dos contratos de Angra III eram pagas ao PT por meio de doações eleitorais ao Diretório Nacional do partido.[6]

Da mesma forma, Eduardo Leite, que entre 2009 e 2011 foi diretor comercial da área de Óleo e Gás do grupo Camargo Corrêa, conta que "entre o final de 2009 e o começo de 2010" foi procurado por João Vaccari Neto com o pedido de "dar fluidez" às propinas devidas pela empresa à Diretoria de Engenharia e Serviços da Petrobras — que pertencia à área de influência do PT. Vaccari solicitava, ainda, que esses pagamentos indevidos fossem realizados por meio de doações eleitorais ao PT.[7] O executivo admite que a Camargo Corrêa pagou cerca de 110 milhões de reais em propinas relativas aos seus contratos na companhia petrolífera estatal, sendo 47 milhões direcionados à Diretoria de Abastecimento (dominada pelo PP) e 53 milhões à Diretoria de Engenharia e Serviços (de "propriedade" do PT). Nenhum desses pagamentos, segundo Eduardo Leite, foi realizado via caixa um — sempre por caixa dois, por intermédio de fornecedores da empreiteira.[8]

E há também o caso das "contas-correntes". Marcelo Odebrecht revela que, durante anos, manteve um controle sobre o quanto "devia" ao PT em razão das benesses obtidas no seu governo — como isenções fiscais, mudanças regulatórias etc. A cada ciclo eleitoral, as contribuições feitas ao partido, tanto na forma de caixa um como de caixa dois, eram abatidas nesse registro, de modo que sempre haveria um saldo a ser honrado pela empreiteira. De acordo com o presidente do grupo baiano, essa "conta-corrente" (que tinha apenas caráter escritural, não sendo uma aplicação financeira) foi operada junto a Antonio Palocci, o "Italiano", e Guido Mantega, o "Novo Italiano".

A última versão que eu tinha [da planilha de Guido Mantega] era de março de 2014; em março de 2014 eu ainda tinha um saldo, já acordado com ele, para doar para a campanha de 2014, que eu não sei se foi utilizado plenamente, de pouco mais de 150 milhões [de reais].[9]

Em sua delação à Procuradoria-Geral da República, Joesley Batista também cita a existência de uma conta-corrente com Guido Mantega, criada a partir da liberação de financiamentos subsidiados do BNDES. Esses recursos foram utilizados inclusive na campanha de 2014.[10] O executivo do grupo JBS ainda relata que empregava diversos meios para pagar as propinas a João Vaccari Neto, como notas fiscais falsas, dinheiro em espécie, depósitos em contas no exterior e até doações oficiais (caixa um) dissimuladas.[11] O vice-presidente de Relações Institucionais do grupo JBS, Ricardo Saud, afirma que ele próprio operacionalizou os pagamentos de propinas ao PT decorrentes de operações com o BNDES e fundos de pensão, e que os valores foram utilizados pelo partido desde julho de 2014. Para dar números à sua versão da história, Saud afirma que foram repassados ao PT 147,94 milhões de reais.[12]

O que os dados oficiais de financiamento eleitoral e os relatos obtidos tanto nas colaborações premiadas da Operação Lava Jato quanto nos depoimentos das testemunhas no julgamento da chapa Dilma-Temer revelam é que o PT, para se viabilizar como um partido do tamanho do MDB e do PSDB, valeu-se das velhas táticas de seus oponentes — tanto as legais quanto as ilícitas, mas que quase nunca foram devidamente apuradas e punidas.

Acemoglu e Robinson, à época em que publicaram o seu livro, não perceberam que, a despeito de suas louváveis políticas voltadas ao combate à pobreza e à diminuição da desigualdade social, o PT não foi capaz de romper com as amarras institucionais que unem nossas elites política e econômica. Nas palavras de Jaques Wagner, ex-ministro da Casa Civil no governo Dilma, o PT errou ao não promover no primeiro ano do governo Lula uma reforma política que reestruturasse o financiamento eleitoral no Brasil. Acabou, então, reproduzindo a metodologia de atração de capital privado dos demais partidos: "Porque nunca foi treinado para isso, deve ter feito como naquela velha história: 'quem nunca comeu melado, quando come se lambuza'".[13]

7. Os caciques

"Eu acho que tudo que o Eduardo Cunha ganhou [com os esquemas de corrupção] ele torrou com política."[1] A frase é de Lúcio Funaro, que durante anos foi o principal operador financeiro do político carioca.

O relacionamento entre os dois remonta ao final de 2002. Às vésperas da posse de Rosinha Garotinho como governadora do Rio, Funaro procurava um político que lhe desse acesso à Prece, o fundo de previdência complementar da Cedae, a companhia de água e saneamento básico fluminense. Naquela época, sua intenção já era fazer operações fraudulentas no mercado financeiro com o dinheiro dos empregados da estatal — e foi aí que ficou sabendo que quem daria as cartas na estatal durante aquele mandato seria Eduardo Cunha, recém-eleito deputado federal com o apoio decisivo de Anthony Garotinho.[2]

A parceria entre Funaro e Cunha no fundo de previdência da Cedae deu tão certo que, alguns anos depois, seus negócios se expandiram para explorar outras oportunidades no campo das relações entre o público e o privado. Ambos se tornaram, por exemplo, os patronos da indicação de Fábio Cleto como vice-presidente de Fundos de Governo e Loterias da Caixa Econômica Federal em 2011. Sob sua gestão estavam os bilhões do Fundo de Investimento do Fundo de Garantia do Tempo de Serviço (FGTS), um filão muito bem explorado por Cunha e Funaro, que a título de comissão cobravam percentuais de empresas que buscavam obter empréstimos desse fundo público, no velho esquema de "criar dificuldade para vender facilidades".

Àquela altura, a dupla já almejava alçar voos bem altos na República brasileira. Não se contentando com a liderança do MDB na Câmara, Eduardo Cunha deu uma cartada decisiva nas eleições de 2014. Seu objetivo não era apenas se reeleger para um quarto mandato: ele queria se tornar presidente da Câmara dos Deputados. Para isso, seu principal operador financeiro, Lúcio Funaro, teria destinado uma soma de 30 milhões de reais, angariada junto a grandes grupos empresariais como JBS e Bertin, para a eleição de uma bancada particular de Eduardo Cunha na Câmara. Como contrapartida ao apoio financeiro recebido durante as campanhas, dezenas de deputados se comprometeram a votar em Cunha na eleição que definiria o comandante da Câmara dos Deputados no primeiro biênio da legislatura seguinte.[3]

Esses dois relatos lançam luz sobre a construção de influência de determinados políticos no Congresso Nacional. A trajetória da dupla Eduardo Cunha-Lúcio Funaro baseia-se, principalmente, na capacidade de captação de recursos — ou por meios lícitos ou, em boa parte das vezes, ilícitos. Caciques políticos se formam na política brasileira sobretudo pelo potencial de arrecadar dinheiro para o seu partido. E nessa tarefa ninguém é tão eficiente quanto o MDB.

Analisando-se os dados sobre a arrecadação de recursos pelo partido nas eleições de 2014, é possível identificar com nitidez o papel assumido pelas suas máquinas eleitorais em cada região. No

Gráfico 13 constam os valores captados pelos diretórios nacional e estaduais do partido junto a empresas, indivíduos, candidatos e ao Fundo Partidário. O tamanho de cada fatia do gráfico denota o montante de dinheiro recebido em cada região.

Pela leitura do gráfico, a liderança é naturalmente exercida pelo Diretório Nacional do MDB, que arrecadou, em valores atuais, quase 255 milhões de reais. Em seguida vêm os diretórios estaduais do Rio de Janeiro (156 milhões), Ceará (56 milhões), Rio Grande do Norte (51 milhões), Amazonas (41 milhões), Alagoas (35 milhões) e Roraima (32 milhões).

Se você estranhou o fato de que estados com baixa representatividade na economia e no tamanho do eleitorado tenham um papel tão destacado na coleta de contribuições de campanha do MDB, pare um pouco para pensar em quais são as figuras mais proeminentes do partido no cenário político nas últimas eleições e atualmente. Sem dúvida você pensará em Michel Temer (SP), Eduardo Cunha (RJ), Eunício Oliveira (CE), Henrique Eduardo Alves (RN), Eduardo Braga (AM), Renan Calheiros (AL) e Romero Jucá (RR). Bingo! Em outras palavras, os órgãos partidários sujeitos à influência dessas sete lideranças nacionais do partido arrecadaram mais de 625 milhões de reais doados legalmente ao partido nas últimas eleições.

Nesse jogo de poder e dinheiro, políticos buscam controlar o volume de arrecadação e distribuição de contribuições eleitorais com o intuito de ascender à cúpula partidária e aos principais cargos de liderança no Congresso. Assim, analisar o fluxo do financiamento eleitoral é importante para entender não apenas por que alguns personagens são tão poderosos, mas sobretudo como se molda o relacionamento desses "caciques" partidários com seus correligionários.

Como a legislação brasileira permite que i) os diretórios e os partidos repassem os recursos recebidos de indivíduos, de empresas e do Fundo Partidário diretamente para os candidatos e que ii) os

GRÁFICO 13
ARRECADAÇÃO DOS COMITÊS E DIRETÓRIOS DO MDB NAS ELEIÇÕES DE 2014 POR ESTADO

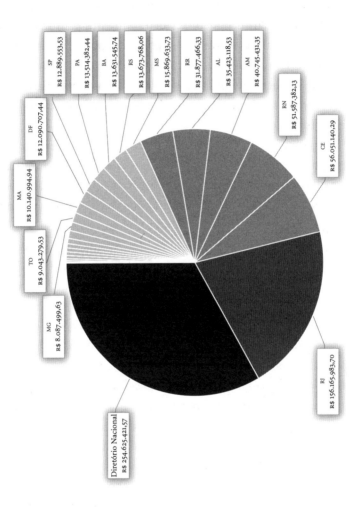

FONTE: Elaborado pelo autor a partir de informações do Repositório de Dados Eleitorais do TSE.
NOTA: Valores atualizados até outubro de 2017 pelo IPCA.

candidatos façam doações entre si, saber em quais candidatos o partido "investe" o dinheiro arrecadado é fundamental para compreender como se joga a disputa eleitoral. E num cenário em que as campanhas se tornam cada vez mais caras, as apostas feitas pelos caciques partidários podem ser determinantes para saber quem será ou não eleito. Daí começa a se delinear o poder que os políticos que controlam a chave do cofre possuem dentro dos partidos.

No Gráfico 14 é possível verificar como o MDB distribuiu os valores arrecadados pelo partido entre os candidatos a deputado federal em cada estado.

A primeira constatação de quem observa o gráfico é que a distribuição é extremamente desigual nos estados. Alguns candidatos específicos dominam as entregas de recursos pelo partido, e isso está diretamente relacionado, de um lado, aos vínculos pessoais com os caciques partidários e, de outro, ao papel que esses candidatos venham a desempenhar, uma vez eleitos. No primeiro grupo, por exemplo, estão Marco Antônio Cabral, filho do ex-governador do Rio, Sérgio Cabral; Lúcio Vieira Lima, irmão de Geddel Vieira Lima (BA); e Walter Alves, filho de Garibaldi Alves, que por sua vez é primo de Henrique Eduardo Alves (RN). Mas não são apenas os laços de parentesco que definem para onde vai o dinheiro do partido. Rodrigo Rocha Loures, flagrado dando a famosa corridinha com uma mala de dinheiro, e Baleia Rossi, ambos homens de confiança de Michel Temer, receberam as maiores transferências de dinheiro do MDB no Paraná e em São Paulo, respectivamente. Em Minas Gerais, destacam-se Leonardo Quintão, relator dos projetos de revisão do Código de Mineração, e Saraiva Felipe, citado em diversos depoimentos na delação de Lúcio Funaro. E, claro, Eduardo Cunha, no Rio de Janeiro.

Como será visto em capítulo posterior, é possível inferir que, ao determinar que alguns poucos candidatos receberão grandes somas de dinheiro, o partido não apenas define aqueles que terão maiores chances de ser eleitos como também indica previamente seus futuros

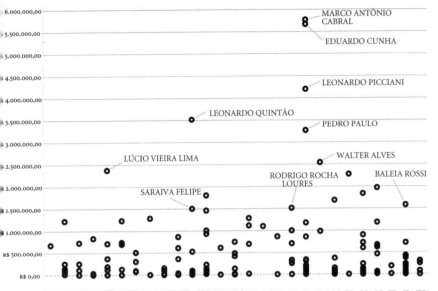

GRÁFICO 14
DISTRIBUIÇÃO DOS RECURSOS ARRECADADOS PELO MDB PARA CANDIDATOS A DEPUTADO FEDERAL POR ESTADO — 2014

FONTE: Elaborado pelo autor a partir de informações do Repositório de Dados Eleitorais do TSE.
NOTA: Valores atualizados até outubro de 2017 pelo IPCA.

líderes e figuras-chave (relatores, membros de comissões etc.) na próxima legislatura. É como se, por meio da distribuição de recursos, os partidos estabelecessem uma espécie de "lista fechada" que determinará a sua configuração na Câmara após as eleições.

A disparidade na distribuição dos recursos entre os candidatos do MDB em cada estado torna evidente que alguns são "escolhidos" pelo partido, em detrimento da imensa maioria, que recebe pouco ou nada. Identificar quais são os critérios dessa distribuição — chance de vitória, popularidade, proximidade a grandes doadores de campanha, afinidade a determinados temas econômicos ou sociais — é uma interessante área de pesquisa a ser desenvolvida no Brasil.

A conclusão a que se chega analisando o padrão de distribuição de recursos arrecadados pelos diretórios e comitês do MDB nas últimas eleições é que os grandes líderes partidários — que assumiram representatividade nacional a partir de sua atuação regional — extraem grande parte de seu poder político da capacidade de comandar a distribuição de recursos eleitorais entre seus correligionários nas campanhas eleitorais.

Dado o poder do dinheiro no resultado das eleições e considerada a liberdade de alocar as doações recebidas pelo partido entre seus candidatos (evidenciada pela significativa disparidade verificada na maioria dos estados), esses caciques partidários "compram" lealdade de seus correligionários, criando verdadeiras "bancadas" personalistas. Talvez advenha daí a dificuldade de as Casas do Congresso cassarem esses líderes, quando apanhados em situações de corrupção ou quebra de decoro. A longa agonia de Eduardo Cunha e a dupla absolvição de Temer são evidências que corroboram essa hipótese.

A escolha do MDB para realizar esse exercício foi intencional: trata-se do maior partido brasileiro, com maior capilaridade no território nacional e ainda um dos principais arrecadadores de doações eleitorais, ao lado do PT e do PSDB. Mas o mesmo processo é observado nos demais partidos, em maior ou menor grau. O depoimento de Sérgio Machado na Operação Lava Jato revela que, muito antes de Eduardo Cunha, Aécio Neves havia feito exatamente o mesmo nas eleições de 1998: distribuiu dinheiro arrecadado pelo partido a diversos candidatos à Câmara para, assim, eleger-se presidente da Casa.[4]

É preciso destacar, contudo, que essa centralidade dos caciques regionais dos partidos na arrecadação e distribuição de dinheiro durante as eleições foi potencializada por uma alteração na regulação eleitoral aprovada pelo Congresso a partir do pleito de 2010. Desde a aprovação da Lei nº 12.034/2009, a legislação brasileira passou a permitir que os partidos realizem a intermediação de doações de pessoas físicas e jurídicas para candidatos.

Mesmo com uma regulamentação do TSE que buscava aumentar a transparência dessas doações nas eleições de 2014 exigindo a identificação da origem dos recursos repassados pelos partidos aos candidatos,[5] grandes doadores continuam preferindo doar no atacado (para o partido) em vez de no varejo (para múltiplos candidatos).

Segundo Edinho Silva, arrecadador oficial de recursos para a campanha de Dilma Rousseff em 2014, diversas empresas preferiam concentrar as doações feitas a candidatos a deputado estadual, deputado federal, governadores, senadores e presidente da República num único aporte ao partido, que depois era dividido pelo Diretório Nacional sob orientação da empresa.

> Eu vou exemplificar: [...] uma empresa X, eu fazia o contato, pedia doações e alguém da empresa ligava e dizia o seguinte: olha, eu estou fazendo uma doação nacional e dessa doação x é pra campanha presidencial. [...] Como eles iriam fazer várias doações, em vez de ficarem fazendo, emitindo várias ordens de pagamento, eles faziam pro diretório e destinavam, via diretório, a distribuição dos recursos [entre as candidaturas do partido].[6]

Benedicto Júnior, o coordenador das doações do grupo Odebrecht em 2014, admite que a empresa se valia dessas doações intermediadas pelos partidos para dificultar a identificação, pelo público, da sua vinculação a determinados candidatos.

> Olha, a gente sempre preferia fazer [as contribuições] para o partido. Avisava ao candidato que estava no partido, o candidato combinava com o tesoureiro do seu partido que o dinheiro viria de tal empresa e que era para ele. Mas a gente tentava fazer sempre no partido, inclusive as nossas [doações] oficiais.[7]

O cientista político Bruno Speck contextualiza a lógica do crescimento das doações para os partidos políticos e a sua transferência para os candidatos escolhidos pelas cúpulas partidárias. Em sua opinião, do ponto de vista dos doadores, contribuir para um partido diminui a taxa de desperdício em candidatos perdedores e aumenta a chance de influenciar relações políticas no longo prazo. Já para os partidos, ter a prerrogativa de definir para quem distribuir o dinheiro recebido dos doadores constitui um significativo incremento de poder sobre os candidatos individuais.[8]

A partir da observação dos dados apresentados acima, passa a fazer ainda mais sentido o episódio descrito nas delações premiadas de Marcelo Odebrecht e de Cláudio Melo Filho sobre o jantar acontecido em 28 de maio de 2014 no Palácio do Jaburu. De acordo com o detalhado relato oferecido pelo diretor de Relações Institucionais da construtora baiana aos procuradores federais, eles foram recebidos por dois renomados caciques do MDB — Michel Temer e Eliseu Padilha — na residência oficial do então vice-presidente da República para tratar de contribuições da empreiteira baiana para a campanha de 2014.

> Chegamos no Palácio do Jaburu e fomos recebidos por Eliseu Padilha. Como Michel Temer ainda não tinha chegado, ficamos conversando amenidades em uma sala à direita de quem entra na residência pela entrada principal. Acredito que esta sala é uma biblioteca. Após a chegada de Michel Temer, sentamos na varanda em cadeiras de couro preto, com estrutura de alumínio.[9]

Nas palavras de Marcelo Odebrecht, o encontro teve a natureza de um "*shaking hands*", ou seja, apenas a celebração de um acordo que já havia sido fechado previamente, no momento em que Cláudio Melo Filho foi procurado por Eliseu Padilha com a solicitação de uma contribuição da empreiteira para apoiar candidatos do grupo de Temer. Na condição de dono do dinheiro, Marcelo Odebrecht compareceu à reunião para anunciar a doação de 10 milhões de reais, via caixa dois, para os candidatos a serem designados pelos dois caciques peemedebistas, mas impôs a condição de que 6 milhões deveriam ser aplicados na campanha de seu amigo Paulo Skaf, candidato do partido ao governo de São Paulo. "Num jantar com o vice-presidente, até pela liturgia do cargo, as coisas se resolvem antes. Então, Cláudio já havia acertado com o Padilha antes que seriam 10 [milhões] e que seriam 6 [milhões] para o Paulo Skaf."[10]

Cláudio Melo Filho considera que a proposta de Odebrecht foi plenamente acatada por Temer e Padilha. Num contexto em que o dinheiro é vital para as possibilidades de vitória numa eleição, o doador acaba sendo aquele que dá as cartas.

> Não houve nenhuma espécie de negociação, ou de insatisfação, ou de satisfação sobre o valor que o Marcelo disse que podia contribuir. Marcelo é uma pessoa muito contundente. Então, se ele estiver numa mesa, tenha a certeza de que a decisão será dele e a forma de mostrar e apresentar isso é sempre muito bem-feita.[11]

Definidos o valor e a distribuição em termos agregados, coube a Eliseu Padilha organizar a entrega do dinheiro a cada um dos agraciados pertencentes ao grupo de influência da dupla de caciques. De acordo com o relato de José de Carvalho Filho, integrante da equipe de relações institucionais da Odebrecht, retirada a parte destinada a Paulo Skaf, Padilha teria determinado, em reunião realizada no seu próprio escritório, a partilha dos 4 milhões de reais dentro do MDB. Como se tratava de dinheiro não contabilizado, o gaúcho repassou os nomes e endereços para que o departamento de Operações Estruturadas da Odebrecht providenciasse os pagamentos.[12]

Nesse processo, chamou a atenção dos executivos da Odebrecht a pressão, "de forma rude", exercida por Eduardo Cunha, a quem supostamente caberia 1 milhão de reais do bolo designado por Eliseu Padilha. Cunha estaria inconformado com a demora no pagamento, e foi direto à fonte reclamar o seu quinhão.[13]

O episódio do jantar no Palácio do Jaburu revela como grandes doadores e caciques partidários acertam não apenas os valores do financiamento de campanhas eleitorais como também os candidatos que serão contemplados na distribuição do dinheiro. Esse tipo de interação entre elites empresariais e políticas dá o tom não só em relação às chances de eleição dos aspirantes a cargos eletivos, mas também na produção da legislação e de políticas públicas — como veremos nos capítulos seguintes.

Isso se aplica perfeitamente a Eduardo Cunha. Toda a sua estratégia de aproximação com o setor privado, manobrando habilmente o regimento da Câmara para aprovar dispositivos que beneficiassem grandes empresas em troca de propinas e doações de campanha, tinha o claro objetivo de torná-lo mais poderoso perante seus pares e, assim, ascender ao comando do maior partido brasileiro.

Certamente foi seguindo esse raciocínio que o procurador que conduzia o depoimento de Lúcio Funaro, ao ouvir a frase de que ninguém havia torrado tanto dinheiro com política quanto o ex-presidente da Câmara, tentou corrigir: "Você quer dizer que ele investiu, não é?". Mas Funaro rebateu: "Investiu não, torrou! Porque agora não sobrou nada para ele da política. [...] Mas sem dúvida nenhuma foi investimento. Eu não conheci ninguém que investiu tanto em política que nem ele [...] pra ter poder, entendeu? Poder de indicar cargos e tudo o mais".

Casos de caciques partidários como Eduardo Cunha, que foram para a cadeia em função de abusos no seu relacionamento com o setor privado, ainda são raros e recentes em nossa história. As evidências, ao contrário, indicam que quem se dá melhor nessa atração do empresariado tem muito mais chances de chegar e se manter no poder.

8. Contribuições de campanha e resultado das eleições

Embora a Constituição brasileira, em seu artigo 14, parágrafos 3º e 4º, estabeleça critérios pouco rígidos para alguém se candidatar — os requisitos de elegibilidade estão relacionados a nacionalidade, pleno exercício dos direitos políticos, alistamento e domicílio eleitorais, filiação partidária, idade mínima e alfabetização —, na prática, a possibilidade de ser eleito para um cargo público encontra uma séria restrição: a necessidade de arrecadar recursos para fazer frente aos altos custos das campanhas eleitorais.

No caso das disputas pelo Palácio do Planalto, Mônica Moura explicou ao ministro Herman Benjamin, do TSE, por que uma campanha é tão cara no Brasil: "É óbvio que você consegue fazer uma campanha com muito pouco dinheiro, mas é ruim, de péssima qualidade, ruim. Não adianta. É caro produzir cinema, televisão. É caro mesmo, não tem como".

Na visão da publicitária, muito da elevação dos custos observada nos últimos anos se deve às inovações na linguagem e na estética da propaganda eleitoral veiculada no rádio e na TV realizada pelos marqueteiros, num movimento que teria sido iniciado por

Duda Mendonça e pelo marido dela, João Santana. "Então vinham os outros marqueteiros querendo passar adiante, querendo fazer melhor, querendo ter mais produção, querendo ter mais câmera, a última câmera que saiu em Los Angeles, [câmera] de cinema, com resolução tal, tal, tal."

Além dos equipamentos, havia a logística, o pessoal envolvido e a necessidade de gerar conteúdo diário para criar e fixar uma imagem do candidato junto ao eleitor:

> A gente tinha dez minutos por dia, é muito, é quase um capítulo de novela, dez minutos por dia de produção, fora dez minutos de comercial por dia, quer dizer, são vinte. Então, para produzir isso, a gente tinha 250 pessoas trabalhando, para você ter uma ideia. Claro que contando desde o João Santana até o motorista, mas é uma equipe gigantesca. Tinha dias que a gente, momentos em que a presidente Dilma estava inaugurando alguma coisa em Minas Gerais, aí tinha uma equipe com ela seguindo, uma equipe de televisão, que são pelo menos oito pessoas. Quem trabalha com imagem sabe disso, o que significa levar uma equipe. Aí, tinha uma outra equipe lá no Rio Grande do Sul, gravando não sei o quê, e tinha outra no Amazonas, gravando a obra tal, tal, tal. Então, a gente tinha, sabe, assim, o trânsito disso, da produção, é muito cara, é muito alto, não tem como. Para fazer bem feito, não tem como [custar pouco].[1]

Diante de tamanhos custos, é de esperar, portanto, que a arrecadação seja um fator determinante para um cidadão ser eleito no Brasil. E a primeira evidência nessa direção pode ser encontrada no Gráfico 15, em que se verifica que a razão entre o volume de doações e os votos recebidos pelos candidatos eleitos — ou seja, o valor médio arrecadado por voto recebido — vem crescendo a cada eleição para todos os cargos.

GRÁFICO 15
VALORES MÉDIOS ARRECADADOS POR VOTO OBTIDO PELOS CANDIDATOS VENCEDORES NAS ELEIÇÕES DE 2002 A 2014

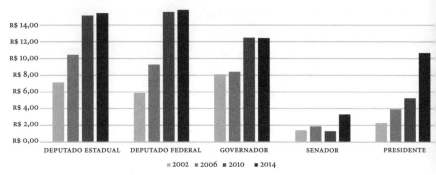

FONTE: Elaborado pelo autor a partir de informações do Repositório de Dados Eleitorais do TSE.
NOTA: Valores atualizados até outubro 2017 pela IPCA.

O gráfico revela que o "preço" médio de cada voto vem crescendo, de forma acentuada, em todos os cargos nos últimos quatro pleitos. Verifica-se, ainda, que as eleições proporcionais — para deputados estaduais e federais — exigem relativamente mais doações por voto conquistado que as eleições majoritárias — governadores, senadores e presidente da República. Tem-se, aí, uma comprovação da tese, presente na literatura especializada, de que o sistema de eleição proporcional e em lista aberta, em distritos eleitorais de grande magnitude populacional e geográfica — vigente para as Assembleias Legislativas e para a Câmara dos Deputados —, cria incentivos para a majoração dos custos das campanhas.[2] Esse tipo de disputa pelos cargos legislativos de representação popular exige maior dispêndio de recursos por voto obtido devido ao maior número de candidatos e à necessidade de que estes disputem com seus concorrentes e também com os próprios correligionários o direito a ocupar as cadeiras obtidas por suas legendas.

GRÁFICO 16
CORRELAÇÃO ENTRE DOAÇÕES DE CAMPANHAS E VOTAÇÃO PARA DEPUTADO FEDERAL — 2014

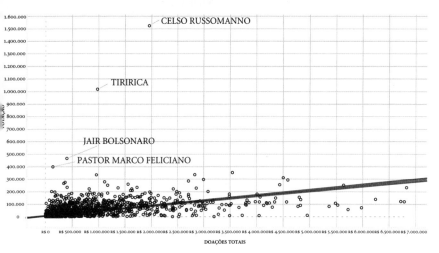

FONTE: Elaborado pelo autor a partir de informações do Repositório de Dados Eleitorais do TSE.
NOTA: Valores atualizados até outubro de 2017 pelo IPCA.

Além disso, os menores gastos verificados nos pleitos para governador, senador e presidente podem estar associados à maior exposição que eles ocupam na propaganda eleitoral e na própria cobertura da imprensa.

Avançando na proposta de verificar a importância das contribuições de campanha no resultado das eleições, é possível identificar uma correlação entre o montante arrecadado por candidato e o número de votos recebidos.

No Gráfico 16 é possível verificar que, mesmo levando em conta candidatos que conseguiram votações expressivas com financiamento eleitoral relativamente pequeno (caso do pastor Marco Feliciano, de Jair Bolsonaro, Tiririca e Celso Russomanno), há uma relação positiva entre votação e doações de campanha recebidas. O problema com esse tipo de correlação, no entanto, é que ela não esclarece a causalidade entre as duas variáveis. É o famoso "efeito Tostines": da mesma forma que não dá para saber se o biscoito vendia muito porque era fresquinho ou se ele era fresquinho porque vendia muito, também não podemos afirmar com segurança se nas eleições brasileiras os candidatos vencem as eleições porque arrecadam mais ou se os doadores doam mais para os candidatos com maior chance de saírem vitoriosos nos pleitos.[3]

Para refinar um pouco mais essa questão da importância das arrecadações no resultado das campanhas eleitorais, realizamos um teste mais preciso. Em vez de analisar a correlação para todos os candidatos, decidimos trabalhar apenas com os dados dos candidatos que ficaram na margem entre ser eleitos ou não. Assim, buscamos comparar o "último dos primeiros" (ou seja, o candidato eleito com menos votos) com o "primeiro dos últimos" (o derrotado que obteve mais votos). Dessa forma, tomando apenas os dois candidatos que, por muito pouco, conseguiram ou não se eleger, é possível captar com maior precisão a influência do dinheiro arrecadado nas eleições.[4]

Acreditamos que, com esse exercício, seja possível reduzir de forma bastante significativa a endogeneidade (nome técnico para o "efeito Tostines") a respeito da correlação entre contribuições de campanha e votos. Em primeiro lugar, ao excluir os candidatos que receberam muitos votos (e, portanto, possam ter atraído mais contribuições devido à sua maior probabilidade de vitória) e também aqueles que tiveram votação baixa (e, assim, devem ter recebido poucas doações por suas diminutas chances de se eleger), podemos captar melhor o efeito das doações no desempenho do candidato, uma vez que a análise está centrada apenas nos candidatos que se encontravam na situação incerta entre ser eleitos ou não — e, nesses casos, as contribuições foram feitas numa situação de total incerteza quanto ao resultado final da eleição.

Em segundo lugar, existem estudos acadêmicos que indicam que as características do processo eleitoral brasileiro geram uma baixa probabilidade de ocorrência de endogeneidade, principalmente no caso das eleições para a Câmara dos Deputados. É o que defende Vitor Peixoto,[5] para quem as eleições proporcionais no país — com alto número de competidores, ausência de lista preordenada ("lista fechada"), possibilidade de amplas coligações partidárias, sem pesquisas sistemáticas de intenção de voto para deputado e baixa identificação dos eleitores com os partidos — tornam muito improvável que os doadores consigam identificar os candidatos com maior potencial de vitória.

Diante disso, o exercício foi efetuado levando em consideração as eleições para os cargos de senador e deputado federal nas eleições de 2002 a 2014. Em ambas, é necessário levar em conta algumas peculiaridades, tendo em vista serem eleições completamente distintas.

No caso da eleição para senador, trata-se de um pleito majoritário, em que é eleito o candidato mais votado em termos absolutos em cada unidade da federação brasileira. O exercício realizado, nesse caso, foi simplesmente comparar a votação e as doações do candidato eleito com os mesmos indicadores para o candidato derrotado que obteve mais votos em cada estado. Como no Brasil a cada quatro anos temos eleições alternadas com uma e duas vagas para o Senado, comparamos, nas eleições de 2006 e 2014, o primeiro colocado (eleito) com o segundo (não eleito). Já nos pleitos de 2002 e 2010 tomamos o candidato classificado em segundo lugar (eleito com menos votos) e o terceiro colocado (não eleito).

Os percentuais de casos em que o senador eleito em primeiro lugar (nas eleições de 2006 e 2014) ou em segundo lugar (em 2002 e 2010) recebeu mais doações que o candidato derrotado com maior votação estão indicados no Gráfico 17.

GRÁFICO 17
PERCENTUAL DE SITUAÇÕES EM QUE O SENADOR ELEITO RECEBEU MAIS DOAÇÕES DE CAMPANHA QUE O CANDIDATO DERROTADO COM MAIS VOTOS NAS ELEIÇÕES DE 2002 A 2014

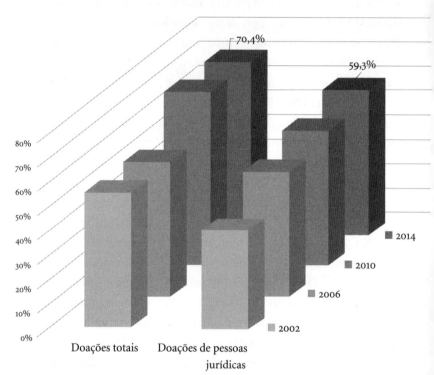

FONTE: Elaborado pelo autor a partir de informações do Repositório de Dados Eleitorais do TSE.

Na primeira série de quatro colunas do gráfico anterior, o teste leva em conta as doações totais recebidas pelos dois candidatos em questão. Nela, vê-se que o percentual em que o candidato eleito é também o candidato que mais arrecadou recursos na campanha sobe de 55,6% em 2002 para 70,4% em 2014. Essa dinâmica também se verifica quando consideradas apenas as doações provenientes de pessoas jurídicas. Como se observa na segunda série de colunas, se em 2002 apenas 40,7% dos vencedores receberam mais contribuições privadas que os derrotados, em 2014 o percentual chegou a 59,3%. Esses resultados corroboram, portanto, as evidências apresentadas anteriormente de que o financiamento privado de campanhas passa a ter importância crescente no resultado das eleições.

No que se refere às disputas para deputado federal, é necessário considerar que se trata de uma eleição proporcional, realizada no âmbito de cada unidade da federação. Pelas regras estabelecidas no Código Eleitoral,[6] a escolha dos ocupantes das cadeiras de deputados em cada estado depende do total de votos obtidos por cada partido ou coligação ("quociente partidário") e da votação individual dos candidatos. Assim, há duas disputas distintas ocorrendo ao mesmo tempo: uma entre os partidos/coligações — que determina a quantas cadeiras cada agremiação terá direito — e outra entre os candidatos de cada partido/coligação — para estabelecer quem terá assento nessas cadeiras. Para os fins desta pesquisa, portanto, consideramos que dentro de cada coligação ou partido não coligado há uma eleição diferente, em que são eleitos os candidatos mais votados.

Partindo desse princípio, realizou-se o mesmo exercício de comparar as doações recebidas pelo deputado eleito com menos votos (o "último dos primeiros") com aquelas auferidas pelo primeiro suplente (o "primeiro dos últimos") em cada coligação/partido de todos os estados e do Distrito Federal. Os dados estão consolidados no Gráfico 18.

Embora os índices dos deputados não sejam tão expressivos como os verificados nas disputas para o Senado Federal, observou-se que as doações totais recebidas pelos vencedores são maiores que as dos primeiros suplentes (os derrotados com mais votos), em torno de 60% dos casos nas eleições para a Câmara dos Deputados. E no que tange às doações recebidas de pessoas jurídicas, percebe-se que nos dois últimos pleitos os recursos privados passaram a ser

GRÁFICO 18
PERCENTUAL DE SITUAÇÕES EM QUE O DEPUTADO FEDERAL ELEITO COM MENOS VOTOS RECEBEU MAIS DOAÇÕES DE CAMPANHA QUE O PRIMEIRO SUPLENTE DE SUA COLIGAÇÃO/PARTIDO NAS ELEIÇÕES DE 2002 A 2014

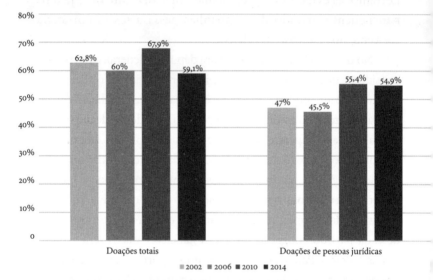

FONTE: Elaborado pelo autor a partir de informações do Repositório de Dados Eleitorais do TSE.

mais expressivos para os candidatos que se elegeram em relação aos que ficaram na suplência, atingindo quase 55% em 2014.

Os resultados apresentados acima, portanto, indicam que o volume de contribuições de campanha, especialmente as doações empresariais, está associado a uma maior chance de se eleger — e essa relação tem se intensificado nos últimos ciclos eleitorais. E com todo o aparato de marketing eleitoral descrito por Mônica Moura e os montantes astronômicos de caixa um, dois e três sendo despejados nas campanhas eleitorais por grandes empresas, é de esperar que os políticos, uma vez eleitos, retribuam de alguma forma o apoio recebido do empresariado.

Joesley Batista afirma com todas as letras que sua estratégia de despesas de mais de 500 milhões de reais com dezenas de partidos e milhares de candidatos na última década tinha o objetivo de criar um "reservatório de boa vontade" com a classe política. Isso significa que, mesmo que os pagamentos não estivessem diretamente relacionados a algum benefício monetário para suas empresas, o que ele buscava era maior acesso e menor antipatia dos políticos no que diz respeito aos seus pleitos futuros.[7]

Embora a proibição das doações de empresas tenha buscado colocar uma trava neste processo — e mais à frente discutiremos as implicações desta mudança legal —, as inúmeras oportunidades de ganhos oferecidas pela atuação do Estado continuam a atrair o interesse de grandes empresários e executivos. E é dessa relação entre dinheiro e poder que trataremos na segunda parte deste livro.

PARTE II: DINHEIRO E PODER

9. Presidencialismo de coalizão ou de cooptação?

Em novembro de 1987, no auge dos debates da Assembleia Nacional Constituinte, o cientista político Sérgio Abranches enviou para publicação na revista *Dados* um artigo em que analisava o modo de operação das relações entre Executivo e Legislativo na nova ordem democrática brasileira. O título do trabalho cunhou uma expressão que se cristalizou na academia e entre os analistas políticos da imprensa: "presidencialismo de coalizão". No subtítulo, um diagnóstico e quase uma profecia: "o dilema institucional brasileiro".

Na visão de Abranches, saímos da ditadura militar com uma estrutura política de difícil sustentação. De um lado, mantivemos, com os ocupantes civis do Palácio do Planalto, muitos do superpoderes atribuídos aos presidentes-generais: a chave do cofre para executar o Orçamento e a caneta para nomear dezenas de milhares de cargos comissionados na administração direta e em estatais. E havia, ainda, a liberdade para assinar medidas provisórias (MPS), a versão "democrática" do decreto-lei dos tempos de chumbo.

O problema é que, do outro lado da praça dos Três Poderes,

optamos por um método de preenchimento de cadeiras que gera um Congresso fragmentado. Na Câmara, os deputados são escolhidos num sistema proporcional com lista aberta, que faz com que dezenas de partidos consigam ter representação na Casa. Já no Senado, cada estado tem três representantes, independentemente se pertencem ao partido do governador, do presidente ou se fazem oposição a ambos.

O "dilema institucional brasileiro", segundo Abranches, se coloca quando o presidente da República, para executar seu programa de governo, precisa negociar alterações em nossa extensa e detalhista Constituição nesse Congresso dividido em múltiplos grupos, correntes e bancadas. Como fazer para aprovar uma reforma da Previdência, instituir um novo imposto ou mudar o marco regulatório do setor de petróleo, se para cada uma dessas medidas enfrentadas por todos os nossos últimos presidentes é sempre necessário obter três quintos dos votos em cada uma das Casas parlamentares e o seu partido nunca tem maioria, seja ele o MDB, o PT ou o PSDB?[1] A solução sempre foi buscar a montagem de uma coalizão, a famosa "base de sustentação" do governo.

O problema, ainda no diagnóstico inovador do cientista político mineiro, é que, num Congresso disperso em dezenas de partidos, as coalizões precisam ser amplas, e isso acaba envolvendo um número grande de partidos e parlamentares com posições ideológicas variadas. Essa configuração do condomínio do poder eleva o custo de se chegar a um denominador comum sobre cada aspecto das reformas desejadas pelo governo, induzindo crises e dificuldades de aprovar mudanças sociais e econômicas abrangentes.

Diante desse quadro, o presidencialismo de coalizão passou a ser interpretado como a "arquitetura institucional da democracia brasileira" estabelecida após a Constituição de 1988,[2] inspirando diversas pesquisas de cientistas políticos brasileiros e estrangeiros. Entre os principais trabalhos, especialistas como Bolívar

Lamounier (1992), Scott Mainwaring (1993 e 1997) e Barry Ames (2003) destacaram que os interesses locais e eleitorais dos parlamentares, num contexto de fragmentação partidária, elevam sobremaneira o custo de governar no Brasil, tornando o presidente da República refém de contínuas e desgastantes negociações com deputados e senadores que não raro chegam a impasses. O presidencialismo de coalizão, portanto, seria uma fonte inesgotável de crises de governabilidade.

A despeito desse prognóstico razoavelmente bem estabelecido entre os acadêmicos, os pesquisadores Fernando Limongi e Argelina Cheibub Figueiredo demonstraram, com base num volume imenso de dados sobre votações de projetos legislativos no Congresso, que o sistema, para espanto geral, é estável e gera resultados positivos. Seus estudos comprovam que o Brasil apresentava uma alta taxa de disciplina partidária em favor de todos os presidentes da República após a Constituição de 1988, que bem ou mal conseguiam levar adiante boa parte das reformas propostas. A explicação para esse resultado surpreendente viria do equilíbrio de forças entre o chefe do poder Executivo e a cúpula dos principais partidos, abrindo caminho para aprovar as propostas legislativas possíveis e a construção de saídas para crises e impasses.[3]

Segundo Fernando Limongi e Argelina Figueiredo, esse arranjo seria possível a partir dos amplos poderes conferidos ao presidente da República pela nossa Constituição para ditar o ritmo da tramitação legislativa. Além de editar medidas provisórias, ele tem exclusividade para propor projetos de lei sobre muitos temas (organização administrativa, orçamento, tributação etc.), pode requerer urgência para o andamento das matérias de seu interesse e ainda sugerir propostas de emendas à Constituição. Para os autores, tamanho protagonismo do Executivo no domínio legislativo torna menos nítidos os limites que separam os poderes, e acabam induzindo à cooperação de muitos parlamentares, que veem no presidente alguém que vale a pena apoiar — ainda mais quando se sabe que é ele quem libera os recursos para a execução de emendas parlamentares e pode nomear seus aliados e apadrinhados.

Outra razão para a estabilidade e a previsibilidade da atividade legislativa no presidencialismo de coalizão brasileiro, de acordo com as pesquisas de Limongi e Figueiredo, reside no poder conferido aos líderes dos partidos. Segundo os regimentos da Câmara e do Senado, os líderes definem a "ordem do dia" — ou seja, quais projetos serão votados em cada sessão —, indicam os membros das comissões e da Mesa Diretora e chegam até mesmo a distribuir o tempo que seus correligionários têm para falar na tribuna (e aparecer na TV Câmara e na *Voz do Brasil*). Com tamanho poder nas mãos, os líderes têm condições de assegurar a disciplina de seus companheiros de legenda — e, mais do que isso, de se colocar como os grandes articuladores da agenda legislativa do presidente da República.

Analisando os dados, é possível verificar que as hipóteses lançadas nos primeiros trabalhos de Limongi e Figueiredo, ainda na primeira metade dos anos 1990, a respeito das funcionalidades de nosso presidencialismo de coalizão, continuam de pé mais de vinte anos depois. Mesmo diante da alternância de poder entre tucanos e petistas, ou dos traumas sofridos depois de dois impeachments presidenciais na nova era democrática, presidentes da República no Brasil continuam alcançando altos níveis de aprovação nas suas propostas legislativas.

Levando em consideração 1602 votações de projetos de normas (propostas de emenda constitucional [PECS], medidas provisórias e projetos de lei ordinária e complementar) realizadas na Câmara dos Deputados entre 1999 e 2017,[4] comparamos como cada parlamentar se posicionou individualmente com a orientação dada pelo líder do seu partido antes da votação. Essa disciplina partidária revela que os partidos brasileiros conseguem assegurar uma elevada fidelidade de seus membros nas votações. Dos nanicos aos todo-poderosos MDB, PSDB e PT, das legendas ideológicas de esquerda aos oportunistas do Centrão, os partidos brasileiros apresentam mais de 80% de disciplina partidária nas votações realizadas nas últimas cinco legislaturas, conforme demonstra o Gráfico 19.

Para verificar se a base de sustentação construída pelo governo se manteve fiel ou não — ou seja, se o presidencialismo de coalizão brasileiro continuou funcionando a contento para o chefe do poder Executivo —, pesquisamos os casos em que cada deputado federal votou contra ou a favor da orientação do governo. Essa medida é importante para mensurar qual percentual de votos a Presidência da República consegue efetivamente angariar em cada partido. Esse indicador, expresso no Gráfico 20, é praticamente uma síntese da teoria de Fernando Limongi e Argelina Figueiredo: como a disciplina partidária é alta no Brasil e o governo consegue construir uma base heterogênea de sustentação entre os partidos, o poder Executivo tem condições de obter não apenas um elevado percentual de adesão dos partidos que compõem a sua base, como também importantes defecções em partidos da oposição, a depender do conteúdo da matéria em votação.

Tomemos, por exemplo, o segundo mandato de Fernando Henrique Cardoso. Apesar da ferrenha oposição exercida pelo PT, os petistas votaram na direção desejada pelo governo tucano, em média, em 50,7% dos casos. Invertendo os polos, observa-se o mesmo movimento: tucanos conferiram aos governos petistas percentuais razoáveis de votos — 55,2% e 37,1% nos dois mandatos de Lula e 45,9% e 31,8% nos dois períodos governados por Dilma. De maneira geral, levando em conta todas as votações nominais de 1999 a 2017, são raros os casos de partidos que não concederam ao governo pelo menos a metade dos votos de seus membros, como mostra o Gráfico 20.[5] Com exceção do extinto

GRÁFICO 19
PERCENTUAL DE MEMBROS QUE VOTARAM RESPEITANDO A ORIENTAÇÃO DO SEU PARTIDO (1999–2017)

FONTE: Elaborado pelo autor a partir de informações da Câmara dos Deputados.

Prona (36,1%) e dos esquerdistas Rede (34,5%) e PSOL (45,9%), todos os demais partidos votam majoritariamente com o governo — independentemente de o ocupante do Palácio do Planalto ser tucano, petista e emedebista.

Os dados acima corroboram a tese de Limongi e Figueiredo. Como os autores demonstram em seus trabalhos, apesar dos incentivos ao individualismo e ao oportunismo de nossos partidos e parlamentares, as legendas em geral votam unidas e o presidente da República consegue ter êxito na aprovação de suas propostas no Congresso. Em resumo, nosso presidencialismo de coalizão funciona.

O problema nessa interpretação, no entanto, é que para garantir a tão falada "governabilidade", mantendo a lealdade de sua base de governo para, assim, aprovar sua agenda legislativa, o presidente da República tem que fazer muitas concessões: nomeações de apadrinhados para cargos comissionados e diretorias de estatais, execução de emendas parlamentares e até mesmo certa leniência com a corrupção. Para agravar a situação, como as coalizões governamentais não são montadas com base no alinhamento de visões ideológicas, essas negociações precisam ser feitas no varejo, sempre que uma matéria importante tem que ser votada no Congresso. Essa situação eleva sobremaneira o custo de funcionamento do presidencialismo de coalizão brasileiro.[6]

Nos últimos anos, o alto preço cobrado pelos partidos para garantir a governabilidade dos presidentes da República tem ficado mais explícito. As revelações da Operação Lava Jato têm indicado como esse equilíbrio de forças entre o chefe do poder Executivo e os grandes caciques do Parlamento, demonstrado nos trabalhos de Limongi e Figueiredo, é extremamente dispendioso para a sociedade. E mais do que isso: ao longo das negociações surgem excelentes oportunidades de ganhos para os grupos de interesses que saibam se aproveitar das brechas geradas pelo nosso presidencialismo de coalizão.

GRÁFICO 20

PERCENTUAL DE MEMBROS DE CADA PARTIDO QUE VOTARAM ALINHADOS COM A ORIENTAÇÃO DO GOVERNO (1999-2017)

FONTE: Elaborado pelo autor a partir de informações da Câmara dos Deputados.

Sérgio Machado pode ser considerado uma velha raposa, daquelas que têm a política correndo nas veias. Seu pai, Expedito Machado da Ponte, foi deputado e ministro de João Goulart; cassado pelo regime militar, voltou à ativa com a redemocratização e liderou a formação do Centrão na Constituinte de 1988. Seguindo os passos do pai, Sérgio Machado começou na política nos anos 1980, tendo sido secretário no seu estado natal, o Ceará. A partir daí foi subindo na carreira: deputado federal (1991 a 1994) e depois senador (de 1995 a 2002), em ambos os cargos pelo PSDB. Ocupou o importante posto de líder do partido no Senado durante boa parte do governo de Fernando Henrique Cardoso e chegou até mesmo a ser relator de um projeto de reforma política. Demonstrando ter bom faro político, antecipou-se à decadência tucana e migrou para o MDB em 2001.

O primeiro grande revés na trajetória política de Sérgio Machado aconteceu nas eleições de 2002. Tentando ser governador em seu estado, não foi apoiado por seu antigo partido — Tasso Jereissati lançou Lúcio Alcântara para sucedê-lo — e tampouco embarcou na onda lulista, que levou José Airton (PT) ao segundo turno. Sem mandato no Congresso e derrotado na corrida para o governo do Ceará, Sérgio Machado ficou a ver navios em 2003.

Na política, porém, quem é bem relacionado nunca fica desamparado — ainda mais se pertence ao MDB. Na montagem da base de sustentação do governo Lula, Sérgio Machado foi indicado pelos caciques do MDB do Senado (leia-se José Sarney, Renan Calheiros, Romero Jucá, Edison Lobão e Jader Barbalho) para ocupar a presidência da Transpetro — a subsidiária da Petrobras que cuida de dutos, terminais e navios para o transporte de petróleo, gás e etanol da estatal.

Com tantos anos de experiência na política brasileira, tendo ocupado cargos importantes dos governos FHC, Lula e Dilma, membro do PSDB e depois do MDB, Sérgio Machado tem um diagnóstico muito claro de como funciona o presidencialismo de coalizão brasileiro. Segundo ele,

> desde 1946 o sistema funciona com três instâncias: 1) políticos indicam pessoas para cargos em empresas estatais e órgãos públicos e querem o maior volume possível de recursos ilícitos, tanto para campanhas eleitorais, quanto para outras finalidades; 2) empresas querem contratos e projetos e, neles, as maiores vantagens possíveis, inclusive por meio de aditivos contratuais; e 3) gestores de empresas estatais têm duas necessidades, uma a de bem administrar a empresa e outra a de arrecadar propina para os políticos que os indicaram.[7]

Machado faz questão de ressaltar que esse mecanismo de funcionamento não é explícito, pelo menos a princípio. "Antes de eu ser nomeado, de eu ser indicado, nunca houve qualquer tratativa acerca de valores. Nunca se discutiu nada." Mas, uma vez empossado,

> fui procurado pelos meus correligionários, por aqueles que me deram sustentação, [perguntando] se poderia ajudar nas campanhas. Além de, na época de eleição, eu ser procurado por outros políticos que pedem apoio. Claro que eles não estão pedindo apoio à minha pessoa física, porque eu não tenho condição [de doar]. Claro que eles não estão pedindo apoio à Transpetro, porque a Transpetro não pode fazer contribuição. Eles sabem dos contratos, as relações que eu tinha com as empresas e a possibilidade de conseguir recursos [para as campanhas].[8]

Na opinião de Sérgio Machado, nenhum dirigente se mantém no cargo se não dançar conforme a música. Ele próprio permaneceu na presidência da Transpetro de junho de 2003 a fevereiro de 2015. Ao longo de todo esse tempo, o delator admite ter intermediado a distribuição de mais de 100 milhões de reais para os caciques do MDB que o indicaram ao cargo. Em sua lista de beneficiados estão José Sarney (18,5 milhões, sendo 2,25 milhões em doações oficiais de empreiteiras),[9] Romero Jucá (21 milhões ao todo, incluindo 4,2 milhões em caixa um de contratadas),[10] Renan Calheiros (32 milhões; destes, 8,2 milhões vindos de contribuições oficiais de empreiteiras contratadas da Transpetro),[11] Edison Lobão (24 milhões, dos quais 2,75 milhões de caixa um de construtoras)[12] e Jader Barbalho (3 milhões em espécie e 1,25 milhão vindo de duas empreiteiras).[13] Além da cúpula do MDB do Senado, uma série de outros políticos, de diferentes partidos, teriam sido agraciados: Cândido Vaccarezza, Jandira Feghali, Luiz Sérgio, Edson Santos, Francisco Dornelles, Henrique Eduardo Alves, Ideli Salvatti, Jorge Bittar, Garibaldi Alves, Walter Alves, José Agripino Maia, Felipe Maia, Sérgio Guerra, Heráclito Fortes, Valdir Raupp e Michel Temer — nesse caso, solicitando uma contribuição para seu apadrinhado Gabriel Chalita, candidato à prefeitura de São Paulo em 2012.[14]

Nos seus depoimentos, Sérgio Machado sempre procura demonstrar o seu zelo com os negócios da estatal, alardeando ser refratário à assinatura de aditivos contratuais e levar em conta padrões meritocráticos para a seleção dos fornecedores da estatal. No que se refere aos critérios adotados, fica claro que existiam outras dimensões a ser consideradas pela estatal.

> Dentre os diversos fornecedores da Transpetro eu selecionei entre dez e doze empresas que preenchiam os seguintes requisitos: capacidade técnica, preço de mercado, aceitação das regras de fiscalização da Transpetro, bem como proximidade entre mim e meus controladores ou presidentes e a aceitação de contribuir com recursos ilícitos.

As empresas com status diferenciado na companhia e que, assim, teriam se tornado frequentes pagadoras de propinas eram as contratadas Queiroz Galvão, Camargo Corrêa, Galvão Engenharia, NM Engenharia, Estre Ambiental, Pollydutos, Essencis Soluções Ambientais, Lumina Resíduos Industriais e Estaleiro Rio Tietê.[15]

Nesse ponto da delação de Sérgio Machado surge uma nova dimensão do custo de nosso presidencialismo de coalizão — ou cooptação, para os mais maldosos —: não só os políticos ganham com a distorção do sistema; existe uma série de empresas que se aproveita das regras e lucra bastante com esse jogo. No caso das estatais, fornecedores pagam propina em troca de novos contratos, de aditivos que elevam os valores dos contratos já existentes e de limitação de concorrência ou preferência de escolha nas licitações.

Esse problema, contudo, não é circunstancial ou localizado. Na expressão de Machado, "a Petrobras é a madame mais honesta dos cabarés no Brasil". Comparada com o Departamento Nacional de Infraestrutura de Transportes (DNIT), as companhias Docas, os bancos oficiais como o Banco do Nordeste, a Fundação Nacional de Saúde (Funasa), o Fundo Nacional de Desenvolvimento da Educação (FNDE) e o Departamento Nacional de Obras Contra as Secas (DNOCS), a Petrobras tinha controles muito mais eficazes. E as comissões de propinas (em torno de 3% na estatal petrolífera e na própria Transpetro) ficavam entre 5% e 10% nos estados e atingiam até 30% no nível municipal.[16]

A percepção de que a indicação de diretores em estatais atende principalmente a critérios políticos e está associada ao pagamento de propinas aparece em várias delações na Operação Lava Jato.

Sob essa lógica, as principais diretorias da Petrobras teriam sido divididas entre PT, MDB e PP para a cobrança de comissões a título de propina sobre todos os contratos. Paulo Roberto Costa, diretor de Abastecimento da companhia entre maio de 2004 e abril de 2012, explicita o loteamento de áreas na estatal:

> A divisão política de cargos e diretorias da Petrobras era estabelecida da seguinte forma: ficavam a cargo do PT a presidência e outras quatro diretorias (Serviços, Gás e Energia, Exploração e Produção e Financeira); a Diretoria de Abastecimento [...] era comandada pelo PP e posteriormente pelo MDB e PT, tendo realizado uma única operação para o PSDB [...] e a Diretoria Internacional sob o comando do MDB.

No caso específico de sua diretoria, Paulo Roberto Costa explica que a propina era de 3% sobre o valor dos contratos, divididos da seguinte forma: 2% para o PT e 1% para o PP. Havia também custos de transação: "60% para o partido, 20% para custear a operacionalização do esquema (como empresas para fornecer notas, pagamento de operador etc.) e 20% para ele próprio e às vezes para o doleiro Alberto Youssef".[17]

Por falar em Youssef, ele atribui ao falecido deputado José Janene, seu compadre, o convite para atuar como operador financeiro do PP nos esquemas da Diretoria de Abastecimento da estatal. O dinheiro seria coletado junto às empreiteiras contratadas para executar as obras ("Queiroz Galvão, Jaraguá, OAS, Odebrecht, UTC, Galvão Engenharia; enfim, praticamente todas elas")[18] e a propina seria repassada aos interessados, sendo uma parte referente aos executivos da Petrobras (Paulo Roberto Costa e Pedro Barusco) e outra aos partidos.

— Esse dinheiro seria destinado a quê ou para quem? — quis saber o juiz auxiliar da Corregedoria-Geral Eleitoral, responsável por conduzir o depoimento do doleiro perante o TSE.

A resposta de Alberto Youssef foi direta:

— Sempre esse dinheiro foi destinado para as campanhas

políticas do Partido Progressista e para manter a base do Partido Progressista [no governo].[19]

Para dar uma dimensão do custo de se contar com um partido como o PP na coalizão governamental, Alberto Youssef estimava que passaram por suas mãos entre 180 milhões e 220 milhões de reais que partiram das empreiteiras e chegaram aos caciques do partido aliado ao PT entre 2006 e 2012.[20]

Há casos ainda mais explícitos de como a nomeação de políticos da base do governo para estatais se fundamenta não no mérito do indicado ou no compartilhamento de visões a respeito de projetos governamentais. Em sua delação na Operação Lava Jato, Lúcio Funaro acusa Guilherme Occhi (então vice-presidente de Governo da Caixa Econômica Federal e posteriormente presidente do banco oficial no governo Temer) de ter uma meta mensal de propinas a gerar para o seu partido, o PP.[21]

Marcelo Odebrecht oferece uma visão mais "teórica" a respeito das indicações políticas na Petrobras e sua relação com as empresas:

> Apesar de eu não saber qual o tipo de acerto que o meu pessoal fazia dentro da Petrobras, eu sabia que — e, aliás, é só pegar todos os veículos da mídia na década de 2000 —, a gente sabia que todo diretor que é colocado dentro de uma empresa pública [...] por um determinado partido político, ele de alguma maneira está lá para atender os interesses políticos. Ele pode até não fazer uma troca de "tanto por tal contrato", mas quando chega na época da eleição, ele vira para aquelas empresas fornecedoras e diz "olha, eu tenho expectativa de que você doe tanto para tal senador, pra tal deputado", aí a partir do momento que ele faz isso, ele também cria uma dívida com aquela empresa para quem ele fez o pedido.[22]

Rogério Nora de Sá, presidente da Construtora Andrade Gutierrez até setembro de 2011, calcado na experiência de quem trabalhou no grupo mineiro por 37 anos, tem convicção de que a corrupção sempre existiu no setor de grandes obras de engenharia civil no país. Houve, contudo, duas diferenças marcantes, intimamente relacionadas: se no passado a propina era direcionada ao servidor público — fiscal da obra, dirigente de estatal ou até mesmo um político —, a partir da década de 2000 ela passou a estar vinculada a partidos políticos e a campanhas eleitorais. E, por isso, nunca antes houve um nível de cobrança tão forte exercido sobre as empresas.[23]

Um personagem que acompanhou de perto a transição para esse novo modo de relação entre políticos e empresas foi Delcídio do Amaral. Filiado ao PSDB no início de sua carreira, Delcídio foi diretor de Gás e Energia da Petrobras no governo FHC — só depois se converteu ao PT e se elegeu senador pelo Mato Grosso do Sul em 2002. De posse de um assento no Senado, coube a ele comandar a CPMI dos Correios, que acabaria revelando ao país o esquema do mensalão. Para Delcídio, todo o esquema de propinas revelado pela Operação Lava Jato tem sua origem na formação da coalizão entre PT e MDB que terminou por salvar o governo Lula na CPMI relatada por ele.[24]

Na avaliação de Delcídio, parte do acordo entre os dois partidos envolveu o aumento da ascendência do MDB do Senado (Renan Calheiros, Romero Jucá, Edison Lobão e Jader Barbalho) nas diretorias da Petrobras, em especial nas áreas Internacional (Nestor Cerveró) e de Abastecimento (Paulo Roberto Costa). Quando os procuradores da República questionaram o que significava a expressão "assumir uma diretoria", Delcídio explicou:

Além do peso político, os diretores indicados por partidos atendem as suas demandas. Não se trata apenas de influência política, mas também de "doações" e outros objetivos não republicanos. [...] Isso representava, entre outras, a escolha de empresas de interesse do partido, em especial pela forma como é flexibilizado o processo seletivo na Petrobras. [...] Assim, tais diretores "ajudavam" as empresas e os partidos recebiam "doações" das empresas em troca.[25]

Ainda segundo o relato de Delcídio do Amaral, em 2007 o MDB da Câmara (liderado por Michel Temer e Eduardo Cunha) teria condicionado a aprovação da CPMF à prerrogativa de controlar a Diretoria Internacional da companhia petrolífera. Foi aí que Jorge Zelada substituiu Nestor Cerveró, que como prêmio pelos bons serviços prestados foi alçado à diretoria financeira da BR Distribuidora.[26]

Embora esse modo de operação da coalizão entre PT e MDB tenha se espraiado por outros projetos — como as bilionárias obras de Angra III e de Belo Monte —, Delcídio do Amaral situa o vínculo entre indicações políticas em estatais voltadas para a sustentação financeira de partidos políticos num período anterior à ascensão do PT ao poder. Conhecendo por dentro as operações da Petrobras no tempo em que foi diretor da estatal, Delcídio conta que, durante o racionamento de energia elétrica em 2001, o antigo PFL (hoje DEM) baiano pressionou para que a Petrobras adquirisse um maquinário da empresa Alstom para a produção de energia termelétrica na Refinaria Landulpho Alves, em parceria com a empreiteira baiana OAS. Essa operação teria gerado o pagamento de propinas de 9 milhões a 10 milhões de dólares entre 1999 e 2001, tendo grande parte desse montante supostamente sido direcionada para a legenda do falecido Antônio Carlos Magalhães.[27]

Outra evidência de como ocorre a construção da base de sustentação de um governo mediante a indicação de políticos para ocupar postos-chave na administração direta e indireta pode ser encontrada na célebre conversa entre Joesley Batista e Michel Temer gravada para viabilizar o acordo de colaboração premiada do empresário com o Ministério Público Federal. De acordo com a gravação anexada ao processo, Joesley trata, num encontro realizado na calada da noite na residência oficial do presidente da República, da necessidade de se indicarem pessoas alinhadas com os interesses de suas empresas para a presidência e as diretorias no Conselho Administrativo de Defesa Econômica (Cade), na Comissão de Valores Mobiliários (CVM) e no BNDES.[28] E na mesma conversa telefônica em que Aécio Neves lhe pediu 2 milhões de reais para o pagamento de advogados para defendê-lo das delações da Odebrecht, Joesley tentou emplacar a indicação de Aldemir Bendine para a presidência da Vale. Estava disposto a pagar uma propina de 40 milhões de reais em troca da nomeação.

De acordo com o anexo apresentado pelo presidente do grupo JBS ao Ministério Público Federal,

> Aécio explicou que já havia conseguido a nomeação de outro nome, manipulando, inclusive, o processo seletivo determinado pela governança da Vale, o qual deveria de forma independente buscar um nome de mercado. Aécio pôs-se à disposição, no entanto, pelo mesmo montante de propina, para obter a nomeação de quem Joesley Batista indicasse para qualquer uma das quatro mais relevantes diretorias da mineradora.[29]

Todos esses relatos constituem evidências esparsas de como o presidencialismo brasileiro, embora funcione de maneira estável e previsível no modo de coalizão, oferece inúmeras oportunidades de cooptação de agentes públicos, que, em troca de benefícios particulares e partidários, concedem benefícios muitas vezes bilionários a grandes grupos econômicos.

Em quase três décadas de pesquisas sobre governabilidade no presidencialismo brasileiro, pouco se pesquisou sobre como esse sistema é permeável à influência de grandes grupos de interesses. À parte os casos explícitos de corrupção que vêm sendo apresentados nas investigações em curso no país, é preciso refletir sobre como os agentes privados se valem do modo de funcionamento da política brasileira para, assim, adquirir vantagens competitivas no mercado. Em ciência política e em economia, esse comportamento é chamado de *rent seeking*.[30]

Nos próximos capítulos mostraremos, mediante o cruzamento de dados de financiamento eleitoral e de tramitação legislativa, como o presidencialismo de coalizão brasileiro oferece incentivos para que grupos econômicos influenciem o processo legislativo e, assim, sejam aprovadas leis que lhes concedam ou perpetuem benefícios de natureza regulatória ou tributária. Em outras palavras, apresentaremos como o *rent seeking* funciona no Brasil — e como esse fenômeno estava presente nos esquemas de corrupção revelados pela Lava Jato.

10. Siga o líder

O doleiro Lúcio Funaro tem uma longa folha corrida em negócios ilícitos envolvendo recursos públicos. Antes da Operação Lava Jato, foi investigado nos casos Banestado (2003), mensalão (2006), Themis (2007) e Satiagraha (2008). Em todos esses esquemas, prestou serviços a políticos e partidos de diferentes matizes. Mas foi pela sua parceria com Eduardo Cunha (MDB-RJ) que acabou sendo preso e optou por fazer um acordo de colaboração premiada com o Ministério Público Federal.

Em seus depoimentos, Lúcio Funaro expõe a forma de relacionamento entre os líderes do MDB na Câmara e no Senado no que dizia respeito à tramitação de projetos de lei e medidas provisórias. Ao longo de sua convivência de quase quinze anos com os caciques peemedebistas no Congresso, Funaro aponta que o então deputado federal Eduardo Cunha (RJ) e o senador Romero Jucá (RR) assumiam o papel de interlocutores do partido com os demais parlamentares e com representantes do setor privado em cada uma das Casas Legislativas. O doleiro ressalta que às vezes o senador Renan Calheiros também assumia esse papel — porém, como o alagoano não se dava com Cunha, era frequente que Romero Jucá fosse acionado para superar eventuais impasses entre ambos.

Na visão de Funaro, sempre que um projeto de lei era proposto ou o poder Executivo editava uma medida provisória, esse grupo de cabeças coroadas do MDB se encarregava de mapear o seu conteúdo e identificar setores econômicos ou empresas que poderiam se beneficiar com a aprovação das mudanças legais em pauta. Esses líderes então designavam algum político do partido que, pela proximidade ou afinidade (muitas vezes criadas a partir de contribuições de campanha), conduziria as negociações com os executivos do setor interessado. De forma inversa, também era comum que os caciques fossem procurados pelos diretores de relações institucionais das empresas para propor emendas a propostas legislativas que as tornassem mais rentáveis. Nesse processo, à parte discussões estritamente técnicas, era comum que a bancada do MDB no Congresso negociasse o pagamento de propinas em troca de aprovações de projetos. Segundo Funaro, as estratégias para os trâmites legislativos até a aprovação do projeto eram conduzidas por Eduardo Cunha, na Câmara, em articulação com Romero Jucá, no Senado. Eram eles, também, os supostos coordenadores da parte operacional do pagamento da propina — que poderia se dar na forma de doações oficiais de campanha, caixa dois ou dinheiro em espécie, a critério dos políticos interessados.[1]

O relato de Lúcio Funaro a respeito do papel exercido pelos líderes do MDB na tramitação de projetos de interesse de empresas condiz com o de outro delator — Cláudio Melo Filho, responsável pela área de relações institucionais do grupo Odebrecht no Congresso. O executivo conta que, desde que assumiu esse posto na empresa, sempre identificou que o MDB funcionava por meio de dois grupos paralelos, que se articulavam quando havia interesses comuns. No Senado o núcleo dominante era formado por Renan Calheiros, Romero Jucá e Eunício Oliveira. Entre eles, Jucá seria o "homem de frente" nas tratativas diretas com agentes privados.

Na Câmara dos Deputados, o partido era capitaneado por Michel Temer, Eliseu Padilha e Moreira Franco, mas também com a influência de Geddel Vieira Lima e Henrique Eduardo Alves. Além deles, Eduardo Cunha ganhou bastante espaço nesse núcleo de poder, em razão da sua capacidade de influenciar outros deputados, "o que era uma poderosa moeda de troca na hora de negociar a sua atuação como parlamentar", na perspectiva do lobista da Odebrecht.[2]

Em complemento aos caciques do MDB, Cláudio Melo Filho elenca um conjunto restrito de deputados e senadores de outros partidos — alguns são políticos veteranos, outros, lideranças promissoras — com os quais mantinha contato "frequente" ou "esporádico" com vistas a apoiar projetos de interesse da Odebrecht. Em todos esses casos, a Odebrecht atuava tentando influenciar a aprovação de medidas de seu interesse, usando sobretudo doações de campanha, tanto oficiais quanto de caixa dois.

> Resumindo, minha atuação, por ser da área de Relações Institucionais, era no sentido de manter perene e diretamente, e com o apoio das entidades de classe que representam os setores afetos às empresas do grupo, relações institucionais com parlamentares que preferencialmente exerciam forte liderança em seu partido e em seus pares. [...] Adicionalmente, eu buscava identificar e apoiar políticos promissores, que, além de defender projetos de interesses convergentes, demonstravam capacidade de exercer liderança no Congresso e nos respectivos partidos, passando, portanto, a figurar na lista de políticos estratégicos.[3]

A proeminência atribuída a determinados líderes partidários nos relatos de Lúcio Funaro e de Cláudio Melo Filho encontra fundamento nos regimentos internos da Câmara dos Deputados e do Senado Federal. Essas normas atribuem aos líderes funções de destaque em termos de representação do partido, orientação de bancada e possibilidade de distribuição de acesso de seus correligionários a cargos em comissões e relatoria de projetos importantes.[4]

Do ponto de vista da tramitação legislativa, os líderes detêm prerrogativas que podem ser bastante úteis para uma empresa interessada na aprovação de determinada matéria. A principal delas talvez seja o controle do fluxo dos trabalhos legislativos por meio do Colégio de Líderes. Trata-se de um órgão de cada Casa Legislativa que se reúne para deliberar sobre questões cruciais para o andamento dos trabalhos, como a convocação de sessões extraordinárias, a prorrogação da ordem do dia, a solicitação de preferência para determinada votação ou o número de integrantes das comissões. Na prática, essa reunião de líderes centraliza o poder decisório da Câmara e do Senado nas mãos dos representantes dos maiores partidos.[5]

A ascendência dos líderes partidários durante a tramitação legislativa também está expressa na possibilidade de ditarem o ritmo da votação de um projeto caso consigam aprovar requerimentos de urgência, de adiamentos e preferência em votações. Os representantes máximos dos partidos também têm a competência de requerer a apreciação em separado de alguns dispositivos de projetos — prática conhecida como "destaque" —, o que representa uma oportunidade valiosa para alterar um texto legislativo durante o seu processo de votação em plenário.[6]

A importância dos líderes partidários de ditar o ritmo do processo legislativo e garantir que os parlamentares de seu partido votem de forma consideravelmente disciplinada justifica a atração exercida por esses políticos para grandes empresas, como ressaltam os depoimentos do doleiro Lúcio Funaro e do diretor de Relações Institucionais do grupo Odebrecht. Para demonstrar como isso acontece de maneira geral, resolvemos investigar o perfil de financiamento das campanhas eleitorais dos líderes partidários nas últimas legislaturas, a fim de verificar se há indícios de que empresas aplicam um volume de recursos maior para esses parlamentares visando a um tratamento diferenciado no processo de elaboração das normas brasileiras.

A análise das contribuições de campanha e de dados sobre a atuação parlamentar mostra algumas evidências que corroboram os trechos das delações premiadas apresentados antes. Assumindo que a decisão de financiar determinado partido ou candidatura é um meio de obter acesso privilegiado perante os parlamentares para aprovar projetos de seu interesse ou arquivar aqueles que possam prejudicá-los, calculou-se o volume médio de doações realizadas por empresas aos líderes partidários diante do financiamento das campanhas dos demais deputados federais que exerceram mandatos nas últimas legislaturas.

Como se vê no Gráfico 21, com exceção da 52ª legislatura (2003-6), as doações recebidas pelos líderes são significativamente superiores às dos demais deputados até a atual configuração da Câmara dos Deputados.[7] Isso significa que os líderes partidários já entram no jogo político apoiados de forma mais vigorosa pelos grandes doadores, recebendo um aporte maior de recursos, com a expectativa de que isso se reverta em favor das empresas quando eles assumirem o comando do processo legislativo.

Alguém poderia argumentar, contudo, que os doadores de campanha, no momento de decidir quanto destinar a cada candidatura, não teriam como prever se aquele candidato venceria as eleições ou, muito menos, se ele se tornaria líder partidário. No entanto, é preciso destacar que os líderes partidários geralmente são mais experientes e têm uma carreira política mais consolidada, conforme demonstram os dados do Gráfico 22 sobre taxas de reeleição de deputados federais nos últimos anos.

GRÁFICO 21
MÉDIA DE DOAÇÕES DE PESSOAS JURÍDICAS A LÍDERES PARTIDÁRIOS E DEMAIS
DEPUTADOS FEDERAIS NAS ELEIÇÕES DE 2002, 2006, 2010 E 2014

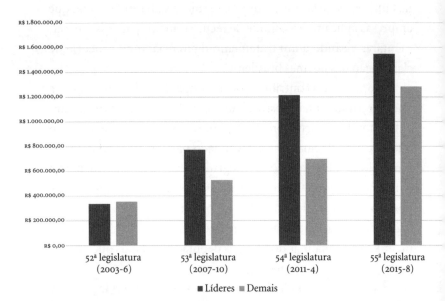

FONTE: Elaborado pelo autor a partir de informações da Câmara dos Deputados e do Repositório de Dados Eleitorais do TSE.
NOTA: Foram incluídos no cálculo todos os deputados que exerceram mandato durante a legislatura, inclusive suplentes que assumiram temporariamente. Valores atualizados até outubro de 2017 pelo IPCA.

Os resultados do Gráfico 22 indicam que os ocupantes de posições estratégicas, como a liderança dos partidos, têm menor probabilidade de se aposentar mais cedo ou concorrer a outros cargos públicos — ou seja, pelo poder que detêm no Parlamento, eles dispõem de um grande incentivo para se reeleger e manter uma posição de destaque nas legislaturas seguintes.

Diante de um quadro em que líderes partidários têm grande ascendência sobre seus correligionários e alcançam visibilidade midiática e controle da estrutura partidária suficientes para desfrutar de maiores chances de reeleição, é de esperar, então, que

GRÁFICO 22
TAXA DE REELEIÇÃO DE LÍDERES PARTIDÁRIOS E DEMAIS DEPUTADOS FEDERAIS NAS ELEIÇÕES DE 2002, 2006 E 2010

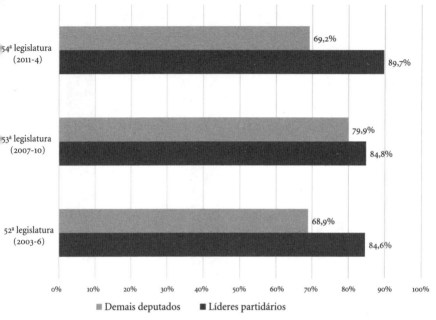

FONTE: Elaborado pelo autor a partir de informações da Câmara dos Deputados e do TSE.
NOTA: Foram incluídos no cálculo todos os deputados que exerceram mandato durante a legislatura, inclusive suplentes que assumiram temporariamente, e que buscaram a reeleição para o mesmo cargo nas eleições seguintes.

atraiam mais doações privadas também nas eleições seguintes. É isso que está comprovado no Gráfico 23: líderes partidários que decidem buscar a reeleição na Câmara dos Deputados recebem contribuições mais significativas — estatisticamente, inclusive — de empresas do que seus pares.[8]

Os dados apresentados no Gráfico 23 indicam, portanto, que a posição-chave desempenhada pelos líderes partidários no presidencialismo de coalizão brasileiro é explorada pelo setor privado,

GRÁFICO 23
MÉDIA DE DOAÇÕES RECEBIDAS DE PESSOAS JURÍDICAS POR LÍDERES PARTIDÁRIOS E DEMAIS DEPUTADOS FEDERAIS NAS ELEIÇÕES SEGUINTES AO EXERCÍCIO DO MANDATO

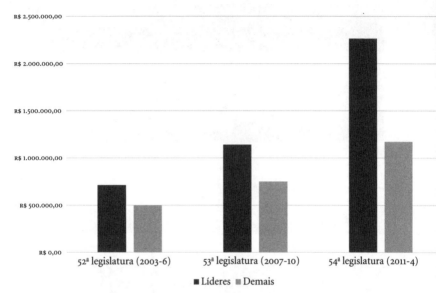

FONTE: Elaborado pelo autor a partir de informações da Câmara dos Deputados e do Repositório de Dados Eleitorais do TSE.
NOTA: Foram incluídos no cálculo apenas os deputados que tentaram a reeleição para o cargo de deputado federal nas eleições seguintes. Valores atualizados até outubro de 2017 pelo IPCA.

que busca se aproximar desses detentores de poder de agenda no processo legislativo.

Essa constatação estatística de que os líderes dos partidos têm maior facilidade de receber dinheiro vindo de empresas para financiar suas campanhas eleitorais é corroborada pela visão de negócios de Cláudio Melo Filho, da Odebrecht:

> A minha empresa tem interesse na permanência desses parlamentares no Congresso e na preservação da relação, uma vez que histo-

ricamente apoiam projetos de nosso interesse e possuem capacidade de influenciar os demais agentes políticos. O propósito da empresa, assim, era manter uma relação frequente de concessões financeiras e pedidos de apoio com esses políticos, em típica situação de privatização indevida de agentes políticos em favor de interesses empresariais nem sempre republicanos.[9]

Nos capítulos seguintes, veremos como essa estratégia empresarial de investir em parlamentares que ocupam posições centrais durante a tramitação de uma medida provisória ou projeto de lei traz como contrapartida a aprovação de medidas favoráveis aos negócios dos doadores.

11. Medidas provisórias, lucros permanentes

Marcelo Odebrecht garante que disponibilizou 50 milhões de reais para o PT em retribuição à aprovação de uma medida provisória em 2009. A quantia teria sido negociada diretamente com Guido Mantega, então ministro da Fazenda, no segundo mandato do presidente Lula. O dinheiro foi colocado à disposição do partido para ser usado em campanhas eleitorais.

A história do pagamento pode não ser verdadeira — Guido Mantega a chama de "peça de ficção" e de "grande mentira", negando ter feito qualquer tipo de acerto com a empreiteira para facilitar a aprovação da norma.[1] Mas, se as narrativas dos dois personagens divergem a respeito do pagamento da propina, ambos reconhecem as amplas negociações realizadas durante a tramitação da medida. E elas revelam como agentes privados transitam facilmente nos escritórios dos poderes Executivo e Legislativo buscando ter seus pleitos contemplados enquanto se produzem as leis brasileiras.

Para explicar as reais dimensões desse caso é preciso voltar a 1969, quarenta anos antes da suposta negociação entre Odebrecht e Mantega. Em março daquele ano, o presidente Costa e Silva, tendo Delfim Netto como ministro da Fazenda, editou um decreto-lei (o equivalente à medida provisória no governo militar) que concedia um incentivo fiscal para as empresas exportadoras. As vendas de produtos manufaturados para o exterior não apenas ficariam isentas do Imposto sobre Produtos Industrializados (IPI) como gerariam um crédito a ser abatido pela empresa nas suas transações no mercado interno.[2] Esse benefício ficou conhecido como crédito-prêmio do IPI.

Com o passar do tempo, esse estímulo tributário foi questionado no âmbito do Acordo Geral de Tarifas e Comércio (mais conhecido por sua sigla em inglês, GATT), o organismo multilateral que deu origem à Organização Mundial do Comércio (OMC). Argumentava-se que o crédito-prêmio do IPI favorecia indevidamente os produtos brasileiros em detrimento de seus concorrentes estrangeiros, o que afrontaria as normas de livre-comércio internacional.

Cedendo à pressão, o governo Geisel editou novo decreto-lei em 1979, instituindo a eliminação gradual do crédito-prêmio, até sua completa extinção, prevista inicialmente para ocorrer em 1983.[3]

Mas o empresariado brasileiro não assistiu calado ao fim de um benefício fiscal tão importante para seus negócios. No mesmo ano, aproveitando a troca de generais na Presidência da República, obteve de João Figueiredo não apenas a revogação da extinção do crédito-prêmio como a concessão de uma autorização para que o ministro da Fazenda aumentasse ou reduzisse, quando bem entendesse, o benefício.[4]

Embora a Procuradoria da Fazenda Nacional sempre tenha questionado na Justiça a constitucionalidade desse último decreto-lei,[5] o crédito-prêmio foi sendo regido por inúmeras portarias do Ministério da Fazenda até o advento da nova Constituição brasileira, em 1988.

Com o objetivo de estabelecer uma transição tranquila entre a velha e a nova ordem constitucional, foi editada uma espécie de anexo à nova carta magna, chamado de Ato das Disposições Constitucionais Transitórias. Entre as regras previstas, os constituintes estabeleceram que os incentivos fiscais de natureza setorial em vigor até aquela data deveriam ser reavaliados e, caso não fossem confirmados por uma nova lei, estariam revogados em dois anos.[6]

A partir daí, abriu-se uma batalha jurídica entre a Fazenda e os exportadores a respeito da continuidade ou do fim da vigência do crédito-prêmio do IPI sobre as vendas externas de produtos brasileiros. Os empresários nacionais argumentavam que ele continuava em vigor, pois a Constituição falava em incentivos "de natureza setorial" — e, na sua visão, o crédito-prêmio não beneficiava exclusivamente um setor, mas qualquer ramo da indústria ou do agronegócio que exportasse produtos manufaturados. Do lado do fisco, como não houve a aprovação de nenhuma nova lei versando sobre o benefício no prazo previsto pela nova Constituição, argumentava-se que o crédito-prêmio estaria extinto — sem falar no entendimento de que ele teria sido encerrado em 1983, dada a inconstitucionalidade da delegação de competência ao ministro da Fazenda para regular o assunto por meio de portarias.

Durante quase vinte anos não houve entendimento nos tribunais brasileiros se o benefício fiscal deveria ter sido extinto em 1983 (pela inconstitucionalidade do decreto-lei nº 1.724/1979), se havia acabado em 5 de outubro de 1990 (dois anos após a promulgação da Constituição de 1988) ou se ele ainda continuava em vigor.

O impasse só começou a ser resolvido em 2007, num processo relatado pelo ministro Teori Zavascki, quando o futuro relator do caso do petrolão no Supremo, morto num acidente aéreo em 2017, ainda fazia parte do Superior Tribunal de Justiça (STJ). Por 5 votos a 4, o STJ considerou que as empresas deixaram de fazer jus ao crédito-prêmio do IPI em 4 de outubro de 1990.[7]

Esse entendimento foi chancelado pelo Supremo Tribunal Federal em 2009, dessa vez por unanimidade. A Corte Suprema rejeitou a argumentação de que o crédito-prêmio não seria um incentivo setorial.[8] Com isso, a Fazenda Nacional passou a ter respaldo em uma jurisprudência sólida para cobrar os valores não recolhidos pelas empresas desde então.

E foi assim que chegamos a 2009, ano do suposto acerto entre Marcelo Odebrecht e Guido Mantega. O empreiteiro baiano afirma que a decisão do STF a respeito do crédito-prêmio do IPI criou "um baita passivo para as empresas", algo na casa de bilhões de reais. O governo precisava solucionar esse problema. E, segundo Marcelo Odebrecht, a saída por ele oferecida para as empresas exportadoras veio na forma de uma medida provisória que instituiu um parcelamento geral para as dívidas tributárias das empresas, com abatimento expressivo das multas e juros — o chamado Refis da Crise.

"Houve uma negociação do governo com várias empresas. E durante essa negociação, nós éramos das empresas mais afetadas. Acho que tinham dez ou quinze empresas muito atuantes. [...] Então essas empresas se reuniram, mas o que começou com essa discussão acabou virando um Refis geral, para todas as empresas."[9]

Guido Mantega, por sua vez, separa os temas do crédito-prêmio e do Refis da Crise. Na sua versão, as empresas exportadoras estavam pressionando por uma solução governamental para o problema da sua dívida desde que perderam a disputa nos tribunais. "Esses empresários tentavam negociar com o governo uma saída. Eles queriam que a gente abonasse, fizesse alguma medida que pudesse eliminar esses 50, 60 bilhões [de reais]. Eles diziam que iam quebrar, que não sei o quê e tudo mais."[10]

A primeira estratégia dos exportadores enrolados com essa cobrança do fisco teria sido a inclusão de uma emenda oportunista — chamada de "jabuti" no jargão brasiliense —, durante a tramitação da medida provisória que aprimorava o Programa Minha Casa Minha Vida.

> Aí a Câmara e o Senado propõem a emenda, não sei exatamente quem, mas enfim, colocaram lá um jabuti que não tinha nada a ver com o objeto principal dessa medida, e mobilizaram a sociedade. Por exemplo, quando a medida foi para a sanção do presidente Lula, ele recebeu um monte de cartas, [...] tinha umas doze cartas dizendo: olha, a medida nº 460 foi aprovada. Não vete esse capítulo que dá a isenção de pagamentos para essas empresas.[11]

Consultando a tramitação da citada MP nº 460/2009, podemos esclarecer melhor a história contada por Mantega. A emenda que aliviava a situação das empresas condenadas pelo uso indevido do crédito-prêmio do IPI foi incluída pela senadora Lúcia Vânia (então no PSDB e hoje no PSB-GO), que era a relatora-revisora da medida provisória. Posteriormente essa emenda foi referendada pelos plenários do Senado e da Câmara e submetida à sanção do presidente da República.

Mantega conta que houve muita pressão do setor pela conversão da medida provisória em lei com a íntegra das mudanças realizadas no Congresso. Ele conta que foram feitas várias reuniões, em que os representantes da empresa apresentavam pareceres e cálculos contratados junto a economistas renomados tentando convencer o governo a aceitar o dispositivo que aliviaria o peso do pagamento da dívida perante a Fazenda Nacional.

Mas Lula vetou o dispositivo, frustrando as expectativas dos grandes devedores do crédito-prêmio. Conforme mostraremos a seguir, o jogo da tramitação legislativa não é jogado apenas no Congresso — o Executivo ocupa uma posição-chave na apreciação das medidas provisórias. Essa lição foi aprendida rapidamente por Marcelo Odebrecht: "Quando a gente tentava meter alguma coisa no Congresso que não estava previamente alinhada com a Fazenda, em geral o pessoal vetava".[12]

Na versão contada por Mantega, o Refis da Crise não teve nada a ver com essa pressão do setor exportador para se ver livre da cobrança dos incentivos recebidos indevidamente. Segundo ele, o Refis foi uma medida proposta pelo Ministério da Fazenda para aliviar os efeitos da crise internacional de 2008, que gerou a acumulação de passivos tributários de empresas dos mais diversos setores em função da forte retração da economia mundial — argumento difícil de admitir, uma vez que a dívida tributária dessas empresas tem um volume que remonta a muitos anos. Por estar disponível para qualquer empresa que atendesse às condições previstas na medida provisória, o Refis da Crise tinha um caráter horizontal. Segundo a linha de argumentação defendida por Guido Mantega, portanto, Marcelo Odebrecht faltava com a verdade ao afirmar que o refinanciamento das dívidas tributárias foi motivado pelo problema da Odebrecht e da Braskem com o crédito-prêmio. E muito mais grave seria associar isso ao pagamento de uma propina de 50 milhões de reais, a ser utilizada pelo PT em campanhas eleitorais.

> Então, não entendo como você diz que aprovar o Refis da Crise possa ter sido um benefício. Também não posso entender como teve uma suposta retribuição, que na verdade não teve. Essa retribuição, se me permite observar, é muito estranha. Seriam 50 milhões que não foram dados [imediatamente], mas uma contribuição [eleitoral] que estaria reservada. [...] Aliás, em 2009, ninguém nem sabia quem era candidato, se ia ter. Como ia estar o governo, porque o governo podia estar mal em 2010, não é? [...] O fato é o seguinte: não há prova nenhuma de que houve essa manobra, de que eles levaram vantagem. Pelo contrário, eles foram derrotados pelo governo.[13]

O grande problema nas versões apresentadas por Marcelo Odebrecht e por Guido Mantega sobre o Refis da Crise é que ambas estão cronologicamente erradas. O Refis da Crise foi instituído pela MP nº 449/2008, de 3 de dezembro de 2008, e convertido na Lei nº 11.941, de 27 de maio de 2009. Ele veio, portanto, alguns meses antes que o STF botasse uma pedra sobre a controvérsia a respeito do crédito-prêmio do IPI, em 13 de agosto de 2009. Logo, nem o empresário nem o ex-ministro poderiam atribuir ao Refis o poder de solucionar, em maio, um problema que só se concretizou em agosto do mesmo ano.

Sendo assim, Guido Mantega estava certo em dizer que o Refis da Crise não teve nada a ver com o pleito da Odebrecht e de outros exportadores. Mas ele omitiu o final da história: no dia 13 de outubro de 2009, ele próprio assinou, junto com o presidente Lula, uma medida provisória concedendo um parcelamento da dívida do crédito-prêmio do IPI em doze parcelas mensais, com abatimento de 100% das multas e encargos legais e de 90% dos juros de mora. Como se não bastasse, os exportadores poderiam compensar o pagamento das parcelas com prejuízos fiscais acumulados e bases de cálculos negativas da Contribuição Social sobre o Lucro Líquido (CSLL), abatendo consideravelmente o valor devido pelas empresas.[14]

Segundo a exposição de motivos que o próprio Guido Mantega assinou para justificar a edição da medida provisória,

estas propostas têm como objetivo oferecer instrumentos para liquidação destes débitos fiscais, que muitas vezes têm valores vultosos, tendo sido gerados desde a década de 1980, em decorrência de decisões proferidas pelo poder Judiciário, inserindo-os na capacidade de geração de recursos das empresas devedoras, ou mediante aproveitamento de créditos tributários apurados em períodos anteriores.[15]

Resumo da história: o lobby conduzido por Marcelo Odebrecht em nome de dezenas de grandes devedores acabou surtindo efeito. No meio de idas e vindas de tramitação de medidas provisórias, as corporações conseguiram convencer o governo a abrir mão de bilhões de reais em seu favor. Esses recursos deveriam ter sido recolhidos aos cofres públicos, aumentando a capacidade financeira do Estado em prover políticas públicas. Ao longo da tramitação legislativa de uma medida provisória, portanto, o governo transferiu bilhões de reais da sociedade para algumas poucas empresas.

O relatado nas páginas anteriores é um retrato de como as grandes empresas exercem o *rent seeking* no processo legislativo brasileiro. A prática de tentar obter lucros extraordinários por meio de concessões do governo e pendurar a conta no erário é exercida cotidianamente nos gabinetes da Esplanada dos Ministérios e da praça dos Três Poderes em Brasília.

No período de 1995 a 2017 foram aprovadas no Brasil 4615 leis ordinárias federais. Na média, isso significa que nos últimos seis mandatos presidenciais surge, aproximadamente, uma nova lei a cada dois dias. E considerando que cada projeto de lei traz consigo um potencial de instituir direitos e deveres a pessoas físicas e jurídicas, a arena legislativa é um palco onde os grupos se articulam para extrair ganhos ou pelo menos garantir a manutenção de privilégios.

Um fato notável que discutimos no capítulo anterior é que nosso presidencialismo de coalizão atribuiu superpoderes ao presidente da República. E um deles é a competência não apenas para executar programas governamentais e políticas públicas — função típica do poder Executivo —, mas também de legislar sobre um extenso rol de assuntos. Computando a autoria das leis federais aprovadas desde 1995, verificamos que 66% delas foram propostas pelo presidente da República, ao passo que deputados e senadores responderam por apenas 29,6%.[16]

Esse resultado aparentemente inusitado — um país democrático em que o presidente da República é o autor de dois terços das leis aprovadas pelo Congresso — decorre, em parte, das prerrogativas asseguradas ao presidente da República na Constituição de 1988.[17] As leis orçamentárias, por exemplo, devem ser propostas exclusivamente pelo poder Executivo,[18] bem como as normas que regulam suas estruturas administrativas, incluindo a criação de carreiras e sua remuneração.[19]

Embora as necessidades administrativas rotineiras do poder Executivo demandem a proposição de um grande número de leis, principalmente de natureza orçamentária e administrativa, existe outro fator que determina a dominância da Presidência da República na produção legislativa brasileira: a possibilidade de editar medidas provisórias.

As MPS foram idealizadas para permitir que o chefe do poder Executivo fornecesse uma pronta resposta a situações graves: a Constituição estabelece os requisitos de "urgência" e "relevância" para que sejam editadas. Nesses casos, o presidente da República pode editar normas que terão "força de lei" mesmo antes de sua avaliação pelo Congresso Nacional — que deve ocorrer no prazo de até 120 dias, para só assim a MP ser convertida definitivamente em lei.[20]

Em tese, portanto, as medidas provisórias deveriam ser usadas de forma parcimoniosa, apenas para atender graves crises internas ou calamidades públicas. A realidade, porém, é bastante distinta: entre 1995 e 2017, nada menos do que 880 medidas provisórias foram convertidas em lei, quase 20% do total das leis ordinárias aprovadas pelo Congresso Nacional nesse período.

Desde a promulgação da Constituição de 1988, as medidas provisórias vêm sendo utilizadas de forma indiscriminada por todos os presidentes, de Sarney a Temer. Um estudo de Fernando Limongi e Argelina Figueiredo mostrou, por exemplo, que as MPS foram o instrumento por excelência da regulamentação econômica na nova ordem constitucional, utilizadas inclusive para o controle da inflação e o combate a crises financeiras.[21] O confisco da poupança determinado por Fernando Collor ao tomar posse em 1990, por exemplo, se deu por medida provisória.[22] A implantação do Plano Real também.[23]

O Congresso Nacional bem que tentou coibir o uso exagerado de MPS ao promulgar normas mais rígidas para a sua edição com a emenda constitucional nº 32/2001. Concebida para limitar os poderes do Executivo e recuperar o protagonismo do Congresso no processo legislativo, a mudança constitucional não atendeu aos seus objetivos.

Nossa explicação para esse fato é simples. Não é por acaso que quase um quinto de todas as leis brasileiras surge como medidas provisórias. O seu uso (ou abuso) interessa a todas as partes envolvidas: de um lado, o presidente da República e seus ministros; de outro, deputados e senadores; e, atuando entre as duas pontas desse processo, poderosos grupos de interesse.

Os trâmites processuais das medidas provisórias possuem uma série de oportunidades bastante propícias à atuação de lobistas, a começar pelo conteúdo vago dos requisitos de "urgência e relevância". Na falta de parâmetros concretos para definir quais situações ensejariam a publicação de uma medida provisória, os presidentes têm interpretado de forma bastante flexível a subjetividade desses conceitos, de modo que praticamente qualquer assunto seja considerado "urgente" e "relevante". Para agravar a situação, os poderes Legislativo e Judiciário têm sido bastante lenientes em relação a esse comportamento, e com frequência fazem vista grossa sobre o atendimento ou não desses requisitos constitucionais.[24]

Além de admitir assuntos muito variados, as MPS são atraentes porque entram em vigor imediatamente após a sua publicação, tendo assim potencial para gerar benefícios imediatos aos interessados. Mas mesmo que determinada empresa, setor ou corporação não consiga emplacar seus pleitos no momento da elaboração da MP, a tramitação no Congresso abre uma nova chance, revelando-se muitas vezes um caminho mais proveitoso.

Como a tramitação tem um prazo-limite para ser finalizada (caso não seja aprovada no prazo máximo de 120 dias, ela deixa de existir), deputados e senadores têm grande poder de barganha perante o Executivo. E eles exploram o risco de deixar a MP expirar tentando obter vantagens — particulares ou para seus representados — junto à Presidência da República. Nesse contexto, a negociação se dá muitas vezes utilizando emendas como moeda de troca. Assim, parlamentares e partidos frequentemente convencem o governo a admitir a inserção de novos dispositivos como condição para aprovarem o texto principal da MP encaminhado pelo presidente.

Embora essas mudanças possam ser vetadas mais tarde pelo presidente da República — como aconteceu no caso da emenda que a Odebrecht tentou embutir na MP do Minha Casa Minha Vida —, a palavra final sobre a acolhida do veto é do Congresso, o que reabre uma janela de oportunidade para que os grupos de interesse façam prevalecer a sua vontade ao fim do processo.

Diante dos incentivos colocados pelo processo legislativo em geral, e em especial das medidas provisórias, parece evidente que, do ponto de vista de determinado grupo de interesse (setores econômicos, corporações de trabalhadores ou servidores públicos, organizações não governamentais), atuar junto ao Poder Executivo faz sentido pela sua proeminência como autor da maioria das leis aprovadas no Brasil nas últimas décadas. Analisando dados sobre a atividade de lobby da Confederação Nacional da Indústria (CNI) sobre projetos de lei em tramitação no Congresso, o pesquisador Wagner Mancuso identificou que o sucesso político do setor industrial em manter ou melhorar o seu status quo diante de alterações legislativas está associado à construção de uma sintonia com o poder Executivo nas matérias em pauta.[25]

No entanto, o Congresso tem um papel nada desprezível nesse processo, em virtude da permissão constitucional para emendar as propostas provenientes do Executivo e da prerrogativa de determinar o que será posto em votação — e quando. Nessa direção, o cientista político Marcus Melo argumenta que esse desenho institucional híbrido, que combina um Executivo com amplos poderes e um Legislativo com grande capacidade de emendar as propostas submetidas à sua avaliação, incentiva a barganha durante a tramitação legislativa no âmbito da própria coalizão governista.[26]

Essa tendência à negociação política nas votações legislativas pode ser verificada na forma como os presidentes da República se relacionam com o Congresso em termos de aprovação das medidas provisórias. A Tabela 3 apresenta o número de medidas provisórias editadas e aprovadas desde a segunda metade do governo Fernando Henrique Cardoso até o final de 2017.[27]

Para calcular as taxas de aprovação das medidas provisórias no Congresso em cada mandato presidencial desde 2001, foram elaborados dois indicadores. O primeiro, presente na quarta coluna da Tabela 3, mede a taxa de sucesso na aprovação de uma MP no Congresso — decorrente da divisão entre o número de MPs convertidas em lei e o total de MPs editadas pelos respectivos presidentes da República. Podemos perceber que esse índice, depois de atingir o ápice no primeiro mandato de Lula (com mais de 90% de sucesso), vem caindo ao longo dos mandatos, até atingir o mínimo no atual governo de Michel Temer, que foi bem-sucedido em pouco mais de 60% dos casos.

TABELA 3

MEDIDAS PROVISÓRIAS EDITADAS E APROVADAS POR MANDATO
PRESIDENCIAL APÓS A EMENDA CONSTITUCIONAL Nº 32/2001
(SET. 2001 A DEZ. 2017)

	MPS editadas (A)	MPS aprovadas (B)	Taxa de sucesso (B/A)	MPS aprovadas sem emendas (C)	Taxa de sucesso relativo (C/B)
FHC II	102	84	82,4%	59	70,2%
Lula I	240	217	90,4%	93	42,9%
Lula II	179	149	83,2%	55	36,9%
Dilma I	145	108	74,5%	23	21,3%
Dilma II	61	47	77,0%	7	14,9%
Temer	72	44	61,1%	3	6,8%

FONTE: Elaborada pelo autor a partir de dados do Sistema de Informações do Congresso Nacional (Sicon), da Presidência da República, do Senado Federal e da Câmara dos Deputados.

O segundo indicador é mais restritivo, apresentando a taxa de sucesso relativo do presidente ao editar medidas provisórias. Nesse ponto, procura-se computar a quantidade de MPS aprovadas pelo Congresso sem quaisquer mudanças (emendas) introduzidas pelos parlamentares. Sob esse prisma, que avalia o poder do presidente da República em aprovar suas propostas sem ceder às pressões de deputados e senadores, novamente o governo Temer mostra-se mais "fraco" que os demais.

Como pode ser visto na última coluna da Tabela 3, enquanto no final de seu mandato Fernando Henrique Cardoso conseguia garantir que mais de 70% de suas MPS fossem aprovadas sem a interposição de emendas parlamentares, Temer conseguiu fazê-lo em apenas três casos, o que gera uma taxa de sucesso de menos de 7%.

Nota-se, na referida tabela, que o desempenho dos chefes do poder Executivo em fazer valer sua vontade no Congresso em relação à tramitação das medidas provisórias vem caindo ao longo do tempo, governo após governo. Essa tendência expressa não apenas o fato de que FHC e Lula, principalmente no primeiro mandato, foram mais hábeis em gerenciar as coalizões que os sustentaram no poder — fato não repetido por Dilma Rousseff, que acabou sofrendo impeachment, e de Michel Temer, que teve que fazer inúmeras concessões para garantir a continuidade de seu mandato.

Os números apresentados também indicam que o Congresso foi se fortalecendo ao longo do tempo e tornando-se o lócus para as negociações entre agentes privados, parlamentares e representantes do poder Executivo. Em pesquisa realizada sobre o tema das medidas provisórias, os cientistas políticos Carlos Pereira, Timothy Power e Lucio Rennó chamam a atenção para o fato de que, ao se recorrer cada vez mais às medidas provisórias, mais necessário se torna alcançar um entendimento prévio entre o Executivo e o Legislativo na definição sobre o que pode entrar e o que pode mudar no texto de uma MP.[28] Nesse contexto, Octavio Amorim Neto e Paulo Tafner alertam para a ameaça que a proliferação de MPS representa para a democracia brasileira: "Mudar constantemente as principais leis do país por *fiat* [decisão] executivo com posterior chancela legislativa é um convite permanente à violação de direitos individuais e à destruição da capacidade de planejamento dos agentes econômicos".[29]

Outro risco nesse processo é, obviamente, a corrupção. E aqui voltamos às delações premiadas. Num dos anexos apresentados ao Ministério Público Federal, Lúcio Funaro lista uma série de medidas provisórias que tiveram dispositivos negociados diretamente por políticos proeminentes do MDB.[30] Grandes grupos empresariais como Amil, BTG, Libra (setor de portos), Hypermarcas e Gol Linhas Aéreas teriam sido beneficiados pela ação de políticos como Eduardo Cunha, Michel Temer, Henrique Eduardo Alves e Sandro Mabel na tramitação de MPS editadas durante o primeiro mandato de Dilma Rousseff.[31]

Esses relatos confirmam como o processo legislativo, em particular das medidas provisórias, gera incentivos para que agentes bem relacionados com parlamentares e autoridades do Executivo obtenham uma legislação favorável que estimulará a transferência de renda da sociedade para seus acionistas.

Fazendo um balanço sobre os resultados de sua ação perante o Ministério da Fazenda na tentativa de reverter os prejuízos que teria com o crédito-prêmio do IPI, Marcelo Odebrecht coloca em números quanto vale a pena explorar as imensas possibilidades de lobby e tráfico de influência que a tramitação das medidas provisórias oferece: "Quando mudou a jurisprudência, no caso da Braskem, o passivo podia chegar a 4 bilhões de reais, e até quebrar a companhia, tá? [Com a MP] acabou ficando na ordem de 2 bilhões de reais, 1 bilhão e pouco, podendo pagar com prejuízos acumulados e parcelados. Então ficou uma coisa razoável".[32]

12. Os superpoderes do resolvedor-geral da República

Assim como no Brasil existem dinastias de políticos — em que filhos sucedem os pais como caciques dos partidos nas suas regiões —, o setor de relações institucionais da Odebrecht também era dominado por um clã. Cláudio Melo Filho, que entre 2004 e 2015 foi o executivo responsável por articular o relacionamento da empresa com o Congresso Nacional, assumiu o mesmo posto ocupado por seu pai desde a década de 1980. Na CPI dos Anões do Orçamento, o velho Cláudio Melo aparece citado várias vezes nos interrogatórios feitos pelos parlamentares aos políticos acusados de beneficiarem grandes empreiteiras na alocação de dinheiro público das emendas orçamentárias.

Em decorrência do trabalho do pai, Cláudio Melo Filho cresceu no meio de políticos e desde cedo aprendeu a arte do lobby. Em seu relato à força-tarefa da Operação Lava Jato, diz que foi em um jantar na casa do seu pai que conheceu Michel Temer,[1] que estava acompanhado por Geddel Vieira Lima. Com este último, cultivou uma amizade tão forte a ponto de terem se tornado vizinhos em um condomínio fechado na Bahia.

Costumeiramente conversávamos em nossas casas e caminháva-mos pela manhã pelo condomínio, momento em que falávamos sobre temas diversos, inclusive os aqui relatados. Nossa relação era notória entre as pessoas da nossa convivência. Os caseiros das nossas casas no litoral são irmãos.[2]

Por ser o homem forte da articulação dos interesses da Odebrecht no Congresso, Cláudio Melo Filho ofereceu um dos depoimentos mais contundentes — até o momento — sobre o funcionamento das engrenagens que ligam os donos do dinheiro aos donos do poder. Suas saraivadas de metralhadora "ponto cem" (para usar a expressão de Sarney na conversa gravada por Sérgio Machado) são uma verdadeira aula de como o financiamento eleitoral é um dos mais eficientes mecanismos de comprar acesso ao poder e influenciar o processo legislativo para criar leis que atendam ao interesse privado dos grandes doadores.

O vice-presidente de Relações Institucionais da Odebrecht revela, em detalhes, como a empresa influenciou a tramitação de medidas provisórias com o intuito de incluir dispositivos que concederam tratamento tributário privilegiado e outros benefícios regulatórios às empresas do seu grupo. Em muitos casos, ele conta como usava a estratégia de pressionar o relator da MP a contemplar seus pedidos nos seus pareceres ou cooptava deputados e senadores para apresentarem emendas redigidas pelos advogados da empreiteira baiana.

De acordo com o Regimento Interno da Câmara dos Deputados, os relatores são parlamentares designados para elaborar um parecer sobre determinada matéria em deliberação naquela Casa. Em sua análise, o relator deve fazer uma exposição circunstanciada da questão em tela (o "relatório") e indicar seu voto sobre o projeto original e também sobre as emendas apresentadas pelos parlamentares. Cumpre-lhe, assim, propor a aprovação ou a rejeição do projeto ou medida provisória, total ou parcialmente. Ele também pode reformular toda a proposta, sugerindo emendas ou um substitutivo global.[3] Esse parecer é que será analisado pela comissão e, depois, por todos os deputados.

No caso específico das medidas provisórias, as regras internas do Congresso dão ainda mais poder ao relator, uma vez que seu parecer deve tratar da constitucionalidade da MP — ou seja, se atende aos requisitos de urgência e relevância —, da adequação financeira e orçamentária, da legalidade e do mérito. Isso sem falar na possibilidade de alterar a redação original apresentada pelo presidente da República por meio do acolhimento de emendas parlamentares ou pela apresentação de um substitutivo capaz de tratar a matéria de modo diverso ao original.[4]

Diante dessas prerrogativas, os grupos de interesse que acompanham a tramitação de projetos no Congresso sempre procuram ter um bom relacionamento com os relatores, tanto para garantir a aprovação ou inserção de dispositivos que lhes sejam favoráveis quanto para barrar eventuais propostas indesejáveis. Nas suas pesquisas sobre o lobby da CNI no Congresso, o cientista político Wagner Mancuso afirma que, uma vez designado, o relator é o alvo privilegiado da ação política dos representantes do setor, tendo em vista que a pressão sobre os outros membros da comissão só se intensifica dependendo do teor do seu parecer.[5]

Analisando o papel dos relatores na tramitação de projetos de lei de autoria da Presidência da República no período de 1999 a 2006, a pesquisadora Márcia Cruz concluiu que as alterações sugeridas pelo relator normalmente são aprovadas pelo Congresso, o que faz da sua escolha uma decisão central para o poder Executivo — que pretende controlar o processo das negociações parlamentares.[6] Mas ele não é o único interessado nessa indicação.

Delcídio do Amaral, ao descrever a forma de atuação do grupo do MDB do Senado nos trabalhos do Congresso, aponta Romero

Jucá como "uma espécie de porta-voz dos assuntos do sistema financeiro no Congresso Nacional".[7] Cláudio Melo Filho, o lobista-chefe da Odebrecht, vai além. Para ele, "Caju" (o codinome do senador de Roraima nas planilhas da empreiteira) é o "resolvedor da República no Congresso", pois está sempre disposto a atuar em favor do empresariado, razão pela qual seu gabinete no Senado é bastante procurado por lobistas e executivos de grandes empresas.

O vice-presidente de Relações Institucionais assim destaca a lógica de atuação de Romero Jucá em favor da empreiteira no Congresso:

> Romero Jucá era o meu principal interlocutor no Congresso Nacional. O relevo da sua figura pode ser medido por dois fatos objetivos: (i) a intensidade da sua devoção aos pleitos que eram do nosso interesse e (ii) o elevado valor dos pagamentos financeiros que foram feitos ao senador ao longo dos anos.[8]

Essa forma de atuação teria se manifestado sobretudo no desempenho da função de relatoria de projetos de lei e de medidas provisórias importantes do ponto de vista fiscal ou regulatório. Romero Jucá constitui a essência da tática de trabalho adotada por Cláudio Melo Filho: por meio de doações de campanha e do pagamento de propinas, ele selecionava determinados políticos influentes com o objetivo de desenvolver uma relação mais próxima e duradoura para, assim, garantir melhores resultados para seu grupo empresarial.

Para dar uma ideia de como a Odebrecht exercia esse papel de influenciar figuras-chave no processo legislativo, compilamos os dados dos relatores de todas as MPS editadas entre 2001 e 2014. Em seguida, identificamos aqueles que receberam doações oficiais da Odebrecht entre 2002 e 2014 e também os parlamentares que segundo a delação de Cláudio Melo Filho teriam recebido propinas e doações via caixa dois ou que eram contatos frequentes ou esporádicos da empresa no Congresso.

Antes de apresentar o resultado desta pesquisa é preciso destacar que o fato de terem recebido doações da Odebrecht não quer dizer, a priori, que deputados e senadores atuaram sempre em favor da companhia. Além disso, muitas das MPS relatadas pelos parlamentares podem não ter relação com a empresa. O propósito deste exercício, portanto, é apenas mapear o grupo de parlamentares sujeitos a uma pressão mais intensa da empresa — seja via doações oficiais, seja via contato próximo com o lobista — e como eles têm poder de influência na tramitação legislativa.

No Gráfico 24, cada círculo representa um parlamentar que exerceu o papel de relator de medida provisória no período de setembro de 2001 a dezembro de 2017. O tamanho da bolinha representa o número de MPS relatadas, enquanto a cor indica o grau de relações com a Odebrecht revelado até aquele momento.

O que salta aos olhos é o papel preponderante desempenhado por Romero Jucá na relatoria de medidas provisórias no Congresso. Ele é, disparado, o parlamentar que deteve o maior número de relatorias sob sua responsabilidade — o que explica, também, por que é apontado em várias delações como um personagem central do suposto esquema de corrupção do MDB no Congresso.

Cláudio Melo Filho explica com detalhes que o poder de Jucá se deve à sua atuação nas dimensões mais relevantes da atuação parlamentar: o bom relacionamento com o governo e a oposição (independentemente de quem esteja ocupando o Palácio do Planalto), a ascendência sobre a Câmara dos Deputados e o Senado e com aqueles que detêm a chave do cofre no poder Executivo:

> Em todos esses casos, a escolha do senador Romero Jucá como meu interlocutor principal no Congresso foi devida, sob a óptica do plano político, basicamente, a quatro fatores: i) a posição histórica de

GRÁFICO 24
RELATORES DE MEDIDAS PROVISÓRIAS NA CÂMARA E NO SENADO (2001-17) E SEU VÍNCULO COM A ODEBRECHT SEGUNDO DOAÇÕES DE CAMPANHA E DELAÇÃO DE CLÁUDIO MELO FILHO

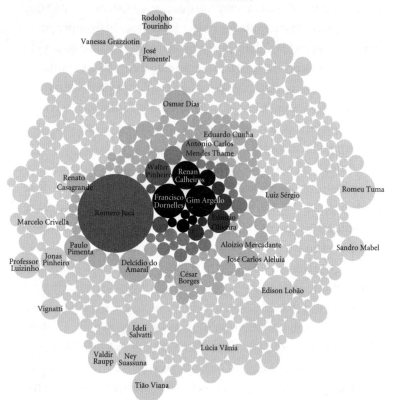

Relação com a Odebrecht:
- ■ Caixa dois (segundo Cláudio Melo Filho)
- ■ Contatos episódicos de Cláudio Melo Filho
- ■ Contatos frequentes de Cláudio Melo Filho
- ■ Recebeu doação indireta (via partido)
- ■ Recebeu doação oficial
- ■ Sem vínculo até o momento

FONTE: Elaborado pelo autor a partir de informações da Câmara dos Deputados, do Senado Federal, do Repositório de Dados Eleitorais do TSE e da colaboração premiada de Cláudio Melo Filho.

liderança desempenhada pelo senador nos governos anteriores, em que era considerado o "Resolvedor da República no Congresso", sendo líder de todos os governos em que exerceu mandato, que lhe rendeu a alcunha de "Eterno Líder"; ii) atuação como anteparo das manobras que podiam surgir na Câmara dos Deputados, antecipando atuações de deputados contrárias a nossos pleitos e atuando na defesa de nossos interesses junto aos deputados; iii) a capacidade de articulação no seu partido, entre seus pares, especialmente Renan Calheiros e Eunício Oliveira (trio que efetivamente era o dono do MDB do Senado), e nas demais esferas do governo; e iv) a sua desenvoltura no tratamento com o poder Executivo, especialmente junto ao Ministério da Fazenda e ao Ministério do Planejamento, tendo sempre voz de relevância junto a este poder.[9]

Além dos superpoderes de Jucá, no Gráfico 24 também é visível como o poder da Odebrecht se estendia a deputados e senadores de destaque em variados partidos e com grande protagonismo no Parlamento. Entre os parlamentares citados expressamente como sendo de contato frequente de Cláudio Melo Filho no Congresso estão figuras proeminentes do MDB (Renan Calheiros, Moreira Franco, Geddel Vieira Lima, Romero Jucá, Michel Temer, Eliseu Padilha), PSDB (Antonio Imbassahy, Bruno Araújo), PCdoB (Aldo Rebelo), PT (Jaques Wagner, Walter Pinheiro), DEM (Rodrigo Maia, José Agripino, José Carlos Aleluia), PSB (Heráclito Fortes), PPS (Arthur Maia), PP (Ciro Nogueira), entre outros. A quantidade de representantes de variadas legendas, de múltiplos matizes ideológicos, representa um indício importante da influência econômica sobre a elaboração de leis no Brasil.

Para verificar se há indícios de interferência do poder econômico sobre a atividade parlamentar, buscamos relacionar a nomeação de relatores de medidas provisórias com as contribuições de campanha realizadas por pessoas jurídicas. Para isso, identificamos no texto das medidas provisórias e em suas exposições de motivos quais seriam os setores econômicos diretamente afetados por elas.[10] Em seguida, investigamos, na base de dados do TSE, se o relator escolhido recebera doações daquele setor na eleição anterior. O resultado está na Tabela 4.

TABELA 4

RELATORIA DE MEDIDAS PROVISÓRIAS E DOAÇÕES DE CAMPANHAS
POR SETOR AFETADO, POR LEGISLATURA DA CÂMARA DOS DEPUTADOS
(2003 A 2014)

Legislatura	Total de MPS setoriais	Relatores que receberam doações dos setores objeto da MP	
		Total	%
52ª (2003-6)	64	23	35,9
53ª (2007-10)	57	38	66,7
54ª (2011-4)	59	36	61,0
Total (2003-14)	*180*	*97*	*53,9*

FONTE: Elaborada pelo autor a partir de informações da Câmara dos Deputados, da Presidência da República e do Repositório de Dados Eleitorais do TSE.

Os dados da tabela revelam que, na média, quase 54% das MPS setoriais analisadas foram relatadas por deputados que receberam doações de alguma empresa que seria afetada pela nova norma nas eleições anteriores. Nota-se que esse comportamento atingiu seu ápice no segundo mandato do presidente Luiz Inácio Lula da Silva, mas se manteve em patamares bem altos (acima de 60%) nos primeiros quatro anos sob a presidência de Dilma Rousseff. Esses resultados parecem confirmar a suspeita, presente no senso comum, de que a política brasileira é um jogo de cartas marcadas: se a maioria das matérias é relatada por um deputado ou senador que recebeu doações de uma empresa que será diretamente afetada por aquelas propostas, é bastante improvável que o relator terá a isenção necessária para colocar o interesse público acima dos empresariais.

Dessa forma, os números indicam que a relatoria de MPs pode ser uma maneira que alguns parlamentares utilizam para retribuir as doações recebidas em suas campanhas. Afinal, do ponto de vista das empresas doadoras, ter um relator financiado por elas significa acesso privilegiado para fazer com que a MP seja aprovada nas condições desejadas pelo setor.[11]

Cláudio Melo Filho e Romero Jucá que o digam.

13. Emendas que valem ouro

Observada de longe, a história de João Alves Queiroz Filho é um incrível caso de sucesso do capitalismo brasileiro. Seu pai era dono de uma pequena distribuidora de sal em Goiás que recebeu como pagamento de uma dívida a receita de um tempero pronto — uma mistura de sal, alho, pimenta-do-reino e cebolinha. Nascia aí a Arisco.

João Alves Queiroz Filho, conhecido como Júnior da Arisco, levou às últimas consequências a ideia de diversificar o negócio do pai. Ao longo das décadas de 1970, 1980 e 1990, ele adquiriu centenas de marcas de produtos alimentícios e produtos de limpeza, tornando-se uma espécie de Procter & Gamble ou Unilever tupiniquim. Pegando carona na forte expansão do consumo popular após a adoção do Plano Real e com um forte investimento em marketing — Xuxa no auge da fama era sua garota-propaganda, assim como o tricampeão de Fórmula 1 Nelson Piquet e o então promissor piloto Rubens Barrichello —, a Arisco chegou aos anos 2000 cobiçada por bancos internacionais — o Goldman Sachs adquiriu uma participação de 20% do grupo em 1997 — e por rivais estrangeiras. A valorização foi tanta que Júnior da Arisco acabou vendendo a empresa pela qual até hoje é conhecido para o grupo norte-americano Bestfoods, que no mesmo ano de 2000 foi adquirido pela gigante Unilever.

Com dinheiro no bolso (a transação foi fechada em 490 milhões de dólares) e livre de dívidas (a Bestfoods assumiu um passivo de mais de 260 milhões de dólares), Júnior não demorou a voltar às aquisições. Como a Unilever não tinha interesse na produção de esponjas de aço, o empresário goiano recomprou a Prátika Industrial Ltda., que fabricava as marcas Assolan e Fácil. Para fazer frente ao até então líder inconteste do mercado, o Bombril de mil e uma utilidades, Júnior ex-Arisco armou outro massivo ataque de marketing. Quem viveu aquela época talvez se lembre dos comerciais de uma simpática esponjinha de aço amarela que interagia com atores e apresentadores da Rede Globo e do SBT.

Por trás do marketing, novas aquisições de dezenas de empresas, fabricantes de centenas de marcas que até hoje fazem parte do imaginário do brasileiro. Para citar só algumas: massas Etti, cosméticos Monange, protetores solares e bronzeadores Cenoura & Bronze, adoçantes Finn, espumas para barbear Bozzano, desodorantes Avanço, preservativos Olla e Jontex, fraldas Pom Pom, cotonetes York, produtos odontológicos Sanifill, fraldas Cremer e panos de limpeza Perfex. Sem falar nos medicamentos Biotônico Fontoura, Benegrip, Doril, Engov, Estomazil, Gelol, Rinosoro, Melhoral, Maracugina e Merthiolate. Tanta variedade fez jus à mudança de nome da sua empresa para Hypermarcas.

A empresa abriu seu capital ao mercado em outubro de 2010, passando a ter suas ações comercializadas na Bolsa. Mas o que seria uma história bem-sucedida nos negócios não deixa de trazer consigo um lado sombrio de boa parte das grandes empresas brasileiras: seus fortes laços com a política.

Lúcio Funaro conta que conheceu Júnior da Arisco por meio

de outro goiano de sucesso no capitalismo de laços: Joesley Batista, da JBS. Aliás, a trajetória das duas empresas é bastante parecida: de pequenos negócios — uma distribuidora de sal e um açougue —, tornaram-se grandes *players* nacionais (e internacionais), com denúncias de envolvimento em esquemas de concessão de incentivos fiscais e créditos subsidiados.

O doleiro conta que fez negócios para Júnior da Arisco entre 2011 e 2015 e que o objetivo do dono da Hypermarcas era mesmo seguir o caminho trilhado por seu conterrâneo: angariar apoio e pagar propinas a políticos para obter benefícios a suas empresas. Funaro conta que Júnior chegou, inclusive, a alugar uma casa no requintado Lago Sul de Brasília apenas para receber políticos para almoços, jantares e festas, bem como designou seu principal executivo, Nelson Mello, para passar pelo menos três dias da semana na capital federal a fim de fazer contatos com parlamentares.

Funaro conta ainda que Júnior da Arisco se valia de dois parlamentares para fazer a articulação de seus interesses no Congresso: o deputado Alexandre Baldy (PP-GO) — que assumiu o Ministério das Cidades no governo Temer e é genro de Marcelo Henrique Limírio Gonçalves, sócio minoritário da Hypermarcas — e o deputado Sandes Júnior (PP-GO). De acordo com a delação de Lúcio Funaro, Júnior da Arisco teria contribuído de forma decisiva para a eleição de Sandes Júnior para a Câmara, inclusive cedendo espaço para que ele tivesse um programa na retransmissora de TV (SBT) que ele possui em Goiás. Em troca, o deputado sempre propunha emendas de cunho tributário em projetos de lei e medidas provisórias que poderiam beneficiar a Hypermarcas e outras empresas de Júnior.

Entre esses "jabutis" — matérias estranhas ao texto original da MP inseridas por algum parlamentar — apresentados por Sandes Júnior estava um dispositivo que tinha o intuito de evitar embaraços da Receita Federal sobre transações de uma empresa de propriedade de Júnior da Arisco — a Stan Empreendimentos Imobiliários.[1]

A acusação de Lúcio Funaro contra o deputado Sandes Júnior refere-se a três emendas propostas pelo parlamentar à MP nº 627/2013. Essa norma tratava de diversos assuntos tributários, inclusive a criação de um novo regime de tributação sobre lucros de empresas brasileiras no exterior que embutia uma estimativa de renúncia tributária de quase 10 bilhões de reais entre os anos de 2014 e 2017.[2]

As três emendas propostas pelo deputado Sandes Júnior foram apresentadas na mesma data (18 de novembro de 2013) e traziam consigo três redações diferentes com um mesmo objetivo: inviabilizar ou dificultar o arrolamento de bens feito pela Receita Federal, que é um procedimento cautelar utilizado pelo fisco para evitar a dissipação do patrimônio de uma empresa devedora pelos seus dirigentes. Sandes Júnior conseguiu emplacar uma delas.

De acordo com a versão de Lúcio Funaro, a Hypermarcas teria pago uma propina de 5 milhões de reais pela aprovação da medida. Teriam sido beneficiados pelo pagamento, além do deputado Sandes Júnior, os ex-deputados Eduardo Cunha e Sandro Mabel. Para dar um verniz de legalidade ao processo, foi elaborado um contrato fictício entre uma empresa de Lúcio Funaro (Araguaia Comercializadora de Energia) e as empresas Brainfarma e Cosmed, do grupo Hypermarcas.[3]

Relatos sobre o uso de emendas parlamentares como transmissoras de benefícios privados em detrimento do público estão presentes em diversas delações da Operação Lava Jato. Para Delcídio do Amaral, que ocupou importantes cargos no Senado como líder do governo e presidente da Comissão de Assuntos Econômicos, "o processo legislativo das emendas parlamentares a medidas provisórias se transformou em campo fértil para oportunidades de defesa de interesses setoriais e para negócios escusos". Embora fazendo a ressalva de que nem todas as emendas propostas estão vinculadas a negociatas, o ex-senador afirma que a elevada frequência com que os parlamentares começaram a apresentar emendas a MPS constitui uma evidência que corrobora a sua percepção de que esse passou a ser um modus operandi de comercialização de benesses para empresários em troca de vantagens ilícitas para os parlamentares.

Para ilustrar seu argumento, ele cita a atuação de André Esteves, dono do banco BTG. Segundo Delcídio, o banqueiro tinha uma interlocução frequente com Eduardo Cunha e Romero Jucá e sempre contava com a influência desses políticos para alterar medidas provisórias de acordo com os interesses do seu grupo financeiro. Um desses episódios envolveu a apresentação de uma emenda que permitiria o pagamento de dívidas tributárias com o governo mediante a utilização de papéis de baixa liquidez, como aqueles vinculados ao Fundo de Compensação de Variações Salariais (FCVS). Essa emenda, apresentada por Eduardo Cunha, foi aprovada no bojo da MP nº 668/2015, mas vetada por Dilma Rousseff. Delcídio conta que ele pessoalmente agendou uma reunião do banqueiro com o então ministro da Fazenda, Joaquim Levy, para tentarem reverter o veto, embora sem sucesso.[4] Essa mesma história é contada por Lúcio Funaro, que faz referência às articulações de Eduardo Cunha para beneficiar André Esteves em negociações envolvendo o FCVS junto à Caixa Econômica Federal e ao Tesouro Nacional com relação aos passivos dos bancos Bamerindus e Nacional.[5]

Esses episódios envolvendo o dia a dia do Congresso na apreciação de medidas provisórias indicam que o funcionamento do presidencialismo de coalizão brasileiro oferece diversas frentes para a atuação de grupos de interesses em sua estratégia de convencimento das autoridades para a aprovação de normas que os favoreçam. De um lado, a dominância do poder Executivo na propositura de projetos de lei e edição de medidas provisórias torna este o local prioritário caso se pretenda aumentar as chances de ver determinado assunto tratado em lei ordinária. De outro, como a pauta de votações do Congresso é concentrada em projetos provenientes do poder Executivo, resta aos parlamentares quase que exclusivamente o papel de revisão. Assim, o poder Legislativo torna-se um espaço privilegiado para tentativas de inserir emendas nas propostas provenientes da Presidência da República.[6]

Para investigar se a oferta de emendas a medidas provisórias está sujeita a influências empresariais, fizemos um exercício de simples entendimento. Verificamos se o autor de uma emenda que beneficiava determinado setor econômico havia recebido contribuições de campanha de alguma empresa daquele segmento nas eleições anteriores. Apesar de conceitualmente fácil, a realização desse teste mostrou-se bastante trabalhosa, uma vez que foram analisadas individualmente as 30675 emendas apresentadas no Congresso referentes às 666 medidas provisórias editadas entre setembro de 2001 e dezembro de 2014 (período entre a promulgação da EC nº 32/2001 e o fim do primeiro mandato da presidente Dilma Rousseff).

Para tanto, foram analisadas as justificativas de cada uma das emendas e identificados os setores expressamente mencionados pelos autores das emendas. Dessa análise restaram 3806 emendas propostas por deputados nas MPS apreciadas pelo Parlamento entre 2003 e 2014[7] — todas com um setor econômico a ser beneficiado indicado às claras na justificativa do autor. A partir daí, o procedimento consistiu em verificar se o deputado que propôs a alteração recebeu, na eleição anterior, doações do setor beneficiado pela emenda. Os resultados estão apresentados na Tabela 5.

TABELA 5

PROPOSITURA DE EMENDAS SETORIAIS EM MEDIDAS PROVISÓRIAS E
DOAÇÕES DE CAMPANHAS PARA SEUS AUTORES, POR LEGISLATURA DA
CÂMARA DOS DEPUTADOS (2003 A 2014)

Legislatura	Total de emendas setoriais propostas	Autores de emendas que receberam doações dos setores beneficiados por elas	
		Total	%
52ª (2003-6)	921	401	43,5
53ª (2007-10)	895	544	60,8
54ª (2011-4)	1990	1142	57,4
Total (2003-14)	*3806*	*2087*	*54,8*

FONTE: Elaborada pelo autor a partir de informações da Câmara dos Deputados e do Repositório de Dados Eleitorais do TSE.

Na tabela, podemos notar a mesma dinâmica observada na análise de relatoria indicada no capítulo anterior: cerca de 55% das emendas que explicitamente procuravam beneficiar algum setor foram propostas por deputados que receberam recursos de empresas desse setor. Ao longo das três legislaturas analisadas, verificamos que houve um pico de quase 61% no segundo mandato de Luiz Inácio Lula da Silva e que esse patamar permaneceu elevado, embora com um ligeiro decréscimo, no primeiro governo de Dilma Rousseff. Esses números revelam que, quando uma emenda destinada a regular determinado setor é proposta, na maioria das vezes ela partiu de um parlamentar que recebeu doações de uma empresa que será beneficiada pela medida. Trata-se, portanto, de uma evidência de que na maioria dos casos a atuação parlamentar não é desinteressada, mas movida pela defesa de direitos dos financiadores de campanhas.

Se tais resultados já são surpreendentes, um alerta: essa relação entre comportamento parlamentar e financiamento de campanhas pode ser ainda mais íntima. Basta lembrar o caso do Júnior da Arisco: na emenda que teria encomendado a Sandes Júnior e Eduardo Cunha, não há menção a qualquer setor beneficiado; a justificativa apresentada pretendia reduzir a insegurança jurídica nos processos fiscais conduzidos pela Receita Federal. Entretanto, apesar de não mencionado, ficamos sabendo com a delação de Lúcio Funaro que essa emenda tinha endereço certo. Ela não foi, portanto, incluída na tabela.

Além disso, foram levados em conta apenas os segmentos expressamente mencionados pelos parlamentares; assim, ela desconsidera os encadeamentos dos setores na economia. Para ficar mais claro, tomemos, por exemplo, uma MP que beneficie o setor agropecuário. Pode ser que seu relator não tenha recebido doações de empresas agrícolas, mas sim de empresas do setor de alimentos (que se beneficiarão de uma eventual redução da carga tributária sobre os produtos agrícolas, que são insumos importantes da indústria alimentícia). Nesse caso, embora na tabela anterior essa emenda não aponte que o deputado agiu em retribuição aos seus doadores de campanha (pois o beneficiário direto foi o setor agropecuário), na realidade ele agiu em favor daqueles que contribuíram para sua eleição e foram indiretamente contemplados pela medida (o setor alimentício). As conexões entre o dinheiro e o poder muitas vezes são bem difíceis de rastrear.

A despeito dessas dificuldades de mensuração, os resultados da Tabela 5 corroboram alguns outros achados que vinham sendo apontados em pesquisa que se contrapõem à literatura dominante sobre o funcionamento do presidencialismo de coalizão no Brasil. Analisando a tramitação de projetos legislativos na área de saúde, o consultor legislativo da Câmara dos Deputados Fábio de Barros Gomes observou que 58% das medidas provisórias foram modificadas pela Câmara ou pelo Senado. Para ele, isso seria um indício de que os interesses dos legisladores e seu poder de influência no processo são mais extensos do que a literatura corrente presume.[8] Trata-se de uma crítica à interpretação de Fernando Limongi e Argelina Figueiredo, para quem a importância das emendas parlamentares deve ser relativizada, uma vez que, se não contarem com o apoio do poder Executivo e dos líderes partidários, elas "raramente saem das gavetas das comissões", sendo "derrubadas em votações simbólicas em que o que conta são os líderes".[9] Em outro trabalho realizado no âmbito dos servidores da Câmara dos Deputados, Márcia Cruz indica que as modificações aceitas e introduzidas pelos relatores são relevantes no âmbito da produção legislativa brasileira.[10]

Se a literatura especializada ainda não chegou a um consenso sobre se as emendas parlamentares são ou não relevantes para explicar os custos de operação do presidencialismo de coalizão brasileiro, os grandes lobistas no Congresso têm razões de sobra para crer que esse jogo merece ser jogado porque os retornos valem a pena. É o que conta outro goiano que se especializou no envolvimento com o poder público para extrair ganhos elevadíssimos para suas empresas.

Joesley Batista relata que, em fevereiro de 2016, foi convidado para uma reunião na residência oficial do então presidente da Câmara dos Deputados, Eduardo Cunha. Chegando lá, foi informado pelo parlamentar que estava para entrar na pauta de votações a renovação da desoneração tributária sobre a folha de pagamentos. Caso Joesley tivesse interesse numa emenda que garantisse a manutenção do benefício fiscal para o setor de aves, Eduardo Cunha teria solicitado 20 milhões de reais. Segundo Joesley, como o dispositivo foi aprovado, ele pagou integralmente a propina, sempre em espécie. Parte do dinheiro, 12 milhões, teria sido entregue para um dos assessores de Cunha, Altair Alves Pinto. Outros 3 milhões teriam sido pagos em parcelas mensais de 1 milhão nas mãos do próprio Cunha, aos domingos, num hangar do

Aeroporto de Jacarepaguá, no Rio. Como se não bastasse, os 5 milhões restantes foram pagos quando Eduardo Cunha já estava preso, tendo sido repassados ao mesmo Altair.[11]

O braço direito de Joesley Batista, Ricardo Saud, também relata que pagou 5 milhões de reais por dispositivos que ampliavam as possibilidades de se utilizar créditos presumidos de PIS/Cofins na compensação de débitos das empresas. Essas mudanças foram realizadas por meio de emendas propostas às MPs n⁰ˢ 627, 628, 634 e 651 — todas de 2013. O pagamento teria sido intermediado por Eunício Oliveira e pago diretamente ao MDB, por meio de doações oficiais feitas fora do período eleitoral. À época, Eunício Oliveira era tesoureiro do partido.[12]

As histórias contadas pelos executivos da JBS — que, aliás, corroboram os relatos de Lúcio Funaro e Delcídio do Amaral — revelam como a tramitação das MPs se transformou em um ambiente propício à negociação entre todas as partes envolvidas (poder Executivo, parlamentares e grupos de interesse), e como isso tem um custo social elevado. E não é por outra razão que essas espécies normativas se tornaram o canal privilegiado para a aprovação de medidas tributárias e concessão de benefícios fiscais. Considerando que poucas medidas de política governamental têm tanto poder como os tributos para alterar o status patrimonial e de renda de indivíduos e empresas, é revelador que um tipo de norma cujo rito de tramitação seja tão propenso à ação de grupos de interesses se constitua na opção preferencial do poder Executivo para alterar a legislação tributária. Colocando em números, de 1995 a 2017, mais de 70% das leis de conteúdo tributário vieram à luz como medidas provisórias.

E para reforçar as evidências de que as emendas parlamentares são utilizadas como veículos para a introdução de dispositivos de interesse empresarial, comparamos as MPs com conteúdo tributário com aquelas que versavam sobre assuntos gerais. O resultado encontrado foi que MPs tributárias e que concedem benefícios fiscais têm, em média, mais emendas (69,75) do que as demais (41,6). Além disso, também constatamos estatisticamente que a aprovação das MPs tributárias é mais demorada (135,2 dias) do que a sanção ou promulgação das restantes (123,95 dias).[13]

Esses resultados validam a hipótese de que as emendas parlamentares são uma moeda de troca utilizada por deputados e senadores para tentar aprovar dispositivos durante o processo de conversão da MP em lei, em atendimento às demandas de seus doadores de campanha. Do lado do número de emendas apresentadas, assuntos tributários atraem maior interesse dos parlamentares para interferir no resultado final. Com relação ao prazo da tramitação, como esse tema é caro ao poder Executivo — entre outros motivos, pelo impacto na arrecadação —, o poder de barganha dos parlamentares cresce e, assim, gera um processo de negociação mais intenso, de tramitação mais demorada.

Outros estudos dão respaldo a essa tese. As pesquisas conduzidas por Marcelo Sobreiro Maciel sobre política industrial e incentivos tributários apontam que o poder Executivo passou a se valer cada vez mais de regimes tributários especiais para incentivar setores ao longo do tempo. Essa estratégia, segundo o pesquisador, remonta ainda ao governo Fernando Henrique Cardoso, mas se intensifica nos mandatos de Luiz Inácio Lula da Silva e Dilma Rousseff, incentivando a atuação rentista de setores econômicos.[14]

Em um estudo sobre a concessão de benefícios tributários — mais especificamente aqueles relacionados ao Programa de Integração Social (PIS), à Contribuição para o Financiamento da Seguridade Social (Cofins) e à Contribuição Social sobre o Lucro Líquido (CSLL) — no período de 2003 a 2010, Maetê Pedroso Gonçalves correlaciona os setores beneficiados, a prevalência do poder Executivo na proposição de medidas provisórias e projetos de lei e as contribuições de campanha para presidente da República. Sua conclusão é que as instituições políticas brasileiras não criam entraves à formulação de políticas públicas que possam beneficiar setores específicos da economia. A concessão de benefícios fiscais por meio de medidas provisórias seria, assim, um mecanismo discricionário e de implementação mais ágil de transferência de renda para setores específicos, com pouca observância dos requisitos constitucionais e dos princípios instituídos pela Lei de Responsabilidade Fiscal.[15]

Os resultados apresentados neste capítulo vão na mesma direção sugerida pelas delações de Lúcio Funaro, Delcídio do Amaral, Joesley Batista e Ricardo Saud. No toma lá dá cá das relações pouco transparentes ocorridas entre o público e o privado nos gabinetes de Brasília, as emendas parlamentares são um proveitoso canal para enriquecer (ainda mais) corruptos e corruptores às custas da sociedade, que, alheia, acredita que tudo faz parte do jogo político.

14. Interesses em jogo nas comissões

Ricardo Saud, executivo da JBS, admitiu ter pagado um "mensalinho" de 500 mil reais para Delcídio do Amaral. Além disso, quando o ex-petista tentou se tornar governador do Mato Grosso do Sul em 2014, o grupo goiano aplicou 12,6 milhões de reais na sua campanha. Mesmo com o apoio maciço da JBS, Delcídio não conseguiu se eleger.

A razão para tanto investimento na carreira do então senador sul-matogrossense deveu-se à posição central que ele ocupava no Senado. Nas palavras de Saud,

> na condição de presidente da CAE [Comissão de Assuntos Econômicos] do Senado, Delcídio mantinha canal permanente de interlocução com a J&F e de atuação em nosso favor. Delcídio veiculava pedidos da J&F de emendas e alterações de texto em projetos de lei e medidas provisórias e chamava a atenção da empresa para a tramitação de matéria do nosso interesse.[1]

Se o processo legislativo for entendido como um daqueles jogos de tabuleiro em que o objetivo é partir do início (a apresentação do projeto ou da medida provisória) e chegar a um ponto final (a sanção da lei), as comissões legislativas podem ser vistas como "fases" que definem a sorte do jogador — se ele avançará algumas casas, perderá a vez ou ficará parado por algumas rodadas.

Em termos regimentais, as comissões organizam os trâmites dos projetos, servindo de fórum para debates e apreciações preliminares, assim como têm competência para fiscalizar a atuação do poder Executivo.[2] Do ponto de vista dos setores organizados que possuem assuntos em tramitação no Congresso, portanto, ter um bom acesso aos seus membros constitui um passo importante para irem adiante na defesa de seus interesses.

É nas comissões que ocorrem os principais debates sobre o mérito dos projetos de lei que tramitam na Câmara e no Senado. Além disso, por meio das audiências públicas e da solicitação de depoimentos de autoridades e entidades sobre os assuntos em pauta, as comissões conferem voz a determinados agentes, o que constitui um ativo valioso na formação de opinião não apenas dos parlamentares, mas da sociedade em geral, uma vez que essas audiências são amplificadas pela mídia.[3]

Na visão do professor de ciência política da UFMG Manoel Santos, as comissões são um espaço privilegiado para a ação do lobby, por dois motivos principais: i) os custos de convencimento são bem menores nas comissões do que no plenário e ii) os trabalhos legislativos nas comissões estão menos sujeitos ao escrutínio público, o que permite que certos projetos avancem sem tanta cobertura da mídia e de grupos de pressão antagônicos.[4]

Diante dessa perspectiva, decidimos investigar se há indícios de influência de setores econômicos sobre a composição das comissões permanentes e temporárias nas cinco últimas legislaturas da Câmara dos Deputados (1995 a 2017). Para tanto, identificamos os setores da economia mais afetos à temática das comissões permanentes e temporárias[5] e examinamos o perfil setorial[6] dos doadores de campanhas dos membros titulares das comissões.[7]

Para verificar de que forma a composição das comissões pode sofrer com a pressão de empresas de determinado setor, analisamos o percentual de membros de cada uma das comissões permanentes nomeadas na 55ª legislatura (2015-8) que receberam doações empresariais dos seguintes segmentos da economia nas eleições de 2014: i) agropecuário, ii) financeiro, iii) industrial e iv) de infraestrutura (que inclui também as empresas de mineração).

No Gráfico 25, está disposta na região externa cada uma das comissões permanentes da Câmara dos Deputados. As linhas, por sua vez, representam o percentual de membros das comissões que receberam doações de empresas vinculadas aos quatro setores analisados: agropecuário (padrão 1), financeiro (padrão 2), industrial (padrão 3) e de infraestrutura (padrão 4). Assim, quanto mais a linha se aproxima dos limites do gráfico, maior a influência dos doadores daquele setor na respectiva comissão.

De maneira geral, percebe-se que as empresas dos setores industrial e de infraestrutura contribuíram para as campanhas eleitorais da maior parte dos membros de quase todas as comissões, com índices superiores a 60%. O setor financeiro ocupa uma posição intermediária, custeando entre 40% e 60% dos membros das comissões, enquanto o ramo agropecuário tem atuação mais limitada, sempre inferior a 30% do total de integrantes.

No entanto, a disposição de cada polígono revela padrões interessantes na forma como as empresas influenciam a escolha dos membros das comissões parlamentares. O formato irregular dos polígonos indica que algumas comissões exercem uma atração maior do que outras para cada um dos quatro setores econômicos.

GRÁFICO 25

PERCENTUAL DE MEMBROS DAS COMISSÕES PERMANENTES DA CÂMARA DOS DEPUTADOS QUE RECEBERAM DOAÇÕES DE EMPRESAS DOS SETORES AGROPECUÁRIO, INDUSTRIAL, FINANCEIRO E DE INFRAESTRUTURA (55ª LEGISLATURA — 2015-8)

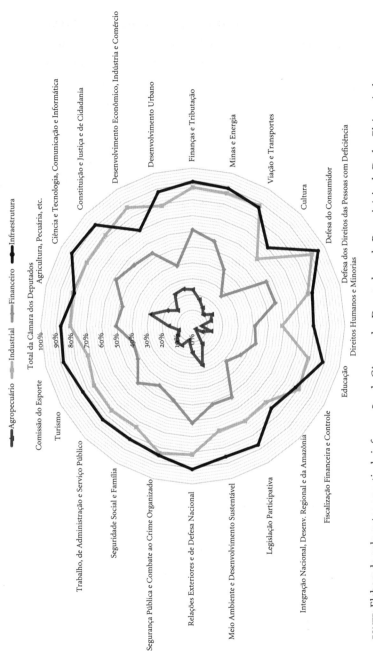

FONTE: Elaborado pelo autor a partir de informações da Câmara dos Deputados e do Repositório de Dados Eleitorais do TSE.

No gráfico podemos identificar três forças centrífugas que agem para definir se determinada comissão possui muitos ou poucos membros que receberam doações de empresas dos setores agropecuário, financeiro, industrial ou de infraestrutura.

A primeira força de atração sobre a participação dos setores no financiamento dos membros de uma comissão é temática. Como seria de esperar, comissões setoriais exercem uma atração natural sobre os respectivos segmentos, fazendo com que os polígonos apresentem um formato mais alongado na direção desses vértices do gráfico. Por isso os deputados financiados pelo setor agropecuário tendem a ocupar mais cadeiras na Comissão de Agricultura e Pecuária, assim como os deputados que receberam contribuições de industriais têm um peso maior na Comissão de Desenvolvimento Econômico, Indústria e Comércio. Outros exemplos ocorrem nas comissões de Desenvolvimento Urbano, Minas e Energia e Viação e Transportes, que atraem um maior número de deputados cujas campanhas receberam aportes de empresas do setor de infraestrutura.

Mas outros fatores influenciam igualmente o interesse desses setores econômicos na composição das comissões da Câmara. Além de promover suas propostas para fomentar os negócios, as empresas também se preocupam com o andamento de uma espécie de "agenda defensiva" — ou seja, é necessária também uma mobilização dos grupos para evitar que projetos que afetem de maneira negativa seus interesses avancem na Câmara.[8] Esse poder de arquivar matérias legislativas que comportam questões indesejadas justifica, por exemplo, que o setor agropecuário financie uma parcela maior dos membros da Comissão de Meio Ambiente e Desenvolvimento Sustentável (observe como o polígono é alongado na direção desse setor). O mesmo vale para a força centrífuga dos gráficos na direção da Comissão de Defesa do Consumidor: os setores financeiro, industrial e de infraestrutura financiam uma parcela relativamente maior dos membros dessa comissão. Essa constatação faz todo o sentido quando recordamos que bancos, fabricantes de produtos eletroeletrônicos e empresas de telefonia são habituais frequentadores das listas negras do Programa de Proteção e Defesa do Consumidor (Procon). Uma presença expressiva de membros financiados por esses setores nessa comissão, portanto, assume um papel estratégico para bloquear o avanço de pautas pró-consumidor.[9]

Por fim, há também uma nítida tendência em que os quatro setores analisados têm uma participação maior nas comissões de Finanças e Tributação (CFT) e de Relações Exteriores e Defesa Nacional (CREDN). Acreditamos que a atração exercida por essas duas comissões esteja associada às matérias tributárias, que são discutidas na primeira, e aos assuntos relacionados à proteção comercial, que são objeto de competência da segunda. Ambas as comissões, portanto, despertam grande interesse do setor empresarial, independentemente da sua área de atuação.

Resumindo essa análise, percebe-se que há uma clara tendência de que as principais comissões da Câmara sejam dominadas por parlamentares que receberam doações de setores que têm grande interesse nos assuntos que compõem o seu rol de competências. Esse viés de seleção é bem nítido em comissões de perfil mais geral, porém de papel estratégico para a economia (Finanças e Tributação, Constituição e Justiça, Relações Exteriores), nas comissões setoriais e também nas comissões que tratam de interesses difusos, pois podem ter impacto negativo sobre os lucros desses setores. Uma teoria alternativa para justificar a predominância de membros vinculados a determinados setores nas comissões correlatas é defendida pelos cientistas políticos Fabiano Santos e Acir Almeida (2005). Para eles, existe uma função informacional desempenhada pelos principais atores no processo legislativo. Para esses pesquisadores, as escolhas dos membros de comissões ou de relatores recaem geralmente em parlamentares que são especialistas no tema em análise ou naqueles que tenham condições de apreender e coletar informações sobre o assunto junto às fontes devidas — entre elas, as empresas do setor. A despeito da pertinência dessa abordagem em diferentes casos (as comissões que tratam de saúde e de agricultura, por exemplo, tendem a ser dominadas por deputados que são médicos ou produtores rurais), os resultados apresentados em nossa pesquisa sugerem que a influência econômica, medida pelas doações de campanha, seja uma variável mais relevante para explicar a composição das comissões.

Outra forma de ver como o empresariado domina a composição das comissões legislativas é realizar o mesmo tipo de exercício, porém levando em conta as comissões especiais. De acordo com o Regimento Interno da Câmara dos Deputados, elas são criadas por um tempo determinado para analisar PECs, projetos de códigos e proposições que digam respeito a mais de três comissões permanentes.[10] Como elas têm um objeto muito bem delineado, imagina-se que a indicação de seus integrantes pelos líderes partidários seja ainda mais direcionada, sobretudo porque geralmente elas tratam de temas de grande relevância econômica ou social.[11]

Para verificar se isso é verdade, calculamos o percentual de membros das comissões especiais que receberam doações dos setores que poderiam ser afetados pelas suas decisões.[12] Os resultados, relativos às comissões especiais que funcionaram entre 1995 e 2018, estão expressos no Gráfico 26.

Como vemos no gráfico, ao longo das últimas seis legislaturas o índice percentual de membros titulares das comissões especiais da Câmara dos Deputados vem se elevando gradativamente. As médias observadas a cada legislatura, destacadas pela linha horizontal, apontam para um aprofundamento da relação entre contribuições de campanha e participação nas comissões que tratam

GRÁFICO 26

PERCENTUAL DE MEMBROS DAS COMISSÕES ESPECIAIS DA CÂMARA DOS DEPUTADOS QUE RECEBERAM DOAÇÕES DE EMPRESAS DOS SETORES DIRETAMENTE INTERESSADOS EM SUAS DELIBERAÇÕES (1995-2018)

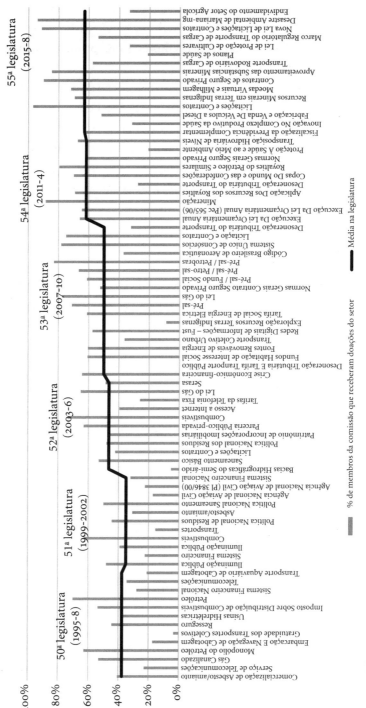

FONTE: Elaborado pelo autor a partir de informações da Câmara dos Deputados e do Repositório de Dados Eleitorais do TSE.

de temas de interesse para as empresas que proveram recursos a seus integrantes.

Os resultados reforçam nossa percepção de que o processo de concepção das normas brasileiras vem recebendo cada vez mais interferência dos agentes que, possivelmente, serão seus destinatários — o que é um grave atentado ao princípio de que as leis devem ser gerais e abstratas. E trata-se de um aspecto muito pouco explorado na literatura corrente sobre o funcionamento do presidencialismo de coalizão no Brasil.

Para agravar a situação, os trâmites de projetos pelas comissões também podem se constituir numa fonte de poder — e dinheiro — para os políticos com assento nesses órgãos colegiados. Sérgio Machado conta, em sua delação premiada, que, como presidente da Transpetro, acompanhava a tramitação de um projeto destinado a aumentar os limites de endividamento da estatal no Senado. Segundo sua versão, o projeto empacou na Comissão de Infraestrutura. Heráclito Fortes (então no DEM-PI) era o presidente da comissão na época e se recusava a incluir o projeto na pauta de votações.

Buscando resolver o problema, Sérgio Machado conta que procurou seu xará, o falecido senador Sérgio Guerra (PSDB-PE), que também era membro da comissão, para convencê-lo da importância de se aprovar logo a proposta. Para isso, utilizou vários argumentos. O programa era estratégico para o Brasil, pois permitiria recriar a indústria naval; havia muitas empresas interessadas e algumas realizariam investimentos em Pernambuco; os estaleiros gerariam muitos empregos e riqueza para a região. Sérgio Guerra prometeu examinar o assunto e dar uma resposta em breve.

Dias depois, o senador pernambucano convidou Sérgio Machado para uma reunião no seu próprio apartamento funcional, na superquadra 309, na Asa Sul de Brasília. Na conversa Sérgio Guerra foi direto: ele pessoalmente era favorável ao projeto, mas havia membros da comissão que só o aprovariam com a contrapartida de doações eleitorais. O presidente da Transpetro ainda tentou contra-argumentar, ressaltando a importância da aprovação da proposta para vários estados que receberiam os investimentos da indústria naval. Sérgio Guerra, porém, assegurava que havia tentado de todas as formas, mas que o presidente da comissão permanecia intransigente.

Para encurtar uma história de muitas idas e vindas: o projeto só teria sido posto em pauta e aprovado depois que acertaram o pagamento de 2 milhões de reais para o presidente da comissão, Heráclito Fortes — e para o próprio Sérgio Guerra.[13]

Como se vê, o jogo nas comissões é pesado, e no tabuleiro do processo legislativo só avança quem tem cacife para superar as sortes e os reveses.

15. Bancadas que botam banca

Separar o joio do trigo. A expressão foi utilizada frequentemente na defesa de parlamentares quando seus nomes foram incluídos na famosa "lista de Janot" (a relação de indiciados pelo procurador-geral Rodrigo Janot em decorrência das planilhas de pagamentos de propina da Odebrecht) ou no rol de mais de 1800 políticos financiados pela JBS.

Existem o caixa um (a doação oficial), o caixa dois (a doação que não foi registrada no TSE) e a propina (a comissão por um contrato ou outro tipo de benefício viabilizado com a ajuda de um político). E a relação entre essas três variáveis não é, de forma nenhuma, direta ou tem um sentido único. Empresas pagaram propinas a políticos tanto por meio de doação oficial quanto via caixa dois. Mas nem todo caixa dois vem de propina — e muito menos a totalidade das doações oficiais tem origem em negócios escusos. Demonstrar o que é lícito e o que é ilícito em se tratando de dinheiro transitando entre empresas e o processo eleitoral é uma tarefa quase impossível diante do imenso volume e das inúmeras fontes e destinos dos valores.

Abstraindo essa questão, a análise do financiamento de campanha, do comportamento parlamentar e da produção de leis nas últimas décadas revela a habilidade com que certos setores da economia adotaram uma estratégia de intensificar relações com parlamentares e autoridades para aumentar seus lucros e expandir seus negócios. Essa lógica de extrair privilégios do Estado — o *rent seeking* — tornou-se uma vantagem competitiva perseguida pelas grandes companhias brasileiras e multinacionais que atuam aqui.

> Infelizmente é difícil, no contexto que a gente vivia, qualquer empresário sobreviver sem apoiar aqueles políticos que se identificam, de maneira genérica, com o seu setor. [...] Se você pegar o setor financeiro, o setor agrícola, infraestrutura... todo mundo apoiava aqueles deputados, senadores, aqueles governadores que defendiam o seu setor e com quem você tinha relação mais forte. Avaliando agora, pode até ter um grau de ilicitude nisso, mas essa ilicitude eu não acho que pode ser colocada na mesma dimensão daquela ilicitude que foi acertada [na base do] "olha, eu vou te dar tanto por este projeto".[1]

Marcelo Odebrecht, o autor dessa declaração, tem razão. Faz parte do jogo democrático os poderes Executivo e Legislativo serem permeáveis às demandas da sociedade — e elas podem vir de sindicatos, associações de classe, organizações da sociedade civil e também de empresas. A grande questão é que esse acesso é desnivelado, e quem tem mais condições de mobilizar parlamentares e autoridades na defesa de seus interessados acaba aumentando as chances de ser atendido.

O cientista político Gustavo Batista Araujo, em tese de doutorado defendida na Universidade de São Paulo (USP), alerta que é muito difícil aferir as posições particulares dos atores políticos sobre temas de políticas públicas — o que compromete a análise do efeito das doações de campanha no comportamento parlamentar. Em sua opinião, a relação entre financiamento eleitoral e, por exemplo, votação de um projeto ou propositura de projetos de lei ou emendas não é totalmente linear. Podem existir casos em que, a depender do assunto, o parlamentar se posicione contra os interesses de seus doadores — seguindo suas convicções ou o apoio de outros grupos de interesses — ou, ainda, casos em que legisladores se alinhem com setores mesmo não tendo recebido doações deles — igualmente por motivos ideológicos, por lobby ou até mesmo com vistas a obter doações em eleições futuras.[2]

Uma das formas de minorar essa dificuldade é analisar a adesão de deputados e senadores às chamadas frentes parlamentares. Popularmente conhecidas como "bancadas", são associações multipartidárias de parlamentares destinadas a promover determinados interesses ou temas. Muito mencionadas na imprensa — com frequentes referências às "bancadas" ruralista, evangélica, ambientalista, da "bala", da "bola" etc. —, as frentes parlamentares têm assumido um papel muito importante nos últimos anos e podem ser determinantes em votações de temas de grande repercussão social.

Embora a atuação concertada de parlamentares provenientes de diversos partidos para defender causas comuns provavelmente sempre tenha existido, só em tempos recentes elas passaram a ser registradas e ter sua composição divulgada pela Câmara dos Deputados.[3] Na atual legislatura (2015-8) existiam, até o final de 2017, 315 frentes parlamentares registradas sobre os mais variados assuntos — da promoção do rodeio ao combate à corrupção, do apoio ao potássio brasileiro à defesa da vida e da família.[4] O Gráfico 27 revela, ainda, um movimento crescente na criação dessas associações multipartidárias de parlamentares.

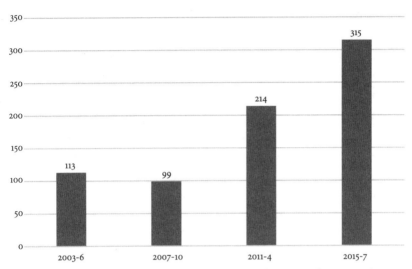

GRÁFICO 27
NÚMERO DE FRENTES PARLAMENTARES REGISTRADAS NA CÂMARA DOS DEPUTADOS POR LEGISLATURA

FONTE: Elaborado pelo autor a partir de informações da Câmara dos Deputados.

Uma possível explicação para esse crescimento das frentes parlamentares reside na tentativa de solução para o problema de coordenação no âmbito do Congresso. Assim, cada deputado ou senador procuraria combinar suas ações com as de seus colegas para minimizar a probabilidade de serem punidos individualmente — em questões como liberação de recursos para emendas parlamentares, nomeação de indicados para cargos em comissão etc. —, em caso de votos contrários ao governo.[5] Utilizando uma expressão técnica, a formação de frentes parlamentares poderia representar, então, um instrumento de ação coletiva.

No entanto, a formação de frentes também pode constituir-se num veículo para a defesa de interesses na tramitação legislativa — e isso vale para causas tanto sociais quanto econômicas. A vinculação a uma frente seria, portanto, um sinal de que o parlamentar está comprometido a defender determinado grupo no Congresso Nacional.

Com o objetivo de verificar a influência econômica na atuação dos parlamentares, selecionamos dezesseis frentes parlamentares que defendem temas de interesse de determinados setores econômicos nas últimas duas legislaturas (2011-4 e 2015-8).[6] Uma vez obtida a relação de seus integrantes, consultou-se sua lista de doadores e, por meio do cruzamento das informações do Cadastro Nacional de Pessoas Jurídicas dos doadores, obteve-se seu setor de atuação segundo a Classificação Nacional de Atividades Econômicas (CNAE) do IBGE. Em seguida, filtraram-se as doações provenientes apenas dos setores relacionados ao tema da frente parlamentar. O Gráfico 28 sintetiza o resultado dessa pesquisa, apresentando o percentual de membros de cada frente que receberam doações de campanha de empresas do setor relacionado.

Cruzando dados de filiação às frentes com as doações de campanha recebidas por seus membros, constatou-se, em primeiro lugar, que o percentual de parlamentares que receberam contribuições de empresas daquele setor em geral cresceu entre a 54ª e a 55ª legislatura. Isso pode ser entendido como uma evidência de que as frentes têm conseguido atrair um número maior de deputados que, tendo recebido doações do setor, assumem publicamente a defesa de interesses a ele relacionados.

Nesse panorama, destacam-se tanto bancadas de perfil mais abrangente — como as frentes de apoio à indústria (com quase 90% de seus membros com financiamento de empresas industriais) e aquelas relacionadas ao setor de construção civil e infraestrutura, como habitação e desenvolvimento urbano (65,4%), mercado imobiliário (60,7%) e infraestrutura (60%) — quanto outras de foco mais restrito, que ainda assim conseguem atrair um percentual relevante de filiados que tiveram suas campanhas custeadas parcialmente por empresas do setor. Nesse último grupo, sobressaem as

GRÁFICO 28
PERCENTUAL DE DEPUTADOS FEDERAIS VINCULADOS A FRENTES PARLAMENTARES QUE RECEBERAM DOAÇÕES DE EMPRESAS DO SETOR — 54ª E 55ª LEGISLATURAS

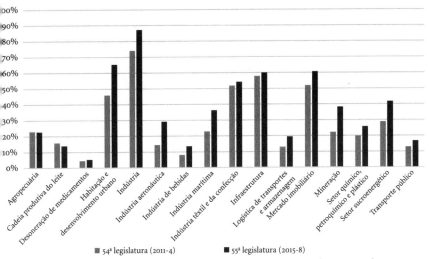

■ 54ª legislatura (2011-4)   ■ 55ª legislatura (2015-8)

FONTE: Elaborado pelo autor a partir de informações da Câmara dos Deputados e do Repositório de Dados Eleitorais do TSE.

frentes de apoio à indústria têxtil e de confecção (54,3% de seus membros com doações do setor), ao setor sucroenergético (41,7%), ao de mineração (38,2%) e à indústria marítima (36,2%).[7]

Benedicto Júnior, o executivo que coordenou a distribuição das contribuições da Odebrecht nas eleições de 2014, afirma que o grupo dava tratamento diferenciado para aqueles candidatos que simpatizavam com os interesses do grupo:

> Durante o primeiro turno, se recebêssemos um pedido imprevisto, a gente recusava. As pessoas potencialmente interessantes para o grupo, que tinham uma visão de que a iniciativa privada era importante para a sua gestão, que queriam que houvesse projeto de infraestrutura com participação privada, nós já tínhamos colhido.[8]

Analisando os dados das dezesseis frentes setoriais pesquisadas, surgem algumas evidências sobre a lealdade de determinados parlamentares em defender os interesses de certos setores. Tome-se o caso da Frente Parlamentar Mista da Agropecuária (FAP), a famosa "bancada ruralista". Composta não apenas de parlamentares que receberam doações de empresas do agronegócio mas principalmente de congressistas que são eles mesmos produtores rurais, a frente é uma das mais fortes e articuladas no Legislativo brasileiro.

Para verificar o peso da influência econômica nas votações do Congresso, realizamos um exercício envolvendo a "bancada ruralista" e outro grupo de deputados e senadores de grande apelo, a Frente Parlamentar Ambientalista. A ideia foi confrontar o peso dessas duas forças antagônicas na votação de dispositivos relativos a uma legislação que afeta tanto o meio ambiente quanto a atividade rural: o novo Código Florestal, aprovado em 2012 após mais de uma década de discussões.

Por envolver muitos valores em jogo, a tramitação do projeto de lei nº 1.876/1999 foi acompanhada de acalorados debates no Congresso. De um lado, tínhamos os interesses localizados do agronegócio (representados pela frente ruralista) e, de outro, os parlamentares preocupados com os impactos difusos da nova legislação sobre o meio ambiente e a sociedade em geral (agrupados na frente ambientalista).

Para verificar como esses grupos opostos na questão ambiental se posicionaram em relação às votações do novo Código Florestal, tomaram-se as cinco votações nominais sobre o tema, sendo quatro realizadas no âmbito do PL nº 1.876/1999 — que resultou no novo Código, a lei nº 12.651/2012 — e uma relativa à MP nº 571/2012, que o alterou logo em seguida em função de um acordo feito pelo governo para alterar posteriormente os pontos mais polêmicos da proposta.

Para tanto, distribuímos os parlamentares votantes em quatro grupos distintos: i) aqueles vinculados exclusivamente à Frente Parlamentar Ambientalista; ii) os membros apenas da Frente Parlamentar da Agropecuária; iii) os parlamentares integrantes das duas frentes; e iv) os deputados sem vínculos formais nem com ruralistas, nem com ambientalistas. Os resultados estão no Gráfico 29.

Como esperado, ambientalistas e ruralistas tiveram posicionamentos díspares a respeito dos dispositivos relativos ao novo Código Florestal se considerado o percentual de votos favoráveis às medidas em discussão. No gráfico, é possível ver que, em cada votação, um alto índice de aprovação dos deputados ambientalistas é acompanhado de um baixo apoio dos ruralistas, e vice-versa.[9]

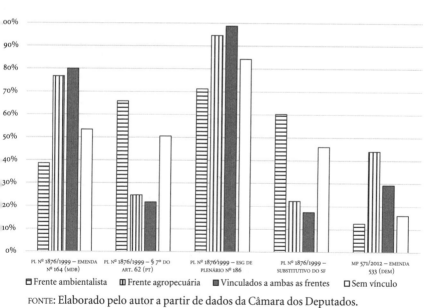

GRÁFICO 29
PERCENTUAL DE VOTOS A FAVOR ("SIM") NAS VOTAÇÕES NOMINAIS RELATIVAS AO NOVO CÓDIGO FLORESTAL DE ACORDO COM A VINCULAÇÃO À FRENTE PARLAMENTAR DA AGROPECUÁRIA E À FRENTE PARLAMENTAR AMBIENTALISTA

FONTE: Elaborado pelo autor a partir de dados da Câmara dos Deputados.

Mas a análise da votação dos dispositivos do Código Florestal também oferece uma indicação importante para compreender como o funcionamento do presidencialismo de coalizão brasileiro é permeável à ação estratégica dos grupos de interesse.

Como vimos no capítulo 9, o poder Executivo obtém um engajamento expressivo, superior a 80%, da maioria dos partidos nas votações no Congresso. No entanto, a depender do teor da proposta, derrotas significativas são observadas. Para demonstrar como grupos de interesse podem vencer a tradicional maioria governista quando seu status está em jogo, verificamos como se deu a votação do Código Florestal em relação à posição governista — expressa na orientação do líder do governo no encaminhamento das votações.

Conforme se vê na Tabela 6, nas cinco votações do novo Código Florestal analisadas, o poder Executivo perdeu três. As derrotas governistas, nesses casos, deveram-se à resistência dos deputados da Frente da Agropecuária e dos parlamentares que se vinculavam tanto à bancada ruralista quanto aos ambientalistas, como pode ser observado pela baixa sintonia entre seus votos com a orientação governista.

Da mesma forma, nos dois casos em que o poder Executivo se sagrou vencedor, os ruralistas ou apoiaram integralmente a proposta (como no caso da emenda substitutiva nº 186) ou se mostraram menos reticentes ao posicionamento governista (na votação da MP nº 571/2012). É preciso destacar que, nos cinco pontos colocados em votação, a Frente Ambientalista apresentou alto índice de adesão, que contudo não foi suficiente para fazer valer sua vontade sobre o posicionamento de todo o plenário.

A análise das votações a respeito do novo Código Florestal, portanto, apresenta evidências de que o poder Executivo tem dificuldades em aprovar propostas quando elas afetam negativamente os interesses de grupos bem organizados que atuam no Congresso Na-

TABELA 6

PERCENTUAL DE SINTONIA COM O POSICIONAMENTO DO GOVERNO NAS VOTAÇÕES NOMINAIS RELATIVAS AO NOVO CÓDIGO FLORESTAL DE ACORDO COM A VINCULAÇÃO À FRENTE PARLAMENTAR DA AGROPECUÁRIA E À FRENTE PARLAMENTAR AMBIENTALISTA

Proposição	Dispositivo	Posiciona-mento do governo	% votos em sintonia com o governo				Resultado para o governo
			Frente Ambientalista	Frente Agrope-cuária	Membros de ambas as frentes	Sem vínculo	
PL 1.876/1999	Emenda nº 164	Não	60,2%	22,2%	20%	45,6%	Derrota
PL 1.876/1999	Art. 62, § 7º	Sim	65,9%	24,7%	21,7%	50,5%	Derrota
PL 1.876/1999	Emenda Substitutiva nº 186	Sim	71,3%	94,6%	98,8%	84,2%	Vitória
PL 1.876/1999	Substitutivo do Senado	Sim	60,2%	22,2%	17,4%	45,9%	Derrota
MP 571/2012	Emenda nº 533	Não	87,5%	56%	68,3%	83,2%	Vitória

FONTE: Elaborada pelo autor a partir de dados da Câmara dos Deputados.

cional. O quadro é bastante diferente, no entanto, quando as propostas em discussão tendem a beneficiar os setores econômicos.[10]

Não é por outro motivo que as grandes empresas se empenham na atração de parlamentares para a defesa de seus projetos no Congresso. Os dados revelam que deputados vinculados a determinadas frentes parlamentares passam a receber doações de empresas do setor nas eleições seguintes, o que indicaria de que seriam premiados pelo seu engajamento na defesa dos propósitos do segmento. Esse movimento foi mais forte nas frentes da indústria (71,4%), indústria têxtil e confecção (60,7%) e infraestrutura (55%). Os números parecem indicar que, para atrair mais doações nas eleições seguintes, não basta a simples assinatura do termo de adesão: é necessário que o parlamentar aja em favor dos interesses do setor.

O problema, voltando a Marcelo Odebrecht, é que o lobby das empresas funcionava numa via de mão dupla:

> Veja bem, se aquele político o apoia em determinado projeto de lei, que é legítimo, mas que interessa ao setor, [...] o político vai criar uma expectativa [de receber doações nas próximas eleições], até porque ele precisa disso. [...] Eu nem posso culpar, porque a questão é mútua. Quer dizer, interessa para um empresário eleger um político que apoia o seu setor ou com quem ele tenha relação, e interessa para o político receber a contribuição. Eu sempre digo o seguinte: nos Estados Unidos, a indústria de armas só apoia o Partido Republicano. [...] Então essa questão não é só do Brasil, é do mundo inteiro. A partir do momento que tem contribuição eleitoral, ela [a expectativa] existe.[11]

Esse jogo de interesses privados no Congresso Nacional parece seguir um modelo de vantagens recíprocas: é bom para a empresa, que arrebanha parlamentares para promover suas causas, e também é bom para deputados e senadores, que são recompensados com doações eleitorais ou o pagamento de propinas. Quem sai perdendo, e paga a conta, é o cidadão comum.

16. Bobo da corte?

O ministro Herman Benjamin, relator do julgamento da chapa Dilma-Temer no TSE, fazia sempre uma pergunta ao final dos depoimentos das principais testemunhas do polêmico caso sob sua responsabilidade. Ao interrogar executivos de empresas, políticos, executivos de estatais, operadores financeiros, publicitários e até ministros de Estado — todos eles de certa forma envolvidos, ainda que não criminalmente, com uma tentacular rede de corrupção de proporções gigantescas —, o ministro almejava extrair dos seus interrogados algo além dos elementos para concluir se houve ou não abuso de poder econômico na coligação que venceu as eleições presidenciais de 2014.

Em geral, as perguntas de Herman Benjamin versavam sobre o mesmo tema: como chegamos até aqui e o que fazer para que esses casos não se repitam no futuro. Mais do que resolver um caso específico, queria extrair a essência do funcionamento das relações entre dinheiro, eleições e poder para que o país encontrasse saídas para a crise e soluções institucionais a fim de evitar a repetição de escândalos de corrupção como o petrolão e seus desdobramentos.

No depoimento de Marcelo Odebrecht, após ouvir explicações detalhadas sobre como o empreiteiro baiano criou um mecanismo sofisticado de pagamento de propinas a políticos e caixa dois de campanha e exercia um lobby frequente com presidentes da República, ministros da Fazenda e parlamentares do altíssimo clero em nome não só da sua empresa, mas também de outros expoentes da economia brasileira, o ministro Herman Benjamin perguntou se ele não se sentia "meio dono do governo". Ou, nas palavras de Mônica Moura, o "quarto poder da República".[1]

> Pelo contrário, ministro, eu me sentia sempre usado, porque, na verdade, a maior parte dos pleitos que eu levava eram por problemas que ele [o governo] criava. [...] Na verdade, eu era um mendigo, porque eu ia lá para pedir, pedir coisas que [...] eu só entrei porque eles tinham prometido. E aí o governo chegava e mudava a regra das coisas. [...] Poucas vezes, talvez uma ou duas vezes, eu levei uma oportunidade boa para a Odebrecht. [...] Na maior parte das vezes, eu procurava o governo para resolver questões, problemas que o próprio governo criava. [...] É só pegar a minha agenda: minha agenda é de pedinte! A minha agenda com a presidente... é impressionante! Então, eu não era o dono do governo, eu era o bobo da corte do governo.[2]

No rol de lamentações de Marcelo Odebrecht sobre projetos em que foi forçado a embarcar por pressão do governo estariam a construção da Arena Corinthians para a abertura da Copa do Mundo e da Vila dos Atletas nas Olimpíadas do Rio e ainda a realização dos investimentos na reestruturação do setor de etanol. "Era uma coisa que eu não queria, foi o presidente Lula que foi lá convencer o meu pai, tá? A gente investiu 10 bilhões de reais. Aí o governo vai e tira a Cide?![3] Destruiu a gente!"[4]

A resposta e as queixas de Marcelo Odebrecht sintetizam

uma espécie de mantra repetido por empresários e executivos das grandes empresas envolvidas na Operação Lava Jato. Na visão dos corruptores, o pagamento de propinas se dava por pressão política, que vinha de vários lados. Muitas vezes partia do poder Executivo, que se utiliza dos laços construídos com as grandes empresas para auxiliar na execução de políticas públicas, como foi o caso dos exemplos citados pelo ex-presidente do grupo baiano. Em outras situações, conforme se relatou em inúmeros depoimentos de executivos e diretores de estatais, a cobrança de propina partia de parlamentares ou de autoridades governamentais que solicitavam pagamentos em troca de benesses — muitas delas veiculadas por medidas provisórias, emendas, decisões em comissões ou votações, como foi demonstrado ao longo dos últimos capítulos. Seria a velha máxima de "criar dificuldades para vender facilidades".

Respondendo ao ministro Herman Benjamin como se forma essa cultura de corrupção numa grande empresa como a Odebrecht, Fernando Migliaccio, um dos gestores do departamento da propina, destaca muito bem esse raciocínio: "Não somos só nós os culpados. É um sistema que vem de anos. É o ovo ou a galinha, quem nasceu primeiro? E eu sei quem nasceu primeiro. Não fomos nós. E era cultural. Ou você fazia ou você estava fora. E aí o outro iria fazer".[5]

No entanto, olhando os dados, é possível confirmar que, mesmo diante das pressões políticas por propinas e financiamento de campanhas (seja oficial, seja por caixa dois), essa coação, ao fim, revelou-se muito benéfica para a empreiteira. O Gráfico 30 mostra que, ano após ano, de 2009 a 2015, o grupo Odebrecht bateu recordes de faturamento, numa tendência que só foi interrompida com a crise instaurada pela Operação Lava Jato.

Entre 2009 e 2015 o faturamento do grupo Odebrecht cresceu, em termos reais (ou seja, já descontada a inflação), mais de 130%. Apenas a título de comparação, no mesmo período o PIB

GRÁFICO 30
RECEITA BRUTA DO GRUPO ODEBRECHT (2009-16)

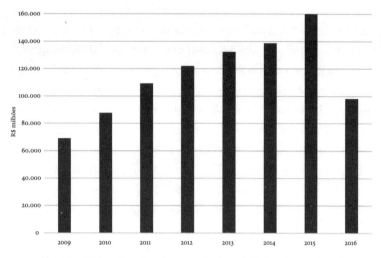

FONTE: Ranking Valor Grandes Grupos, do jornal *Valor Econômico*, diversos números.

brasileiro aumentou apenas 13,02%. Olhando para outra métrica: no mesmo período, o patrimônio líquido do grupo evoluiu 55,9%, alcançando 16,6 bilhões de reais em valores atuais.

Muito desse crescimento se deve à agressiva atuação da empresa junto ao alto escalão do poder Executivo e a caciques dos principais partidos no Congresso. O próprio Marcelo Odebrecht alega ter determinado que os executivos da Braskem fizessem uma doação de 100 milhões de reais ao PT como retribuição ao Regime Especial da Indústria Química (Reiq), um pacote de desoneração da matéria-prima utilizada pelo setor que teria aliviado a grave crise enfrentada pelo setor à época da sua instituição.[6] "Eu falei para a Braskem: olha, então vocês assumam grande parte do que vem de pedido de campanha presidencial [de 2014]. [...] Eles [os dirigentes do PT] sabem que deram esse apoio para vocês."[7]

Mas não foi só esse tipo de ajuda que a Odebrecht recebeu em favor da Braskem em função de suas conexões políticas. Cláudio Melo Filho conta ter atuado junto a Romero Jucá quando o senador era o relator da famosa MP do Bem 2,[8] para aprovar uma emenda que alterasse a incidência de PIS/Cofins sobre a nafta petroquímica.[9] O mesmo assunto voltaria à baila anos depois, com a edição da MP nº 563/2012, que instituiu a segunda fase do Plano Brasil Maior. Novamente a empresa teria se valido dos préstimos de Romero Jucá na tentativa bem-sucedida de aprovar no plenário e evitar o veto de uma emenda "sugerida" pela Associação Brasileira da Indústria Química (Abiquim) ao então senador Francisco Dornelles.[10]

No ano seguinte, a área de relações institucionais da Odebrecht foi novamente acionada para tentar garantir a redação original da MP nº 613/2013, que trazia inúmeros temas de interesse da companhia baiana, inclusive sobre o Reiq. Nesse caso, Romero Jucá teria apresentado a fatura antes de entregar o serviço: 7 milhões de reais, que seriam repartidos entre os membros do MDB no Senado, sendo as maiores fatias para o próprio Jucá, Renan Calheiros e Eunício Oliveira. Também foram recompensados pelo esforço em aprovar a MP na Câmara os deputados Lúcio Vieira Lima (entre 1 milhão e 1,5 milhão de reais) e o deputado Rodrigo Maia.[11]

A associação com o poder político possibilitou, inclusive, uma maior internacionalização da Odebrecht na América Latina e na África. De acordo com os relatos de João Santana, as campanhas presidenciais que ele conduziu na Venezuela, El Salvador, Angola, República Dominicana e Panamá serviam, na maioria dos casos, a interesses comuns entre o PT e a própria Odebrecht.[12] E geraram inúmeros contratos de obras públicas e concessões para o grupo baiano nesses países.

E para fechar o ciclo da internacionalização do capital, Cláudio Melo Filho afirma que vários dispositivos da MP nº 627/2013 foram discutidos pessoalmente por Marcelo Odebrecht em reuniões com representantes do Ministério da Fazenda e outras áreas do governo, contando ainda com a presença de enviados de várias grandes empresas exportadoras brasileiras. O assunto em pauta era uma tributação menos onerosa dos lucros obtidos no exterior. A medida foi aprovada, refletindo a maior parte dos pleitos levados pelos representantes do setor, em maio de 2014.[13]

> Posteriormente à tramitação da medida provisória, possivelmente entre abril e junho de 2014, recebi pedido do senador Jucá de pagamento em contrapartida à conversão em lei da MP nº 627. Novamente, como já tinha ocorrido em outras oportunidades, Romero Jucá falou em seu nome e no de Renan Calheiros. [...] Solicitei a aprovação de Marcelo Odebrecht [...] e a área de Operações Estruturadas realizou o pagamento de 5 milhões [de reais].[14]

A ascensão da JBS também indica que estreitar laços com políticos é uma estratégia de negócios que gera dividendos substanciosos ao longo do tempo. O doleiro Lúcio Funaro, por exemplo, acredita que boa parte do lucro do conglomerado goiano acumulado no início de sua expansão veio de operações fraudulentas e sonegação do Imposto sobre Circulação de Mercadorias e Serviços (ICMS) em vários estados.[15] Na sua delação, Joesley Batista revela em detalhes como teria montado um esquema de corrupção envolvendo benefícios tributários nos principais estados onde a empresa mantinha unidades frigoríficas.

O executivo conta que, em 2003, implantou no Mato Grosso do Sul um suposto esquema de corrupção em que repassava ao governador Zeca do PT 20% de todos os benefícios fiscais concedidos em contrapartida aos investimentos do frigorífico no estado. Em 2007, com a posse de André Puccinelli (MDB), o percentual da propina foi reajustado para 30%. E assim teria permanecido com a ascensão de Reinaldo Azambuja (PSDB), em 2015.

Na delação dos irmãos Batista, consta que, desde o governo de André Puccinelli, a JBS firmou com o estado do Mato Grosso do Sul cinco Termos de Acordo de Regime Especial, envolvendo a concessão de benefícios tributários em troca de investimentos na construção e ampliação de fábricas. Como contrapartida, Joesley calcula que foram repassados aos três governadores e seus assessores diretos não menos do que 150 milhões de reais. Para comprovar as operações, foram apresentadas ao Ministério Público Federal dezenas de notas fiscais falsas envolvendo desde comercialização de cabeças de gado a pesquisas do Ibope, passando ainda por agências de propaganda e empresas de táxi-aéreo.[16]

Mais ao norte, no Mato Grosso, a JBS obteve em 2012 a concessão de um crédito tributário no valor de 73,6 milhões de reais, mediante um suposto pagamento de propinas de 10 milhões de reais ao ano para o governador Silval Barbosa (MDB). Teria havido também em 2014 uma ação fraudulenta realizada em conluio com o governador e o secretário de Indústria e Comércio para isentar a JBS do pagamento de um auto de infração de 180,5 milhões de reais.[17]

No Ceará, a JBS teria realizado o pagamento de 5 milhões de reais (sendo 1,5 milhão em doações oficiais de campanha e o restante utilizando notas fiscais frias) para a campanha de reeleição do então governador Cid Gomes; em troca, a promessa de liberação de créditos tributários legítimos que a JBS tinha perante o estado. No ciclo eleitoral seguinte, quatro anos depois, Joesley conta que foi procurado no escritório da JBS em São Paulo por Cid Gomes. O motivo principal da visita teria sido pedir contribuição para a campanha de Camilo Santana, seu candidato à sucessão no governo estadual. O executivo goiano ponderou que não poderia colaborar, pois o grupo tinha a receber 110,4 milhões de reais em restituição de créditos de ICMS no estado. Cerca de duas semanas depois, Joesley teria sido procurado pelo deputado federal Antonio Balhmann (Pros-CE) e por Arialdo Pinho, então chefe da Casa Civil do estado do Ceará, com a promessa de liberação dos créditos tributários em troca de uma doação de campanha no valor de 20 milhões de reais.

Dessa vez houve acerto, e o pagamento teria sido feito mediante notas fiscais emitidas por agências de publicidade, gráficas, institutos de pesquisa e outros fornecedores de campanha sem contraprestação de serviços para a JBS (no total de 9,8 milhões de reais), e o restante em doações oficiais de campanha, sendo 4 milhões de reais para o Pros, 3 milhões para o governador Camilo Santana, 1,6 milhão para o deputado Antonio Balhmann e mais 1,6 milhão para quatro outros candidatos a deputado pelo estado, de diferentes partidos (Partido Republicano Brasileiro [PRB], DEM e PT).[18]

Paralelamente aos esquemas tributários em nível estadual, Joesley implementou um audacioso plano de expansão turbinado pelos contatos cada vez mais intensos que ele desenvolvia em Brasília. A tática começou em 2004, quando, utilizando os préstimos de um amigo em comum (Victor Garcia Sandri), aproximou-se de Guido Mantega, que acabara de deixar o Ministério do Planejamento e assumia o BNDES. Após apresentar os planos de investimentos da JBS e suas necessidades de financiamento, Joesley conta que aceitou pagar 50 mil reais mensais para o amigo de Mantega e mais uma comissão de 4% sobre o valor das operações conseguidas no banco — valor que seria dividido entre Sandri e Mantega.

A partir daí, os pleitos realizados pelas empresas do grupo JBS ao BNDES começaram a ser aprovados com grande rapidez, algumas vezes poucos dias após a sua apresentação. Joesley revela que obteve dois empréstimos que, juntos, somavam 80 milhões de dólares em 2005, e, mesmo com a saída de Mantega da direção do banco para assumir o Ministério da Fazenda, as operações continuaram a ser aprovadas. Nessa leva, o grupo conseguiu que o BNDES adquirisse 12,94% do seu capital social em julho de 2007 (580 milhões de dólares) e mais 12,99% no primeiro semestre de 2008 (1 bilhão de dólares). A essa altura, a estratégia do governo petista de criar grandes multinacionais brasileiras, conhecida como "política de campeões nacionais", começava a funcionar a pleno vapor.

Na versão de Joesley apresentada ao Ministério Público, em 2009 ele resolveu dispensar os serviços de Victor Sandri e tratar das negociações diretamente com Guido Mantega. Foi nessa época que teria sido criada a famosa "conta-corrente" com o ex-ministro da Fazenda — um registro utilizado por ambos em que entrava como crédito do petista um percentual das operações conseguidas pela JBS por seu intermédio e no qual se debitavam as doações oficiais de campanhas e os pagamentos ilícitos.

Segundo Batista, Guido Mantega foi fundamental para vencer a resistência do então presidente do banco, Luciano Coutinho, em vultosas operações para financiar a expansão do conglomerado goiano. Em 2009, por exemplo, o BNDES aprovou uma compra de debêntures conversíveis em ações no valor de 2 bilhões de dólares. Em maio de 2011 saiu um novo financiamento, agora de 2 bilhões de reais, destinado à construção de uma fábrica de celulose da empresa Eldorado, pertencente ao grupo. Por essas duas operações, Joesley afirma ter disponibilizado para o PT um crédito de, respectivamente, 50 milhões e 30 milhões de dólares.[19]

As operações no BNDES iam muito bem, mas Joesley queria mais. Na perseguição de seu plano de se constituir na maior empresa de proteína animal do mundo, contou com a suposta ajuda de Mantega para também ter acesso aos fundos bilionários geridos pelos fundos de pensão da Caixa Econômica Federal (Funcef) e Petrobras (Petros), ambos dominados pelo PT. Os dois fundos entraram como sócios do BNDES na operação de compra de ações da JBS em 2008 e no aporte de 275 milhões de reais cada um para a ampliação das atividades da Florestal, uma empresa de reflorestamento pertencente à holding do grupo, a J&F. Nos dois casos,

Joesley teria pago propina de 1% do valor dos negócios para os presidentes dos fundos de pensão.[20]

Como saldo das operações no BNDES e nos fundos de pensão, Joesley calcula que no início das eleições de 2014 o PT detinha junto a ele um crédito de 150 milhões de dólares. A utilização desse montante se deu da seguinte forma:

> A partir de julho de 2014, Guido Mantega passou a chamar JB [Joesley Batista] quase semanalmente ao Ministério da Fazenda, em Brasília, ou na sede do Banco do Brasil em São Paulo, para reuniões a sós, nas quais lhe apresentou múltiplas listas de políticos e partidos políticos que deveriam receber doações de campanha a partir dos saldos das contas.[21]

E eis que entram em cena Eduardo Cunha e Lúcio Funaro. O depoimento do dono da JBS na Operação Lava Jato bate perfeitamente com as informações prestadas pelo doleiro e operador financeiro de Eduardo Cunha na sua própria delação.

Por intermédio de Paulo Sérgio Formigoni (conhecido como Paulinho de Andradina), sócio do grupo Bertin, Joesley concordou em receber Lúcio Funaro na sede do grupo em São Paulo em meados de 2011. Funaro havia prestado serviços de intermediação para obtenção de empréstimos da Bertin junto à Caixa Econômica Federal e tinha conhecimento de que a JBS estava iniciando tratativas para obter um financiamento junto ao Fundo de Investimento do FGTS (FI-FGTS) para a Eldorado, sua empresa do ramo de papel e celulose.

Na ocasião, Funaro teria deixado claro para Joesley que atuava para Eduardo Cunha e a cúpula do MDB da Câmara — mencionando, inclusive, que contava com o respaldo do então vice-presidente Michel Temer. Uma vez apresentadas as suas credenciais, Lúcio Funaro se ofereceu para agilizar a liberação do financiamento, uma vez que Fábio Cleto, à época vice-presidente de Fundos de Governo e Loterias da Caixa e também membro do Conselho Curador do FGTS, teria sido nomeado por indicação dele e de Eduardo Cunha. "Embora as operações fossem legais e as empresas fizessem jus ao financiamento, Funaro deixou claro durante as tratativas que poderia criar dificuldades intransponíveis, caso a propina não fosse paga."

No pacote, Funaro ainda informou que detinha o mesmo grau de influência sobre outras duas áreas estratégicas da Caixa, pois, juntamente com Eduardo Cunha, foi padrinho da nomeação de dois altos funcionários da instituição financeira federal, Giovanni Alves (ex-superintendente nacional de Médias e Grandes Empresas) e Roberto Derziê de Sant'Anna (na época diretor executivo de Pessoa Jurídica e posteriormente vice-presidente). A contrapartida pela intermediação na Caixa e no FI-FGTS? De 3% a 3,5% do valor liberado pela instituição financeira.[22]

Como prova de que não estava blefando, Lúcio Funaro organizou um jantar na própria casa, numa quinta-feira, para apresentar Fábio Cleto a Joesley Batista. Começava aí uma grande parceria.[23] Entre novembro de 2011 e setembro de 2014, Joesley Batista admite ter pagado 89,95 milhões de reais a Lúcio Funaro e Eduardo Cunha por empréstimos obtidos pela J&F e empresas do grupo (Flora, Vigor e Eldorado) na Caixa e no fundo de investimento do FGTS.

Aparentemente os irmãos Batista não se arrependeram desses pagamentos — pelo menos até serem presos. Graças à influência política da dupla Funaro-Cunha, obtiveram 2,89 bilhões de reais em crédito subsidiado para a expansão das suas empresas.[24] Lúcio Funaro revela, na sua delação aos procuradores da República, que em 2012 Joesley estava tão contente com o grande número de operações financeiras realizadas com o seu auxílio que teria emprestado seu iate, com todas as despesas pagas, para o doleiro passear no paraíso caribenho de Saint Barth. Parceiros nos negócios, o paulista e o goiano desenvolveram uma forte amizade, a ponto de a esposa de Joesley, a apresentadora de TV Ticiana Villas Boas, ter organizado uma festa de aniversário para a filha de Funaro, que naquela época já estava preso.[25]

Nas contas de Funaro, Joesley desembolsou bem mais pelos seus serviços: ao todo, ele e Cunha teriam a receber em torno de 177 milhões de reais pelas operações lícitas e ilícitas realizadas para os irmãos Batista. Aliás, as operações ilícitas superam em muito as lícitas. De acordo com Funaro, 144 milhões teriam vindo de propinas. Nesse bolo estão, além da intermediação dos empréstimos na Caixa e no FI-FGTS, outras formas de corrupção. Apenas para exemplificar, o doleiro indica que realizou tráfico de influência junto ao Ministério da Agricultura, Pecuária e Abastecimento (Mapa), para a obtenção de mudanças regulatórias em favor da JBS, dificultando a concorrência de frigoríficos menores e com atuação regionalizada. Nessa ação, Funaro alega ter intermediado o pagamento de 25 milhões de reais em propina para Antônio Andrade (MDB-MG), então ministro da pasta.[26] Corroborando o depoimento de Funaro, Joesley dedica a esse episódio um anexo de sua colaboração premiada.[27]

Essa atuação coordenada junto aos governos estaduais, ao poder Executivo Federal e a parlamentares para obter toda sorte de vantagens, de benefícios fiscais a empréstimos subsidiados e regulação favorável, revela como a estratégia de *rent seeking* traz resultados para o grande capital brasileiro. Em vez de assumir todos os riscos inerentes a investimentos em produtos, processos e inovação, parece ser muito mais seguro devotar alguns milhões em propinas e doações de campanha para aproximar-se de políticos poderosos.

No Gráfico 31, é possível identificar a rápida evolução do faturamento e do patrimônio líquido do grupo JBS (depois J&F) nos últimos anos:

GRÁFICO 31
EVOLUÇÃO DA RECEITA BRUTA E DO PATRIMÔNIO LÍQUIDO DO GRUPO JBS/J&F (2009-15)

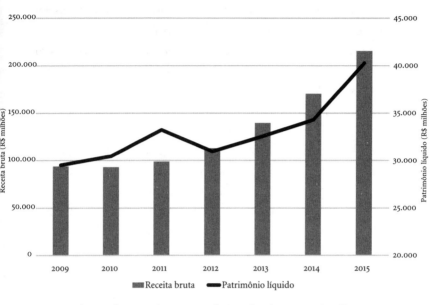

FONTE: Ranking Valor Grandes Grupos, do jornal *Valor Econômico*, diversos números.

Pela exposição midiática obtida com a Operação Lava Jato — e também por terem levado às últimas consequências essa estratégia de *rent seeking* para multiplicarem seus negócios —, JBS e Odebrecht talvez sejam o emblema desta época do capitalismo brasileiro. Porém as histórias e os dados apresentados até aqui se somam a uma promissora agenda de pesquisa que reforça o diagnóstico de que o sistema político brasileiro tende a impor elevados custos difusos sobre a sociedade, a fim de cobrir a geração de benefícios concentrados para pequenos grupos organizados.

Nos últimos anos, uma série de estudos vem utilizando as contribuições de campanha como variável para analisar o grau de influência econômica nas decisões políticas em diferentes áreas do conhecimento e sob diferentes prismas.

Stijn Claessens, Erik Feijen e Luc Laeven (2008) talvez tenham sido os primeiros a fazer um estudo profundo relacionando contribuições de campanha e recebimento de benefícios pelas empresas doadoras no Brasil. Os autores partiram de um argumento simples: acompanhar o desempenho das ações das empresas doadoras na Bolsa de Valores e seus números contábeis após as eleições, comparando-os com os de seus concorrentes no mesmo setor industrial. A hipótese do estudo é que resultados superiores à média do setor seriam um indício robusto de que as conexões com os políticos eleitos, cultivadas a partir das doações eleitorais, garantem um melhor desempenho da empresa no futuro.

Os resultados dos autores são bastante abrangentes e condizentes com o esperado. Sob a óptica do desempenho no mercado acionário, eles identificaram que variações positivas nas doações empresariais geram aumento acima da média no valor de mercado das empresas. Além disso, o efeito sobre a cotação das ações das empresas é ainda maior e mais significativo quando as doações são direcionadas para os candidatos que venceram as eleições, para candidatos que já exerciam mandatos e para candidatos que pertenciam à coalizão governista (seja ela do PSDB em 1998 ou do PT em 2002). Esses números reforçam a hipótese de que as conexões políticas influem no desempenho das empresas doadoras.

No mesmo trabalho, o trio de pesquisadores também investigou o efeito do financiamento privado de campanha sobre o acesso ao crédito. Num país com taxas de juros de mercado tão elevadas e bancos estatais que dominam a oferta de empréstimos subsidiados, eles supõem que as empresas conseguem financiamento mais farto e barato se fizerem doações a candidatos ligados a partidos bem-sucedidos nas eleições. E os dados confirmaram essa hipótese: contribuições de campanha aumentaram a alavancagem financeira (medida pelo crescimento dos empréstimos bancários) dos doadores em relação às concorrentes, indicando que o financiamento eleitoral é uma das opções à disposição das grandes empresas para "comprar" uma vantagem competitiva por meio de acesso facilitado ao crédito de bancos estatais.

Rodrigo Bandeira-de-Mello e Rosilene Marcon (2011) tomaram as doações eleitorais como variável para indicar o grau de conexão entre políticos e empresas no período compreendido entre o segundo mandato de Fernando Henrique Cardoso (1999--2002) e os dois mandatos de Luiz Inácio Lula da Silva (2003-11). Os autores encontraram evidências de que as contribuições de campanha reduziram o custo da dívida da empresa doadora em quase 10 pontos percentuais no período.

Num estudo metodologicamente mais ambicioso e centrado no período de 2002 a 2009, Sérgio Lazzarini et al. (2014) encontraram evidências estatisticamente relevantes de que o volume de empréstimos do BNDES aumenta com o volume de doações para candidatos a deputado federal que conseguiram se eleger. Segundo seus cálculos, enquanto o valor médio das doações foi estimado em 22,8 mil dólares em 2002 e 43,9 mil dólares em 2006, elas geraram um ganho financeiro estimado entre 1,8 milhão e 5,5 milhões de dólares num período de quatro anos após as eleições — ou seja, o investimento nas políticas traz grande retorno ao doador.

Outro campo de análise da relação entre financiamento eleitoral privado e políticas públicas diz respeito às licitações. Taylor Boas, Daniel Hidalgo e Neal Richardson (2014), analisando dados de doações de campanha e resultados de licitações do governo federal no setor de obras públicas (construção, água e esgoto e energia), antes e após as eleições de 2006, concluíram que contribuições para candidatos vitoriosos nas disputas para deputado federal geraram aumentos substanciais de contratos para as empresas doadoras, em especial em relação às doações direcionadas para o partido do presidente da República — no caso, o PT. Os autores estimaram que o retorno das empresas doadoras, em termos de valor dos contratos assinados após as eleições, varia de catorze a 39 vezes o montante aplicado nas campanhas eleitorais. Além disso, as firmas tenderam a recompensar os parlamentares nas eleições seguintes por terem obtido novos contratos com a administração pública — os autores identificaram uma maior variação no volume alocado nas eleições de 2010 para os deputados do PT do que a média de seus colegas que tentaram a reeleição.

Gustavo Araujo (2012), em pesquisa bastante criteriosa na explicitação dos testes econométricos, também conclui que ter exercido pelo menos um ano de mandato de deputado federal influencia a quantidade de contratos públicos recebidos pelos doadores dos candidatos eleitos em 2006. Pesquisando o mesmo tema, João Ricardo Pereira (2014) desenvolve um modelo econométrico com uma amostra de 1107 contratos de obras rodoviárias do DNIT, realizadas entre 2007 e 2013. Entre as várias conclusões do estudo, o autor identifica que as licitações vencidas pelas empresas doadoras de campanha apresentaram descontos inferiores àquelas vencidas por licitantes não doadores. Ao constatar também que as doações eleitorais estão associadas a certames com menor concorrência — ou seja, com um número menor de participantes —, o pesquisador levanta duas hipóteses, não necessariamente excludentes: i) editais de licitação de interesse de empresas doadoras contam com cláusulas que restringem a competitividade; e ii) empresas doadoras de campanha atuam em cartel em licitações de obras públicas.

Todos esses resultados obtidos mediante análises estatísticas e econométricas derrubam o discurso de vitimização do empresariado presente em várias das delações de executivos. Em grande parte das vezes, por maior que seja a pressão vinda de políticos e autoridades cobrando propinas ou colaborações de campanha, a associação com os donos do poder traz retornos muito positivos para o empresário que investir nessa relação.

Diante dos resultados encontrados a respeito da influência

econômica sobre o resultado das eleições e o comportamento parlamentar, que tende a gerar normas que favoreçem alguns grupos com maior poder de organização em detrimento de toda a coletividade, somada a esse conjunto de pesquisas que indicam na mesma direção, é preciso que a sociedade discuta, em caráter de urgência, medidas para reduzir as oportunidades de *rent seeking* no sistema político e no processo legislativo brasileiros. Nos próximos capítulos, será demonstrado por que a proibição de doações de empresas não resolve o problema das relações entre dinheiro, eleições e poder — podendo, pelo contrário, até agravá-lo. O ciclo vicioso que retroalimenta as interações entre as elites empresariais e partidárias no Brasil é bastante complexo, a ponto de só poder ser combatido com um amplo arsenal de ações que estimulem a transparência, a participação, a inovação e a concorrência — tanto na política quanto na economia.

PARTE III: DESATANDO OS LAÇOS ENTRE DINHEIRO, ELEIÇÕES E PODER

17. O STF não acabou com a farra

A excessiva infiltração do poder econômico nas eleições gera graves distorções. Em primeiro lugar, ela engendra desigualdade política, na medida em que aumenta exponencialmente a influência dos mais ricos sobre o resultado dos pleitos eleitorais, e, consequentemente, sobre a atuação do próprio Estado. [...] Além disso, dita infiltração cria perniciosas vinculações entre os doadores de campanha e os políticos, que acabam sendo fonte de favorecimentos e de corrupção após a eleição.[1]

O trecho acima está na abertura da petição, protocolada em 5 de setembro de 2011, por meio da qual o Conselho Federal da Ordem dos Advogados do Brasil (OAB) solicitou ao STF a declaração de inconstitucionalidade de diversos dispositivos da legislação eleitoral a respeito do nosso modelo de financiamento de campanhas.

De acordo com a petição inicial, a legislação brasileira favorece a eleição dos candidatos que possuem melhores conexões com os donos do capital — isso quando não são os próprios milionários que se sentem atraídos a concorrer a uma vaga para cargo no

Executivo ou no Legislativo. Para a OAB, as regras de contribuições de campanha permitem que a desigualdade econômica produza desigualdade política, o que seria incompatível com os preceitos da Constituição — em especial os princípios da igualdade ("uma pessoa, um voto"), da democracia e da República. Nessas condições, o sistema político brasileiro teria se convertido numa plutocracia. Pluto era o deus grego da riqueza. Logo, as regras de financiamento eleitoral transformariam nossa democracia (o governo do povo) no império do dinheiro.

Em síntese, a OAB defendia a declaração da inconstitucionalidade das normas jurídicas que regulavam três das quatro bases do financiamento eleitoral brasileiro. Em relação ao primeiro pilar, pedia a proibição das doações de pessoas jurídicas a campanhas eleitorais e partidos políticos. Na sequência, solicitava que o STF determinasse o prazo de dezoito meses para o Congresso Nacional estabelecer limites per capita, e não com base no faturamento, para as contribuições de pessoas físicas (segundo pilar) e para o uso de recursos pelos próprios candidatos (terceiro pilar). Apenas o financiamento público, por meio da destinação de recursos orçamentários ao Fundo Partidário, não foi questionado nessa Ação Direta de Inconstitucionalidade (ADI).[2]

No seu voto inicial, o relator da matéria, Luiz Fux, destacou que o país vive uma crise de representatividade decorrente do descolamento entre a classe política e a sociedade civil. Nesse sentido, as contribuições de pessoas jurídicas não se moldavam aos princípios constitucionais da democracia brasileira, por não terem as empresas o direito de votar e receber votos. Além disso, o limite legal imposto a essas entidades, baseado em seu faturamento, representaria uma afronta ao princípio da isonomia, por atribuir àquelas de maior vulto econômico a capacidade de doar mais — tornando-se assim mais poderosas no mundo político. Por esses motivos, caberia ao STF abrir os canais de diálogo no poder Legislativo para a formulação de um novo modelo de financiamento de campanhas, constitucionalmente mais adequado.

Perfilaram-se com o entendimento do relator os ministros Ricardo Lewandowski, Joaquim Barbosa, Dias Toffoli, Roberto Barroso, Cármen Lúcia, Rosa Weber e Marco Aurélio Mello. Para essa corrente majoritária, os limites legais impostos às doações de pessoas jurídicas não eram capazes de coibir a captura dos representantes eleitos pelo poder econômico. Em vez de refletir eventuais preferências políticas das empresas, portanto, as contribuições eleitorais de pessoas jurídicas constituem uma ação estratégica para estreitar suas relações com o poder público, muitas vezes sem espírito republicano. Diante desse quadro, o STF estaria autorizado a atuar para proteger o funcionamento das instituições democráticas, de forma a corrigir distorções que desvirtuem o sistema representativo e ameacem os interesses e direitos de participação política das minorias.

Em se tratando de decisões do Supremo, diz a lenda que é bom ficar atento às divergências, pois os votos minoritários de hoje podem se tornar a corrente dominante daqui a alguns anos. No caso da discussão sobre a constitucionalidade das doações eleitorais feitas por empresas, no polo contrário situaram-se os ministros Teori Zavascki, Gilmar Mendes e Celso de Mello.

Para o falecido ministro Teori, que naquela época já era o relator dos processos relacionados à Operação Lava Jato no STF, o sistema democrático custa caro e por isso não pode prescindir das contribuições das empresas — até porque, embora não votem e não possam ser votadas, pessoas jurídicas produzem bens e serviços e geram empregos e oportunidades para os cidadãos. Para o ministro, também não deve prosperar o argumento de que as doações de empresas merecem ser proibidas porque são movidas por interesses; afinal, cidadãos também doam (e votam) com motivações pessoais.

É claro que há também interesses escusos movendo doações de pessoas jurídicas, mas seria igualmente ingênuo afirmar que os interesses que movem pessoas naturais a contribuir para campanhas sejam, sempre, interesses legítimos. A realidade está repleta de exemplos em sentido contrário, alguns até da mais alta gravidade, como é o caso de candidaturas sustentadas por organizações criminosas.[3]

Na visão de Zavascki, a proibição das doações empresariais nas campanhas eleitorais não necessariamente impediria a influência do poder econômico no sistema político, sendo o cenário mais provável sua substituição por doações ilegais, como aconteceu no "esquema P. C." durante o governo Collor — naquela época, as doações de empresas eram proibidas. Para ele, o antídoto para os problemas do financiamento eleitoral não estaria na declaração de inconstitucionalidade das doações privadas, mas sim na imposição de limites de gastos, acompanhada de instrumentos adicionais de controle e de aplicação de sanções em caso de seu descumprimento.[4]

Afora as várias críticas direcionadas ao PT, o voto divergente de Gilmar Mendes deu bastante ênfase ao incentivo que a proibição das doações de campanhas feitas por empresas poderia trazer ao caixa dois e ao uso de laranjas no financiamento eleitoral.

De fato, conquanto não seja possível pessoa jurídica doar diretamente a campanhas, nada impede que a doação seja da pessoa jurídica para a pessoa física, que repassaria os valores ao candidato, sem nenhum limite na legislação para a doação. Assim como não haveria qualquer impedimento a que dirigentes de pessoas jurídicas que são, obviamente, pessoas físicas fizessem doações para partidos políticos fora do período eleitoral, sem limitação de valor.[5]

Na visão de Gilmar Mendes, para baratear as campanhas e diminuir a influência econômica nas eleições seria necessário aprovar mudanças nos sistemas eleitoral e partidário, assim como uma reestruturação dos órgãos de controle, em especial a Justiça Eleitoral e o Ministério Público Eleitoral. No entender do ministro, a regulação do financiamento de campanhas eleitorais deveria considerar também as características do sistema de governo, do quadro partidário, das regras eleitorais em geral e das práticas políticas efetivas no país.

A conclusão do julgamento da ADI nº 4650 teve repercussão imediata no sistema político brasileiro. Poucos dias depois do veredicto final do Supremo proibindo as doações de empresas, foi sancionada a lei nº 13.165/2015, que passou a regular o financiamento eleitoral a partir das eleições municipais de 2016. Nela passaram a constar, como fontes de recursos para as campanhas, apenas os repasses do Fundo Partidário, as doações de pessoas físicas (limitadas a 10% dos rendimentos no ano anterior) e o patrimônio dos próprios candidatos (até o limite de gastos estabelecido pelo TSE).

Apesar de aclamada de forma quase unânime pela opinião pública, a decisão do Supremo de proibir as doações de campanhas pode não ter sido a "bala de prata" para eliminar a influência do dinheiro na política brasileira — a começar pelo fato de que ela atacou apenas parte do problema.

Como vimos anteriormente, a ação movida pela OAB atacava três pilares do financiamento eleitoral brasileiro. O Supremo acatou apenas o pedido que dizia respeito à proibição das empresas, mas silenciou quanto à imposição de limites a pessoas físicas e ao uso do patrimônio pessoal dos candidatos. Lendo a íntegra dos debates, é possível observar que os ministros passaram praticamente ao largo desses dois pontos. Luiz Fux, o relator do caso, inclusive, alterou o seu voto sem dar qualquer explicação: no início, propôs o acolhimento integral dos pedidos do Conselho Federal da OAB, e depois apenas acompanhou a posição da maioria dos demais ministros, que concordaram (também sem nenhum fundamento explícito no processo) que os dispositivos atuais relativos às doações feitas por pessoas físicas, assim como o uso de recursos próprios dos candidatos, não desrespeitam os princípios democrático, republicano e da igualdade política inscritos na Constituição.

Assim, o Congresso fechou a torneira das doações empresariais, mas o 1% mais rico (e principalmente o 0,1% mais rico) continua podendo dar as cartas nas eleições, contribuindo como pessoa física ou até mesmo se candidatando.

Só para ter uma ideia da desigualdade de nossa regra eleitoral sobre doações individuais, vamos aplicá-la a um caso concreto. Na declaração de imposto de renda divulgada no seu acordo de delação premiada, Joesley Batista teve rendimentos de 2214333,33 reais em 2016.[6] De acordo com o limite previsto na legislação, Joesley poderia doar até 221433,33 reais (10% dos seus rendimentos brutos) se houvesse eleições no ano seguinte.[7] Trata-se de situação muito desproporcional para um cidadão que, ganhando um salário mínimo (que em 2016 era de 880 reais), poderia contribuir com meros 1144 reais (incluído o 13º salário). O limite para doações de pessoas físicas, portanto, é bastante injusto e antidemocrático.

Para piorar a situação, esse limite de 10% não se aplica aos candidatos. Para eles, vale o teto de gastos definido pelo TSE, o que quer dizer que um milionário pode muito bem decidir financiar toda a sua campanha usando apenas recursos próprios. Não é à toa que o grande nome das eleições municipais de 2016, as primeiras após a decisão do STF, foi João Doria (PSDB), que se elegeu prefeito de São Paulo investindo 4,4 milhões de reais de sua fortuna pessoal.

Mas ele não está só. No pódio dos maiores doadores de campanha em 2016, Doria figura no terceiro lugar. O campeão foi

Rodrigo Pacheco (MDB), presidente da Comissão de Constituição e Justiça no julgamento de Temer, que torrou 4,7 milhões de reais na sua tentativa frustrada de se tornar prefeito de Belo Horizonte. Abaixo dele, outro mineiro: Vittorio Medioli, do Partido Humanista da Solidariedade (PHS), desembolsou quase 4,5 milhões de reais na sua campanha vitoriosa pela prefeitura de Betim (MG).

Na lista das dez maiores contribuições eleitorais de 2016 figuram nada menos que oito candidatos, todos empresários e autoproclamados "não políticos" e "gestores". Além dos três citados anteriormente, aparecem no grupo: Carlos Enrique Amastha (PSB, prefeito de Palmas (TO), 4,4 milhões de reais), Luiz Binotti (Partido Social Democrático [PSD], prefeito de Lucas do Rio Verde (MT), 3,2 milhões), Alcides Ribeiro Filho (Professor Alcides, PSDB, candidato derrotado à prefeitura de Aparecida de Goiânia (GO), 2,26 milhões), Vanderlan Vieira Cardoso (PSDB, candidato derrotado à prefeitura de Goiânia, 2,2 milhões) e Alexandre Kalil (PHS, prefeito de Belo Horizonte, 2,2 milhões). Entre os top 10 do financiamento eleitoral em 2016, apenas dois não disputavam cargos: os gêmeos Pedro e Alexandre, do grupo Grendene, que aportaram respectivamente 2,48 milhões e 1,82 milhão de reais no último pleito.

Longe de serem casos isolados, os políticos acima estão na crista de um movimento crescente na política brasileira. Analisando as informações disponibilizadas pelo TSE, observamos que há um nítido crescimento tanto de candidatos ricos quanto de candidatos sem prévia participação em eleições.

Levando em conta as eleições municipais ocorridas desde 2008 (primeiro ano em que há informações sobre o patrimônio declarado dos candidatos), observamos que, nos municípios brasileiros com mais de 100 mil eleitores[8] em 2016, tanto o número de candidatos milionários — com riqueza pessoal superior a 5 milhões de reais — quanto o de novatos na política vêm se expandindo de forma considerável, como mostra o Gráfico 32.

GRÁFICO 32
CANDIDATOS NOVATOS E CANDIDATOS COM PATRIMÔNIO PESSOAL SUPERIOR A R$ 5 MILHÕES NAS ELEIÇÕES MUNICIPAIS DE 2008, 2012 E 2016

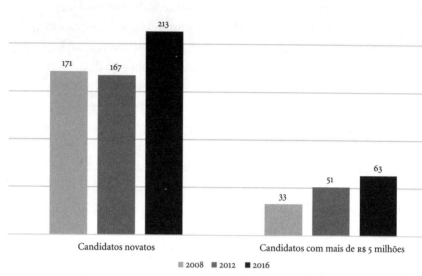

FONTE: Elaborado pelo autor a partir de informações do Repositório de Dados Eleitorais do TSE.

Nos capítulos iniciais deste livro apresentamos diversos indicadores que apontam para três tendências muito nítidas do financiamento de campanhas por pessoas físicas no Brasil: i) o baixo envolvimento da população em geral; ii) a participação cada vez mais expressiva de candidatos que aplicam grandes volumes de recursos pessoais nas próprias campanhas; e iii) o crescimento de doações milionárias de pessoas físicas ligadas a grandes grupos empresariais.

Esses três movimentos apontam para o centro da discussão sobre a constitucionalidade do financiamento privado no STF: o sistema eleitoral brasileiro é antidemocrático porque favorece a desigualdade política, alimentada pelas doações eleitorais feitas pelos setores mais abastados da população. Embora bem-

-intencionada e aceita pela opinião pública, a decisão do STF teria sido muito mais efetiva se tivesse imposto limites para os gastos de campanha e também para as doações de pessoas físicas e dos próprios candidatos — em termos de valor, e não em percentuais da renda —, tal como pleiteou a OAB. Esse tema, aliás, retornou nas discussões da reforma eleitoral de 2017, destinada a ser aplicada no pleito de 2018. Preocupados com o chamado "efeito Doria", os congressistas aprovaram a imposição de um limite de dez salários mínimos nas doações para cada cargo. O dispositivo, no entanto, foi vetado pelo presidente Temer.

Com a proibição da participação das empresas e sem um teto uniforme para as pessoas físicas, é de esperar que grande parte das doações empresariais migre, nas próximas eleições, não apenas para o caixa dois, mas sobretudo para doações feitas pelos sócios das empresas e até mesmo para candidaturas próprias — 2016 pode ter sido apenas uma prévia desse movimento.

A decisão do STF de proibir totalmente as doações empresariais ainda teve outro importante efeito colateral: relegou para a obscuridade o principal indicador sobre as relações entre os setores econômicos e os detentores de cargos públicos no Brasil. Imprensa, movimentos sociais, acadêmicos e cidadãos engajados perderam uma fonte de informações essencial para o exercício do controle social no país — ao passo que os recursos tendem a continuar sendo transferidos das empresas para os políticos, mas agora às escuras, na clandestinidade, via caixa dois.

Sobre esse tema, o especialista em financiamento eleitoral Bruno Speck, da USP, reconhece o empenho da Justiça Eleitoral em implementar um sistema digital de prestação de contas, com divulgação na internet dos dados sobre arrecadação e despesas de campanhas para consulta de qualquer interessado. Em sua visão, essa medida fortaleceu significativamente o papel do cidadão como fiscal do processo eleitoral no Brasil,[9] indo ao encontro de recomendação da Organização para a Cooperação e Desenvolvimento Econômico (OCDE), para quem a transparência dos dados é de fundamental importância para monitorar os efeitos da influência econômica nas eleições e nos trabalhos parlamentares.[10] Vedar totalmente as doações de empresas, portanto, pode ter sido um retrocesso no quesito da transparência do financiamento eleitoral no Brasil.

Permitir que os mais ricos possam injetar mais dinheiro nas eleições — e, o que é ainda mais grave, que candidatos milionários tenham mais chances de ser eleitos — é uma agressão aos princípios democráticos de nossa Constituição. Mais do que isso, a regra brasileira que estabelece a própria condição financeira do doador como limite para doações é também uma aberração em termos internacionais, como veremos a seguir.

18. Um olhar para o mundo: financiamento público ou privado?

O jornalista norte-americano H. L. Mencken (1880-1956) cunhou, numa coluna que saiu no *New York Evening Mail* de 16 de novembro de 1917, uma frase que resume muito bem a opinião corrente, no Brasil, de que o financiamento eleitoral exclusivamente público eliminará a influência econômica na política brasileira. Para ele, todo problema humano tem uma solução bem conhecida de todos, e ela é simples, plausível e... errada![1]

A perspectiva de romper os vínculos entre dinheiro, eleições e poder por meio da substituição de qualquer doação privada por um fundo público de campanhas é tentadora. Eliminaria a vantagem adquirida por partidos e candidatos que têm melhores contatos com as elites, atingiria a isonomia ao distribuir o mesmo montante de recursos para todos os postulantes a cargos eletivos, seria transparente e mais fácil de monitorar, além de libertar os candidatos eleitos da obrigação de pagar a dívida junto aos seus doadores por meio de benefícios legais de toda ordem.

Porém, se o problema fosse assim tão fácil de resolver, alguma nação relevante ao redor do mundo já teria adotado essa solução.

E não há exemplo na experiência internacional de um país que exija que suas eleições só possam ser financiadas com recursos públicos. Como reconhece o cientista político Adam Przeworski, o dinheiro é fluido como água e acaba se infiltrando na política mesmo quando lhe são impostas restrições — é o caso do caixa dois, por exemplo.[2]

O Instituto Internacional para a Democracia e Assistência Eleitoral (International IDEA, na sua sigla em inglês),[3] agência intergovernamental que promove a democracia em âmbito internacional, divulga informações sobre o financiamento eleitoral na quase totalidade de países do globo. Para dar uma dimensão de como os diversos países limitam (ou não) a influência do dinheiro nas eleições, utilizamos como parâmetros duas variáveis: i) se a legislação nacional proíbe ou permite as doações de empresas e ii) se há normas que estabeleçam limites para as doações empresariais ou de pessoas físicas. O resultado está no mapa da Figura 1.

Comecemos pelos países mais liberais, aqueles que permitem doações de pessoas jurídicas e não impõem limites às contribuições de indivíduos ou empresas. Nesse grupo se destacam países de tradição anglo-saxã (Estados Unidos, Inglaterra, Austrália, Nova Zelândia), países europeus desenvolvidos (Suécia, Noruega, Alemanha, Holanda, Suíça, Áustria), boa parte da África e a nossa vizinha Venezuela.

Um degrau abaixo na escada de permissibilidade no financiamento eleitoral estão os países que permitem doações de empresas, mas com um teto para o valor a ser aplicado por pessoas físicas e jurídicas nas eleições. É o modelo dominante na América do Sul, na Rússia e no Leste Europeu, assim como em alguns países desenvolvidos, como Japão, Itália e Finlândia.

O grupo mais restritivo é o dos países que adotam o mesmo sistema que o Brasil escolheu a partir de 2015: vedação de contribuições feitas por empresas, com limites para doações de pessoas

FINANCIAMENTO ELEITORAL — PERMISSÃO DE DOAÇÕES EMPRESARIAIS E LIMITES PARA DOAÇÕES DE PESSOAS FÍSICAS E JURÍDICAS

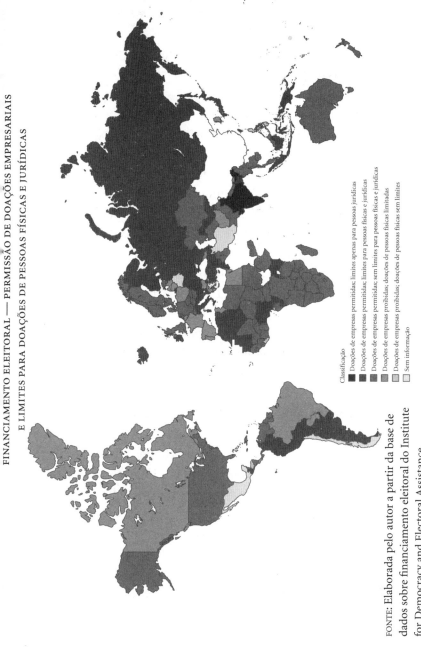

FONTE: Elaborada pelo autor a partir da base de dados sobre financiamento eleitoral do Institute for Democracy and Electoral Assistance.

físicas. Entre as nações mais relevantes nesse grupo estão Canadá, Coreia do Sul, Portugal, Espanha, França e Bélgica, mas também países com histórico de instabilidade política e corrupção, como Grécia, Egito, Tunísia e Afeganistão.

Acontece, porém, que o Brasil pertence ao grupo mais restritivo apenas no papel. Isso se dá porque, como discutimos no capítulo anterior, o tipo de limite que nossa legislação estabelece — baseado na renda do doador — é totalmente diferente do dos demais países do mundo que fazem essa opção legislativa. Ainda de acordo com os dados do International IDEA, a maioria dos países estabelece algum tipo de teto nominal para as doações de pessoas físicas e empresas. Esses limites podem ser estabelecidos em termos de um valor máximo (735 dólares em Trinidad e Tobago, 900 mil dólares no Japão), de um número específico de salários mínimos no país (dez na Eslovênia e 5 mil no Paraguai e no Quirguistão) ou como porcentagem do valor máximo de despesas autorizadas para os candidatos (1% na Argentina e 10% na Guatemala e na Mauritânia).

O único país que tem um sistema parecido com o brasileiro, no qual se coloca o limite em termos de um percentual dos ganhos do doador, é a Índia. Ainda assim, ela apresenta um limite bem inferior, pois se baseia no lucro líquido (7,5%, no caso), e não nos rendimentos brutos, como é o caso do Brasil (10%). Na verdade, a originalidade do teto de doações brasileiro — modelo único no mundo — atua como se não houvesse limite à influência do dinheiro nas campanhas eleitorais, principalmente se levarmos em conta os super-ricos. E, se eles são candidatos, então o poder é ainda maior, como vimos.

Ao não dispor de um limite efetivo às doações privadas, é como se o Brasil migrasse para um grupo bastante particular no comparativo internacional: um país com proibição às doações de empresas, mas praticamente sem limite para doações de pessoas físicas (inclusive candidatos). Esse tipo de modelo de financiamento de campanhas é tão pouco significativo que apenas com muito esforço se consegue identificá-lo no mapa da Figura 1. Analisando a questão sob esse prisma, deveríamos estar destacados no mapa ao lado apenas de Honduras, Libéria e Filipinas — nações de pouca representatividade no cenário internacional.

A simples adoção desse ou daquele modelo obviamente não é garantia de sucesso no combate à corrupção. O que chama a atenção, no entanto, é como o modelo brasileiro continua permissivo à influência do dinheiro nas eleições, mesmo com a proibição das doações empresariais.

De um lado, o STF barrou as contribuições de empresas sem dispor de um aparato estatal para punir efetivamente o financiamento ilegal. Por outro, limites baseados na renda do indivíduo favorecem os milionários — sejam eles superdoadores ou candidatos. A combinação desses dois fatores estimula a permeabilidade da política ao poder do dinheiro.

Mas a quimera do financiamento público de campanha voltou a rondar o mundo político em 2017. Premidos pela proibição de doações de empresas e pela devassa que a Lava Jato estava fazendo no caixa dois das grandes empresas, e sem gozar de credibilidade para buscar recursos junto aos cidadãos, praticamente todos os partidos se movimentaram com o objetivo de resolver seu problema de falta de dinheiro atacando o Orçamento público.[4]

A primeira tentativa foi com o famigerado Fundo Especial de Financiamento da Democracia, que pretendia mobilizar 3,6 bilhões de reais do erário e destiná-los para os partidos financiarem seus candidatos em 2018. Mas a reação da sociedade a essa proposta — e também ao distritão — foi grande o suficiente para que a proposta do relator Vicente Cândido (PT-SP) na PEC nº 77/2003 acabasse empacando na Câmara dos Deputados.

Mas a equação da política brasileira é muito clara: mais dinheiro significa mais chances de ser reeleito — e isso ainda pode proporcionar, para aqueles às voltas com a Justiça, a manutenção de foro privilegiado e, portanto, uma maior probabilidade de escapar da prisão.

E foi assim que, quando se aproximava o prazo máximo para que qualquer mudança na legislação eleitoral pudesse vigorar em 2018, o resolvedor da República entrou em ação com uma proposta mais palatável para a opinião pública. Para isso, até o nome do fundo foi alterado: saiu o eufemístico "Fundo Especial de Financiamento da Democracia" da Câmara e entrou o mais realista "Fundo Especial de Financiamento de Campanha".

O substitutivo do senador Romero Jucá (MDB-RR) ao PL nº 206/2017, que originou as leis nº 13.487/2017 e nº 13.488/2017, tinha como grande apelo o menor impacto fiscal. Para facilitar sua aprovação, alardeou-se que o valor do novo fundo ficará em 1,7 bilhão de reais, o que é menos da metade do montante proposto na Câmara. Além disso, Jucá defendia que o impacto fiscal da medida será nulo: os recursos viriam de emendas parlamentares e do fim da propaganda política partidária anual (que, apesar de ser chamada de "gratuita", é subsidiada por isenção fiscal para rádios e TVs). Ou seja, o dinheiro a ser destinado para o fundo das campanhas seria direcionado de despesas já existentes, não comprometendo o Orçamento.

Embora seja necessário reconhecer que a proposta aprovada representa um avanço diante de tudo o que se debateu no Congresso durante 2017, as regras que valerão para as eleições de 2018 contêm uma série de artimanhas para beneficiar quem controla o jogo político.

Para começar, determinou-se a destinação de 30% do valor das emendas das bancadas estaduais para o financiamento público das campanhas. Isso quer dizer que recursos que seriam aplicados pelos parlamentares em projetos locais (estaduais e municipais) de infraestrutura e saúde, por exemplo, passarão a ser alocados a campanhas políticas. Questiona-se se essa solução seria legítima, uma vez que temos aí mais uma prova do expediente de gerar ganhos concentrados para os candidatos em função de prejuízos coletivos — a população beneficiada pelas emendas — que permeia a política brasileira.

A outra questão é que ninguém garante que o fundo será constituído por "apenas" 1,7 bilhão de reais. A redação do caput do novo art. 16-C da lei nº 9.504/1997 tem embutida a expressão "ao menos equivalente" na definição das fontes de recursos públicos. Ou seja, a proposta trata de um limite mínimo, e não máximo, para colocação de dinheiro do contribuinte no fundo. Assim, embora no Orçamento de 2018 tenha sido mantida a promessa de destinar 1,7 bilhão de reais ao fundo das campanhas eleitorais, nada garante que nas eleições seguintes o montante não seja inflado. Além disso, nunca é demais lembrar que a emenda constitucional que estabeleceu o teto de despesas públicas não se aplica aos gastos com eleições.[5] Ou seja, a lei que instituiu o novo fundo não deixa de ser um cheque em branco dado ao Congresso para definir o valor do financiamento público de campanhas.

Outro aspecto importante da nova lei refere-se à fórmula que regerá a distribuição do dinheiro do fundo. A versão inicial do projeto relatado por Vicente Cândido (PT-SP) seguia uma regra tradicional: repartir um pequeno percentual de modo equânime entre todos os partidos (2%) e o restante de acordo com os votos recebidos por cada agremiação nas eleições anteriores para a Câmara dos Deputados. Note-se que esse critério, por si só, constitui um incentivo à cristalização do atual status quo na política brasileira, ao privilegiar os partidos já consolidados e com bom desempenho nas urnas nas eleições passadas, o que dificultaria a ascensão de partidos novos ou nascidos de cisões de legendas existentes.[6]

A proposta aprovada, de autoria de Romero Jucá, é bem mais engenhosa — e tendenciosa. Os valores serão atribuídos a cada legenda de acordo com a seguinte equação: os mesmos 2% repartidos igualmente entre todos os partidos, 49% segundo a votação para deputado federal em 2014, 34% de acordo com a bancada atual na Câmara e 15% conforme a bancada atual no Senado.

A grande sacada dessa nova fórmula foi inserir no cálculo o resultado das mudanças de configuração na Câmara e no Senado ocorridas na atual legislatura. Com isso, o Congresso alterou bastante a destinação de recursos para as campanhas de 2018, conforme pode ser visto no Gráfico 33.

Os ganhadores com a proposta de Romero Jucá aprovada no Senado são nítidos: o MDB e o DEM (partidos que comandam o Planalto, a Câmara e o Senado) e alguns partidos do Centrão (PP, Partido da República [PR] e PSD), além de Rede, Podemos e PSB. Os principais perdedores seriam os partidos que dominaram a política brasileira nas duas últimas décadas: PT e PSDB.

Essa alteração na distribuição de recursos pode vir a alterar não apenas o potencial de cada partido nas eleições de 2018 como também influenciar as alianças para a formação das coligações em favor de um candidato governista. E essa configuração do jogo de poder, num momento em que boa parte do Congresso está na mira da Lava Jato e os parlamentares buscam desesperadamente se reeleger, favorece as cúpulas dos partidos, que ficarão com a chave do cofre nas mãos.

Com o intuito de analisar de que forma a destinação de 1,7 bilhão de reais pode beneficiar justamente os políticos que estão sendo investigados na Operação Lava Jato, computamos a forma como os partidos distribuíram seus recursos nas eleições de 2014. Conforme o Gráfico 34, a partilha do dinheiro arrecadado pelos partidos foi extremamente desigual entre os candidatos de cada estado nas eleições de 2014.[7]

GRÁFICO 33
QUEM GANHA E QUEM PERDE COM A PROPOSTA DO SENADO

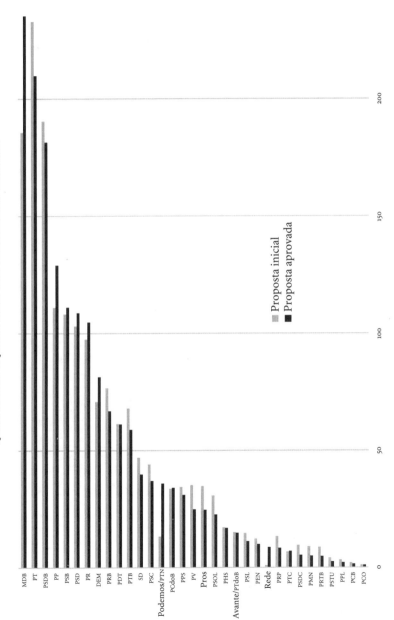

FONTE: Elaboração própria a partir de dados do TSE, da Câmara dos Deputados e do Senado.

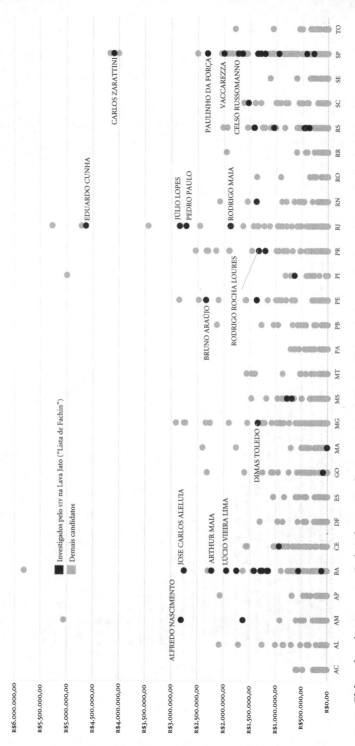

GRÁFICO 34
DISTRIBUIÇÃO DE RECURSOS ARRECADADOS PELOS PARTIDOS ENTRE OS CANDIDATOS ÀS ELEIÇÕES PARA DEPUTADO FEDERAL, 2014

FONTE: Elaborado pelo autor a partir de informações do Repositório de Dados Eleitorais do TSE e das investigações da Operação Lava Jato.

No Gráfico 34, os círculos representam, em cada estado, o valor repassado pelos partidos políticos a seus candidatos. Vê-se que há uma disparidade imensa, com alguns poucos privilegiados recebendo valores extraordinários — Benito Gama (PTB-BA) é o campeão, com quase 6 milhões de reais — e a maioria recebendo muito pouco, ou nada.

Os deputados federais investigados na Lava Jato por receber propinas ou dinheiro de caixa dois estão representados com círculos mais claros no gráfico. Como podemos ver, a maioria deles figura entre os principais beneficiários na partilha de recursos arrecadados pelos partidos. Verificando esse panorama sob a perspectiva dos partidos, é possível identificar que muitos dos supostos artífices do "grande acordo nacional" estão nesse grupo: Eduardo Cunha, Rodrigo Maia, Rodrigo Rocha Loures (o homem da mala de dinheiro, à época um dos braços direitos de Temer), Paulinho da Força, Bruno Araújo (PSDB-PE, ex-ministro das Cidades, o homem do "sim" decisivo no impeachment), além de figuras proeminentes da oposição, como Vicente Cândido (PT-SP, o relator da reforma política na Câmara) e Carlos Zarattini (PT-SP).

Se em 2014 a distribuição dos recursos dos partidos acabou privilegiando políticos que agora estão na mira das grandes investigações anticorrupção em curso no país, certamente não será diferente em 2018, quando os instintos de sobrevivência e de preservação da espécie estarão dominando o jogo político.

Destinar volumes bilionários para os partidos distribuírem entre os candidatos é uma grande barreira à renovação política e reforça a perpetuação no poder de uma elite partidária que reproduz práticas corruptas arraigadas. Além disso, quanto mais recursos públicos são distribuídos a partidos e candidatos, mais atrativa se torna a carreira política para aqueles que querem, simplesmente, se aproveitar dela.

Com relação a esse aspecto da competitividade, Bruno Speck,

da USP, sugere que uma das formas mais eficientes de tornar o processo eleitoral mais equitativo é a fixação de limites máximos de despesas nas campanhas.[8] Para Marcin Walecki, da ONG Transparência Internacional, limites de gastos mantêm a "igualdade de armas" entre os candidatos, um princípio importante nas sociedades democráticas e no processo eleitoral. Por essa razão, tetos máximos para despesas de campanha vêm sendo adotados nas democracias modernas como um mecanismo para controlar a desigualdade entre candidatos e entre partidos e restringir o escopo para a influência econômica indevida e a corrupção. O estabelecimento de limites às despesas — de candidatos, de partidos ou de ambos — é aplicado em 65% dos países-membros da OCDE.[9]

Essa questão do custo das campanhas como indutor da corrupção nas eleições brasileiras é frequentemente apontada nos depoimentos de executivos de empresas no julgamento do processo de abuso de poder econômico da chapa Dilma-Temer no TSE. Benedicto Júnior, da Odebrecht, chama a atenção para os incríveis valores cobrados pelos marqueteiros para desenvolver as campanhas eleitorais:

> O senhor acha que tem lógica gastar 50 milhões [de reais] para iludir o povo? Usei o João Santana [como exemplo], mas posso pegar o PSDB, que era o Paulo Vasconcelos. [...] Criou-se um mercado em que o marqueteiro, o cara da empresa de panfletagem... [...] Esse mercado tem que ser destituído porque aí vai sumir o caixa dois.[10]

Construir um sistema de financiamento eleitoral que coíba a influência econômica na competitividade eleitoral e na atuação dos representantes eleitos é tarefa em que vários países têm se engajado nos últimos anos. De acordo com levantamento de 25 países europeus realizado pela Transparência Internacional em 2011, identificou-se que a maioria tem tomado medidas para regular melhor o financiamento de partidos e das campanhas eleitorais. Alguns países passaram a proibir doações consideradas indutoras de corrupção, como as advindas de grandes empresas (Bélgica, Estônia, França, Hungria, Lituânia, Letônia, Polônia e Portugal), ou puseram limites nas doações individuais.[11]

Para o especialista em financiamento eleitoral Magnus Öhman, o modelo ideal pressupõe a combinação de financiamento público e privado, impondo limites nominais para doações de empresas e indivíduos. Na sua opinião, partidos políticos são organizações privadas destinadas a promover ideias de um segmento da sociedade, e por isso devem se aproximar dos cidadãos que comungam com suas bandeiras para se financiar. Se o financiamento público for responsável pela maior parte das despesas de um partido, eles perdem essa natureza e se tornam cada vez mais uma agência pública.[12] É por motivos dessa natureza que o financiamento exclusivamente público de campanhas, apesar de exercer fascínio, não é visto em nenhum país relevante no cenário internacional — o Uzbequistão é o único país pesquisado que possui financiamento exclusivamente público.[13]

Ainda que a decisão do STF tenha sido bem-aceita pela opinião pública, acreditamos que uma decisão muito mais efetiva seria ver os ministros impondo limites para as doações de pessoas físicas, jurídicas e dos próprios candidatos. A determinação de um teto nominal aplicado a todos os doadores, definido como um valor fixo per capita — e não em termos percentuais da renda ou do faturamento —, teria a vantagem de coibir a influência econômica dos doadores, porém mantendo as contribuições às claras, ao alcance do controle social, da Justiça Eleitoral e do Ministério Público Eleitoral. Outro diferencial positivo de um sistema de financiamento eleitoral que dependesse de doações módicas de pessoas físicas e jurídicas seria o incentivo para que os partidos e candidatos se aproximassem dos eleitores, buscando viabilizar-se economicamente com contribuições de pequena monta provenientes de um grande contingente de doadores.[14]

Embora existam razões para se preferir a adoção de um sistema de financiamento eleitoral misto, que combine recursos de fontes públicas e privadas — inclusive de pessoas jurídicas —, é preciso destacar que ele não é suficiente para eliminar a influência econômica no sistema político. O combate à corrupção e à desigualdade política passa necessariamente por medidas que barateiem as campanhas, aumentem o poder dos órgãos de controle e estimulem a participação da população na vida político-partidária.

Como recomendaria Mencken: para um problema complexo, escolhas igualmente complexas — e isso veremos no capítulo a seguir.

19. Oferta e demanda de dinheiro nas eleições: listas fechadas vs. voto distrital

Tendo operado o suposto sistema de propinas do Partido Progressista (PP) entre 2005 e 2012, o doleiro Alberto Youssef sabe como a máquina de arrecadação funciona.

> Olha, os partidos arrecadam sempre. O ano todo. Sendo campanha ou não sendo campanha. A cada dois anos nós temos uma eleição no país e isso não acaba nunca, porque sempre sobra dívida da campanha anterior. E as arrecadações continuam. Então, o que eu posso dizer? Enquanto continuar esse modelo de financiamento político, os partidos sempre vão estar atrás das empresas, pedindo arrecadações. Não tem como ser diferente disso.[1]

Em 1920, com o objetivo de diminuir a violência, os Estados Unidos aprovaram a 18ª emenda à Constituição, proibindo a fabricação, o comércio e o transporte de bebidas alcoólicas. Após um curto período de apoio popular à medida, logo os americanos passaram a conviver com o crescimento da criminalidade e da corrupção das máfias que controlavam o fornecimento clandestino de bebidas para o consumo ilegal. A medida foi revogada por Roosevelt em 1933.

Aqui no Brasil, a lei nº 7.232/1984 instituiu a reserva de mercado de informática, limitando severamente a importação de equipamentos e programas desenvolvidos no exterior, com o propósito de estimular a produção nacional. O tiro saiu pela culatra, e quem precisava de um computador naquela época tinha que pagar caro por um produto nacional defasado, ou acabava recorrendo ao contrabando ou à pirataria.

Toda vez que um ato do governo provoca uma restrição artificial na oferta de determinado produto sem tomar qualquer medida para reduzir a demanda, são três os resultados mais prováveis: i) o aumento do preço do produto; ii) o florescimento de um mercado paralelo para continuar ofertando o bem ilegalmente; ou iii) a busca do consumidor por produtos substitutos, muitas vezes de qualidade inferior.

Quando o Supremo Tribunal Federal decidiu proibir as doações de empresas para campanhas eleitorais e partidos políticos, secou a fonte de 75% do dinheiro movimentado nas últimas eleições, numa severa restrição à oferta de recursos. Como demonstramos na primeira parte deste livro, o sistema eleitoral brasileiro tem características estruturais que pressionam a demanda por financiamento.

Para começar, com exceção das eleições para prefeito e vereador, as disputas pelo voto são realizadas em âmbito nacional (presidente) ou estadual (governador, senador, deputado federal e deputado estadual), exigindo dos candidatos a realização de uma campanha em territórios muito vastos ou populosos para aumentar suas chances de vitória.

Para os cargos majoritários (presidente, governador e senador), isso tem exigido gastos crescentes com programas de TV e rádio, conteúdo para internet, telemarketing e pesquisas de opinião, que são serviços muito caros. Para os cargos proporcionais (deputados estaduais e federais), a eleição é cara porque é personalista, pois nossos partidos têm pouca identificação ideológica e a disputa é feita com lista aberta, em que os candidatos têm que disputar a preferência do eleitor tanto com os rivais de outras legendas quanto com os colegas do próprio partido.[2] Logo, para ganhar votos é preciso fazer corpo a corpo para fixar seu nome junto ao eleitorado — e para isso precisam mobilizar cabos eleitorais, distribuir santinhos, contratar carros de som e agitadores de bandeiras nos semáforos.[3]

O novo sistema eleitoral brasileiro que emergiu da proibição das doações empresariais, portanto, configura um cenário muito parecido com o observado na Lei Seca americana ou na reserva de mercado de informática no Brasil dos anos 1980. De um lado, reduziu-se drasticamente a oferta de dinheiro para as campanhas e, de outro, não houve nenhuma mudança institucional significativa para diminuir a demanda de candidatos ou de partidos por recursos.

Como vimos, os parlamentares bem que tentaram compensar a perda gerada pela proibição das contribuições empresariais aumentando na mesma proporção o dinheiro público. Mas com a forte reação da opinião pública, o fundo de 3,6 bilhões de reais, que já seria insuficiente para cobrir integralmente o fim das doações de empresas, acabou saindo por "apenas" 1,7 bilhão.

Em função da forte redução da oferta, portanto, os candidatos enfrentarão o primeiro efeito da escassez: a elevação do "preço" do acesso ao financiamento eleitoral. A menos que tenha condições financeiras de bancar suas próprias campanhas, um concorrente a cargo eletivo daqui para a frente terá que recorrer a grandes doadores (pessoas físicas) ou depender dos caciques partidários regionais para ter direito a uma parcela do Fundo Especial de Financiamento de Campanhas. Isso significa que doadores milionários e grandes líderes partidários terão um grande poder na distribuição do dinheiro, o que os autorizará a cobrar caro pelo apoio. À semelhança da Lei Seca, essa situação pode levar a mais corrupção e tráfico de influências na política brasileira.

Outro efeito colateral da proibição de doações empresariais desacompanhada de medidas institucionais para reduzir a dependência de dinheiro nas eleições seria o crescimento do mercado paralelo. Assim como os brasileiros recorriam ao contrabando e a produtos piratas nos tempos da reserva de mercado no setor de informática, os incentivos ao caixa dois nas campanhas eleitorais aumentarão.

Por fim, a restrição na oferta de financiamento eleitoral pode levar os partidos a procurar substitutos mais baratos — no caso, candidatos que possam trazer grande volume de votos sem necessitar de grandes investimentos em campanha. Assim, outro efeito esperado da proibição de doações empresariais é um protagonismo ainda maior de candidatos com grande exposição midiática, como celebridades, radialistas, apresentadores de TV e líderes religiosos. Candidatos milionários, que lastreiam suas campanhas num discurso de negação da política e no uso de suas fortunas pessoais, também podem ser enquadrados nessa categoria.

Marcelo Odebrecht é bem claro ao dizer que, no Brasil, as grandes empresas passaram a recorrer pesadamente ao caixa dois para evitar a demonização das doações oficiais:

> Na hora que alguém apoiava um determinado candidato com 1 milhão [de reais], qualquer obra, [...] qualquer investimento que aquela empresa ganhasse, ou qualquer benefício fiscal que aquela empresa tivesse, aí a imprensa chegava e trazia "olha, aquela empresa doou 1 milhão!". [...] A gente também criminalizou o caixa um, do ponto de vista midiático, e essa questão da gente permitir ter chegado o caixa dois a essa dimensão. [...], foi aí que eu acho que a gente se perdeu.[4]

Sob essa lógica, qualquer movimento que pretenda atacar o problema da influência econômica nas eleições e no exercício dos mandatos apenas pelo lado da restrição ao financiamento de campanha (ou seja, pelo lado da oferta), sem lidar com os incentivos estabelecidos pelo sistema eleitoral (o lado da demanda), certamente estimulará as doações ilegais de recursos.

Assim, de nada adiantará proibir doações de empresas se nada for feito para diminuir a fome de dinheiro de candidatos e partidos na busca pelo voto do eleitor. Temos um sistema eleitoral "individualista, personalista e antipartidário",[5] que induz os candidatos a buscar, junto à elite econômica (grandes empresas e pessoas mais ricas), os recursos necessários para ter chances de ser eleitos. Dessa forma, os políticos eleitos tendem a representar os interesses não dos cidadãos que neles votaram, mas sim os de seus doadores de campanha.[6] Para coibir o poderio econômico nas eleições, portanto, temos que avançar na tão falada e sempre adiada reforma política.

Para tornar o sistema eleitoral mais barato, a experiência internacional recomenda uma combinação eficiente: partidos com ideologia bem definida e candidatos com forte identificação com o eleitorado. Diante do diagnóstico de que o sistema proporcional, com lista aberta, grandes distritos eleitorais e partidos fracos ideologicamente seriam as causas principais do encarecimento dos pleitos observado após a redemocratização brasileira, um caminho natural para minorar o problema seria reformar esses quatro pilares do sistema eleitoral brasileiro.

O cientista político norte-americano David Samuels argumenta que a ferramenta mais óbvia para que a mensagem dos candidatos chegue aos eleitores de forma mais barata é o fortalecimento dos partidos políticos por meio da adoção de um sistema de listas fechadas.[7]

A mudança do sistema de competição eleitoral atual, em que

as cadeiras obtidas pelos partidos são alocadas pelos candidatos mais votados, para outro em que os partidos definiriam previamente a ordem de preenchimento dos cargos conquistados é tema frequente nas diversas comissões parlamentares criadas para discutir a reforma política nas últimas décadas. Sem dúvida, uma mudança nessa direção conduziria ao barateamento das eleições, pois a disputa entre os candidatos seria deslocada para o âmbito interno dos partidos, nas convenções que definiriam a lista ordenada de candidatos. Ao estabelecer que o cidadão votaria no partido, e não mais no candidato, a propaganda eleitoral seria realizada pelos partidos, e não mais pulverizada entre os milhares de candidatos, como acontece hoje. Essa alteração poderia, então, diminuir o custo das campanhas, além de estimular um debate baseado em ideias, e não nos atributos pessoais dos candidatos.

O modelo de lista fechada, contudo, enfrenta muita resistência. De acordo com Jairo Nicolau, cientista político da Universidade Federal do Rio de Janeiro (UFRJ), esse sistema estimula os políticos a se dedicar mais à vida partidária (porque isso aumentaria suas chances de figurar nas primeiras posições da lista) do que a seus eleitores — que não mais votariam em candidatos, mas sim em partidos. Do ponto de vista dos partidos, se por um lado eles seriam pressionados a prestar contas ao eleitor com mais assiduidade, por outro aumentariam os riscos de oligarquização — caciques teriam ainda mais poder, pois controlariam a ordem de candidatos nas listas — e de vermos candidatos impopulares ou acusados de corrupção sendo colocados entre os primeiros da lista e, assim, ganhando eleições contra a vontade popular. Sob a óptica do eleitor, a lista fechada eliminaria um importante instrumento de cobrança sobre os parlamentares, bem como diminuiria o grau de liberdade na hora do voto.[8]

O voto distrital seria uma alternativa eficaz para reduzir o custo das eleições no Brasil. Por meio da divisão do território em distritos eleitorais com populações semelhantes e a disputa sendo realizada de modo majoritário — cada partido define um único concorrente a ser representante da região —, teríamos uma competição muito mais barata do que no modelo atual. Como bônus, o sistema distrital tende a aproximar os eleitores dos candidatos, aumentando assim a responsabilização por suas decisões políticas e a pressão por resultados.

Quem critica o sistema distrital argumenta que ele dificulta a representatividade no Legislativo de minorias em relação ao modelo proporcional, o que seria um problema para um país com grande diversidade étnica, social ou econômica, como é o caso do Brasil.[9] Ao analisar as eleições para deputados federais e estaduais nas eleições de 2010, porém, Vitor Peixoto conclui que o sistema proporcional está longe de gerar um Congresso e Assembleias Legislativas que sejam espelho das diferenças presentes na sociedade brasileira.[10]

A escolha do melhor modelo eleitoral não é trivial. Na experiência internacional, os países definem as regras de seleção dos parlamentares tendo em vista diferentes objetivos. Alguns privilegiam a escolha de candidatos que, na média, representem o perfil da população e sua diversidade de opiniões políticas (sistema proporcional); em outros, incentiva-se o vínculo entre os candidatos e a região onde moram (sistema majoritário com voto distrital).

A depender das regras, também podemos ter modelos mais ou menos fáceis de ser compreendidos pelo eleitorado — variável importante neste momento de falta de confiança na política. Os sistemas eleitorais também têm impactos diretos na governabilidade do presidente da República, na medida em que podem gerar um Congresso composto por poucos partidos ou fragmentado em inúmeras legendas — situação que eleva consideravelmente o custo de governar, como aprendemos com o mensalão e a Lava Jato. Além disso, dependendo das regras do jogo, temos sistemas mais caros ou mais baratos — e mais ou menos permeáveis à influência de grandes doadores privados.

Na última reforma eleitoral, em 2017, o Congresso esteve em vias de aprovar um método original, sem similar em nenhum país relevante: o chamado "distritão". Ele funcionaria de uma forma bem direta: em cada estado, seriam eleitos os candidatos mais votados, independentemente do desempenho de seus partidos.

Levando em consideração os cinco grandes objetivos observados na experiência internacional (representatividade da população, proximidade com o eleitor, facilidade de compreensão, governabilidade e custo), o modelo do "distritão" atenderia a apenas um deles: a facilidade de compreensão da regra pela população. Quanto aos demais objetivos, estaríamos caminhando para o total descrédito da política brasileira, pois todas as mazelas do nosso atual sistema eleitoral — esse modelo que produz corrupção, dificulta a governabilidade e afasta a população da política — seriam reforçadas.

Do ponto de vista do custo, como as eleições se tornariam um "salve-se quem puder" em que a votação do partido não seria considerada na distribuição de cadeiras, os candidatos seriam estimulados a gastar cada vez mais. Com o "distritão", não importaria mais a força do partido e sim exclusivamente o potencial — financeiro, arrecadatório ou de popularidade — do candidato. Isso aprofundaria a conexão entre dinheiro e votos e aumentaria os gastos totais.

A ausência do peso dos partidos no modelo do "distritão" também levaria certamente a um Congresso ainda mais fragmentado, pois legendas pequenas seriam sem dúvida procuradas por candidatos com grande perspectiva de votos — como milionários, celebridades ou líderes religiosos. Como resultado, poderíamos ter ainda mais partidos com representação no Congresso, o que só faria agravar as dificuldades dos futuros presidentes da República em construir e manter uma coalizão de governo.

Felizmente, a proposta de adoção do "distritão" não vingou. No entanto, nossa classe política permanece inerte em relação a debater e implementar um sistema eleitoral mais barato. Com a demanda por dinheiro constantemente impulsionada pelas regras atuais, grandes doadores continuarão a ser procurados por partidos e candidatos. E continuarão a ter o poder de extrair benesses e privilégios como pagamento. Nesse jogo em que a população é a grande perdedora, não faltarão substitutos para a Odebrecht e as outras empresas envolvidas na Lava Jato. Como diria o ditado popular, "a fila anda".

Caso não haja uma mudança nos incentivos que geram pressão por recursos nas campanhas eleitorais brasileiras, o sistema seguirá funcionando no modo "corrupção", como alerta Benedicto Júnior, o BJ da Odebrecht:

> Há concorrentes meus que não estão envolvidos na Lava Jato que procuram os clientes e dizem: "Agora que a Odebrecht não pode mais te ajudar, eu é que vou te ajudar. Você tem que me dar os negócios que são da Odebrecht". Então, as pessoas acham que o mundo vai continuar girando dessa maneira. [...] Eu não estou fazendo apologia. Eu sou parte do sistema errado. Contribuí para que o sistema ficasse do jeito como está de uma maneira importante. Quero pagar minha conta com a sociedade. [...] Quero que meus filhos entendam o que eu fiz. Eles viam as pessoas me pedindo. As pessoas vinham à minha casa. No cargo que eu tinha na Odebrecht, eu não ia atrás de ninguém para pedir nada, as pessoas vinham à minha casa.[11]

20. Cresça e apareça: coligações e cláusula de barreira

"Eu preciso ganhar as eleições, e, para isso, as duas coisas necessárias são dinheiro e tempo de TV."

A frase acima teria sido dita por Sérgio Cabral, numa reunião no Palácio Guanabara, para Ricardo Saud, executivo responsável pelas relações institucionais do grupo JBS. "Dinheiro nós podemos conseguir, e os partidos nós podemos tentar", foi a resposta.

Ricardo Saud faz referência aos partidos porque a divisão do tempo de propaganda em rádio e televisão nas eleições brasileiras se dá levando em consideração o número de votos obtidos pelos partidos nas eleições anteriores. No caso específico do Rio, para atender ao pedido do governador, Saud admite ter pagado 27,5 milhões de reais nas eleições de 2014. Desse montante, 20 milhões saíram na forma de doações oficiais de campanha para o MDB (partido do governador) e para o PDT. O restante teria sido entregue em espécie a Hudson Braga, ex-secretário de Obras do estado.[1]

A lógica de Cabral resume o frenesi que antecede todo ciclo eleitoral, em todo canto do país: a corrida para fechar as coligações de partidos. Mudam-se a empresa, o tipo de eleição e os candidatos, mas a história é sempre a mesma:

— O senhor se lembra de para quais partidos a Odebrecht ficou encarregada de contribuir?

— Olha, no primeiro pedido dele, tinha o Eurípedes Júnior, do Pros [Partido Republicano da Ordem Social] — ele pediu cinco. Depois o Lupi, do PDT [Partido Democrático Trabalhista], dois. O Marcos Pereira, do PRB, cinco. O Fábio Tokarski, do PCdoB, três, e depois ele fez um pedido adicional de quatro. [...] Esses são os que eu tinha anotado, que Guido falou comigo, mas depois, como a relação ficou entre Edinho e Alexandrino, eles podem ter acertado outros. E do pedido original de Guido, que foi cancelado porque, segundo ele, outra empresa tinha assumido, foi o PR, Antônio Rodrigues, dezessete, o PP do Ciro, dez, e o Kassab, do PSD, dez. Esses 37 estavam no primeiro pedido; como a gente demorou para atender, ele botou outra empresa que fez os pagamentos.[2]

A declaração acima é de Marcelo Odebrecht, explicando ao juiz auxiliar do TSE, Bruno César Lorencini, a composição da coligação "Com a Força do Povo", que elegeu Dilma Rousseff e Michel Temer em 2014. Os nomes citados são altos dirigentes dos partidos que compuseram a associação de legendas (PT, MDB, PSD, PP, PR, Pros, PDT, PCdoB e PRB), e os números, obviamente, referem-se a milhões de reais.

O pedido mencionado pelo presidente da construtora baiana teria partido de Edinho Silva, tesoureiro da campanha de Dilma Rousseff nas eleições de 2014. Em junho daquele ano teria havido uma reunião entre os dois e mais Alexandrino de Salles Ramos de Alencar, executivo designado por Marcelo Odebrecht para operacionalizar o acordo. Alexandrino é explícito em relação ao objetivo da reunião: "A compra dos partidos. [...] Era claramente uma compra de tempo de TV, que, se não me engano, deu aproximadamente um terço a mais de horário de TV para a chapa". E a forma de pagamento? "Dinheiro em espécie, entregue em hotéis e flats."[3]

Na divisão de trabalho dentro da Odebrecht, Alexandrino Alencar foi supostamente encarregado de mobilizar os pagamentos para o Pros, o PCdoB e o PRB.[4] O presidente da Odebrecht Ambiental, Fernando Reis, teria cuidado da gratificação do PDT.

> Eu recebi, possivelmente deve ter sido em junho de 2014, uma mensagem do Marcelo Odebrecht [...] para que eu procurasse o Alexandrino Alencar. [...] O Alexandrino me disse que havia tido uma reunião [...] na qual havia um pedido do ministro Guido Mantega para que a Odebrecht consolidasse um apoio financeiro a determinados partidos, de forma que [...] confirmassem a sua participação na coligação, garantindo a eles, então, o tempo de televisão. E que ele, Alexandrino Alencar, estaria encarregado de vários desses partidos, mas que existia um dos partidos que, pelas relações sindicais que a Odebrecht Ambiental tinha e pela sua dispersão, ele não tinha o contato do PDT. Então, como ele e o Marcelo sabiam que [...] essa era uma relação que eu mantinha, principalmente na época em que o então ministro Lupi esteve na pasta do Trabalho, eles me pediam que eu fizesse esse contato e essa interface com o PDT para consolidar a sua participação na chapa "Com a Força do Povo".[5]

Fernando Reis conta que marcou um encontro com o então tesoureiro do PDT, Marcelo Panella, numa cafeteria Starbucks do bairro de São Conrado, no Rio de Janeiro. Contou que tinha uma encomenda de 4 milhões de reais, em recursos não contabilizados, para que o partido confirmasse sua entrada na coligação. O pagamento teria sido feito em quatro entregas (4 e 11 de agosto e 1º e 9 de setembro) no escritório de Panella na avenida Nilo Peçanha, no centro do Rio. No local funciona uma imobiliária, que tem o tesoureiro do PDT como um dos sócios.[6]

Uma das novidades positivas da última rodada de reformas eleitorais foi a aprovação da emenda constitucional nº 97/2017, que proibiu a celebração de coligações nas eleições proporcionais e instituiu uma cláusula de desempenho para os partidos terem acesso aos recursos do Fundo Partidário e à propaganda gratuita em rádio e TV. Infelizmente, essas medidas foram bastante tímidas em relação ao timing de implantação: o fim das coligações só vale a partir de 2020, e as condições da cláusula de desempenho entram em vigor de maneira tímida e gradual no intervalo entre 2018 e 2030. Dessa forma, o Congresso retardou o poder transformador de duas medidas que poderiam tornar as eleições brasileiras mais compreensíveis para o eleitorado e mais baratas, pelo seu potencial de fortalecer os partidos mais relevantes.

A possibilidade de que dois ou mais partidos possam se unir numa coligação para disputar as eleições para deputado federal, deputado estadual e vereador foi criada pela lei nº 7.454/1985.[7] Com isso, os votos recebidos pelos candidatos e partidos coligados são somados para fins do cálculo do quociente partidário, definindo quantas cadeiras os "sócios" terão na legislatura seguinte. Levando em conta que essas coligações em geral não têm conteúdo ideológico, essa regra tornou a disputa eleitoral muito pouco transparente no Brasil — inclusive pela possibilidade de que partidos inimigos nacionalmente possam se aliar nos estados e municípios.

Outra distorção desse modelo é o fomento às chamadas "legendas de aluguel" — partidos que se mantêm apenas pelo comércio de tempo no horário eleitoral gratuito. Como a delação da Odebrecht sugere, é extremamente rentável ser "dono" de um partido político no Brasil. Além disso, as coligações ainda estimulam o descrédito nas eleições, pois confundem o eleitor, que vota num candidato de um partido e acaba contribuindo para eleger o representante de outro.

Em termos teóricos, o cientista político Sérgio Abranches argumenta que as coligações enfraquecem o sistema proporcional brasileiro, subvertendo "o quadro partidário, confundindo o alinhamento entre legendas e contaminando as identidades partidárias". Nesse sentido, essa possibilidade de formação de alianças partidárias garante a sobrevivência parlamentar de partidos com baixa densidade ideológica e amplia sobremaneira as possibilidades de escolha dos eleitores, tornando o processo eleitoral pouco nítido e muito personalista.[8]

Com o objetivo de saber quem, a princípio, ganha com o fim das coligações nas eleições para a Câmara Federal, coletamos os dados das votações em candidatos e na legenda na disputa de 2014 e comparamos com o que teria ocorrido caso estivessem valendo i) o limite mínimo de 10% do quociente eleitoral para um candidato ser eleito, instituído pela lei nº 13.165/2015, e ii) o fim das coligações.

No Gráfico 35 temos a variação entre os candidatos eleitos por partido em 2014 e qual seria a sua bancada caso cada legenda tivesse disputado as eleições em carreira solo.

Como pode ser visto no gráfico, quem mais teria a ganhar seriam os três maiores partidos naquelas eleições: PT, MDB e PSDB. Também teriam saldo positivo o PSB e, em menor medida, PSOL, PTdoB, Partido Renovador Trabalhista Brasileiro (PRTB) e Partido Social Liberal (PSL). Os demais partidos, em geral, teriam sua representação diminuída com o fim das coligações, em especial PR, PTB, PRB e Solidariedade (SD). E três partidos não teriam nenhuma representação na Câmara: Partido da Mobilização Nacional (PMN), PRTB e Partido Trabalhista Cristão (PTC).

O que podemos concluir dos resultados acima é que o fim das coligações, para além dos seus efeitos positivos sobre a trans-

GRÁFICO 35
VARIAÇÃO DO NÚMERO DE CADEIRAS OBTIDAS PELOS PARTIDOS COM E SEM COLIGAÇÕES — ELEIÇÕES DE 2014

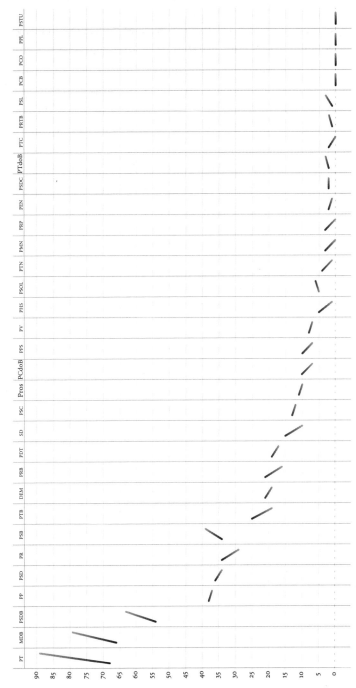

FONTE: Elaborado pelo autor a partir de informações do Repositório de Dados Eleitorais do TSE.

NOTA: O ponto de partida representa o número de cadeiras nas eleições de 2014. O ponto de chegada representa o número de deputados que seriam eleitos se não houvesse coligações e se, para ser eleito, cada candidato tivesse que obter o patamar de 10% do quociente eleitoral.

parência e a coerência das disputas eleitorais, teria também significativo efeito sobre a governabilidade. Ao fortalecer os partidos grandes, reforçando sua bancada na Câmara dos Deputados, a proibição das associações de partidos nas eleições proporcionais ofereceria melhores condições de operação para o nosso presidencialismo de coalizão, diminuindo o custo de negociações políticas para a aprovação de projetos no Congresso.

Esses resultados seriam ainda mais significativos caso o Congresso fosse mais corajoso na instituição da cláusula de desempenho. De acordo com a reforma aprovada, para ter acesso aos recursos do Fundo Partidário e da propaganda gratuita em rádio e TV os partidos precisarão ter obtido pelo menos 1,5% dos votos válidos totais nas eleições anteriores — desempenho esse que tem que ser cumulado com a condição de conseguir mais de 1% dos votos válidos em nove estados. Alternativamente, o partido pode garantir os benefícios previstos em lei se elegerem pelo menos nove deputados federais.

Essas regras começam a valer em 2018, e se tornarão mais rigorosas a cada quatro anos: os limites passarão a 2% dos votos válidos ou onze deputados federais em 2022; 2,5% ou treze deputados em 2026, e, finalmente, 3% do total de votos válidos (sendo pelo menos 2% em nove estados) ou quinze deputados federais a partir de 2030.

No Gráfico 36 apresentamos a performance de cada partido no total dos votos válidos para deputado federal nas eleições de 2014. Os partidos que alcançaram o patamar mínimo de 3% na votação nacional estão representados com a cor mais escura.

Com um percentual de corte de 3% dos votos válidos obtidos nacionalmente, teríamos na atual legislatura "apenas" onze partidos desfrutando dos recursos do Fundo Partidário e do horário de rádio e TV — ainda longe do ideal em termos de governabilidade, mas muito melhor do que a situação atual, em que 26 partidos estão representados na Câmara. O problema é que esse limiar de

3% só será adotado em 2030. Caso fosse aplicado o percentual previsto para vigorar em 2018, ainda teríamos dezoito partidos beneficiados.

GRÁFICO 36
PARTICIPAÇÃO DOS PARTIDOS NOS VOTOS VÁLIDOS PARA DEPUTADO
FEDERAL EM 2014 (PERCENTUAL DE CORTE: 3%)

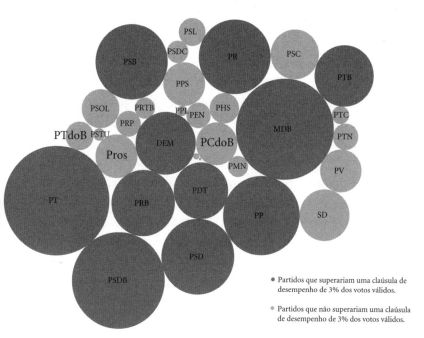

• Partidos que superariam uma claúsula de desempenho de 3% dos votos válidos.

• Partidos que não superariam uma claúsula de desempenho de 3% dos votos válidos.

FONTE: Elaborado pelo autor a partir de informações do Repositório de Dados Eleitorais do TSE.

Como revés, partidos com forte apelo ideológico mas resultado ruim nas urnas terão dificuldades para sobreviver. Isso vale não apenas para partidos de esquerda (PCO, PSTU, PSOL), mas também para os de direita, como o Novo (que não está no gráfico porque não havia sido criado em 2014). Esses partidos terão que definir uma estratégia de sobrevivência — seja crescendo organicamente sem o adubo público do Fundo Partidário e do horário eleitoral gratuito, seja fundindo-se com outros partidos e defendendo suas bandeiras como facções do partido maior. Essa, aliás, é uma preocupação da literatura de ciência política e de organismos internacionais: criar regras que ao mesmo tempo garantam racionalidade e não sufoquem a diversidade de ideias no sistema partidário. Não há modelos prontos.

Mudanças legislativas como a proibição das coligações nas eleições proporcionais e a imposição de cláusulas de desempenho poderiam ser os primeiros passos para, via racionalização do número de partidos, recuperar a identificação ideológica entre o eleitorado e os principais partidos políticos. Como já vimos, quanto maior o vínculo entre eleitores e legendas partidárias, menor a demanda por financiamento eleitoral.

De acordo com o TSE, o Brasil conta atualmente com 35 partidos registrados.[9] Criar instrumentos para que migremos, de forma gradativa, para uma situação em que se mantenha o multipartidarismo, porém com um número menor de partidos, tornaria o sistema partidário mais claro para o eleitor, ofereceria melhores condições de governabilidade e poderia também reduzir o custo das eleições — sem falar nos incentivos à corrupção, como foi relatado pelos executivos da JBS e da Odebrecht.

21. Quem quer combater o caixa dois?

Dos 28 anos que dedicou à Odebrecht, Luiz Eduardo da Rocha Soares passou oito no setor de Operações Estruturadas — e justamente no período em que as atividades de pagamento de propinas e caixa dois foram mais intensas, entre 2006 e julho de 2014.[1] Expansão desenfreada do plano de investimentos da Petrobras, obras faraônicas para a Copa e a Olimpíada, BNDES emprestando dinheiro a rodo e desonerações tributárias para ajudar grandes empresas a superarem a crise internacional de 2008, entre outras medidas, tornaram o dinheiro fácil e aguçaram o apetite de executivos e políticos. Luiz Eduardo da Rocha Soares estava no olho desse furacão, coordenando a entrega de malas e mais malas de dinheiro.

Apesar de tudo, o executivo tinha medo de ser pego. Ele pressentia que, mais dia, menos dia, a atividade frenética de distribuição de valores ilícitos que ele realizava daria problema. Se não fosse no Brasil, decerto seria no exterior — principalmente nos Estados Unidos, onde as regras anticorrupção e o monitoramento da movimentação financeira das empresas eram muito rigorosos.

Por aqui, como a Odebrecht fazia pagamentos em dinheiro vivo para políticos e seus prepostos, ele se sentia mais seguro.

Isso valeu até eclodir a Operação Lava Jato, no início de 2014. Segundo Luiz Eduardo, o início das operações da força-tarefa em Curitiba levou a uma mudança de comportamento do conglomerado baiano. "A empresa ficou um pouco mais atenta a esse tipo de coisa, [buscando] fazer as coisas com menos volúpia, [...] com menos volume."[2]

É inegável que o trabalho conjunto de procuradores, policiais federais e servidores de órgãos de controle como a Receita Federal, o Tribunal de Contas da União (TCU) e a Controladoria-Geral da União (CGU) desestabilizou poderosos cartéis de empresas e suas associações com políticos do alto e do baixo clero e dirigentes do poder Executivo. A grande questão que se coloca perante a sociedade, contudo, é se esses efeitos serão perenes ou se a Lava Jato será apenas uma dose de analgésico aplicada num corpo tomado pela septicemia.

O cientista político André Marenco, da Universidade Federal do Rio Grande do Sul (UFRGS), utilizando uma amostra de 84 países, procurou analisar as relações entre financiamento de campanhas eleitorais e o nível de percepção de corrupção medido pela Transparência Internacional. Os resultados encontrados, porém, são frustrantes para aqueles que acreditam que as reformas política e eleitoral podem conduzir o país a um patamar mais elevado de transparência e combate à corrupção.

Após analisar a correlação entre diversas variáveis sobre financiamento de campanha — como fundos públicos, tetos para contribuições e despesas, publicação das contas de campanha etc. — e indicadores relativos ao sistema político em vigor — presidencialismo ou parlamentarismo, representação proporcional ou uninominal, listas abertas ou fechadas e magnitude dos distritos —, o autor concluiu que o desenvolvimento econômico, medido pelo

PIB per capita, é a variável-chave para explicar o índice de percepção de corrupção. Em outras palavras, países mais desenvolvidos tendem também a apresentar menor sensação de corrupção entre seus cidadãos. Na visão de André Marenco, o segredo do sucesso está no papel das instituições em fazer cumprir a legislação e combater a impunidade.[3]

Essa opinião é compartilhada também por Fernando Limongi e Argelina Figueiredo, para quem de nada adiantaria adotar um sistema de financiamento público integral das campanhas se não houver melhores instrumentos de fiscalização por parte da Justiça Eleitoral quanto ao uso do caixa dois.[4] O cientista político Bruno Wanderley Reis (UFMG) também atenta para a necessidade de melhorar sensivelmente o controle sobre os recursos empregados nas campanhas eleitorais, sugerindo para isso um disciplinamento detalhado dos gastos admissíveis, a prestação de contas na internet ainda durante a campanha, a adoção de punições mais severas para o uso de recursos ilícitos e até mesmo novas normas de direito bancário e tributário que reduzam o volume de recursos ilegais que abastecem o sistema partidário-eleitoral.[5]

No entanto, do ponto de vista da transparência, a reforma política aprovada depois da decisão do STF tentava nadar contra a corrente. Em vez de adotarmos um sistema em que as doações de empresas e indivíduos são autorizadas, porém sujeitas a limites estritos, penas pesadas para o caixa dois e instrumentos processuais para permitir sua rápida condenação, acabamos optando pela solução populista de proibir doações empresariais e ficarmos impassíveis quando se trata de fazer melhorias institucionais para combater o financiamento eleitoral paralelo.

Apesar do sucesso obtido pela Operação Lava Jato, o país ainda dispõe de meios precários para investigar e condenar praticantes de caixa dois. No primeiro caso, o Ministério Público Eleitoral não dispõe sequer de estrutura própria — funciona com membros dos Ministérios Públicos Federal e Estadual designados provisoriamente para exercer a função de intervir no processo eleitoral.[6] A Justiça Eleitoral, por sua vez, tem mais de 50% de sua mão de obra composta por servidores requisitados de outros órgãos ou poderes, terceirizados e estagiários, segundo a última edição do anuário *Justiça em Números* do Conselho Nacional de Justiça. Por isso não espanta que apenas 3004 ações que tramitaram em 2014 na Justiça Eleitoral tenham versado sobre crimes eleitorais, o que representa mero 0,64% do total desse ramo da Justiça.[7]

Diante desse quadro, é fácil entender como tanto dinheiro passou por debaixo das barbas das agências governamentais de combate a ilícitos envolvendo o patrimônio público durante o auge do petrolão e outros esquemas de corrupção. E é o próprio operador do departamento de propinas da Odebrecht, Luiz Eduardo da Rocha Soares, quem critica o estágio atual e recomenda mudanças:

> Eu acho que o Brasil teria tudo para ser um dos países com o melhor controle do mundo. Nós temos a melhor Receita Federal do mundo. Não existe no mundo um lugar que tenha um sistema de controles como existe na Receita daqui. Mas eu acho que os sistemas de *compliance* dos bancos brasileiros estão um pouco falhos, porque é daí que você vê de onde sai esse tanto de dinheiro em efetivo. Como é que pode tanto dinheiro circular e o pessoal sacar desses bancos? Está aí a diferença. No exterior, o pessoal não consegue sacar muito dinheiro nos bancos.[8]

Para mudar esse contexto é que surgiram as discussões para a propositura do projeto de lei que ficou conhecido como "10 Medidas Contra a Corrupção". Criada no âmbito do Ministério Público, a proposta legislativa ganhou apoio de diversas organizações da sociedade civil e recolheu milhões de assinaturas de cidadãos Brasil afora.

O projeto das "10 Medidas" continha uma série de aprimoramentos processuais e penais para aumentar o poderio de fogo das autoridades contra a prática de corrupção. Embora muito criticado por algumas arbitrariedades (como a instituição de testes de integridade para o exercício de cargos públicos, o esvaziamento do habeas corpus e a admissão de provas obtidas ilicitamente no processo), ao longo da tramitação o relator Onyx Lorenzoni (DEM--PR) já havia aparado suas principais arestas após dezenas de audiências públicas com especialistas. Aprovado na comissão especial no dia 24 de novembro de 2016, o projeto (PL nº 4.850/2016) estava pronto para ser votado no plenário da Câmara. O que se viu em seguida foi como os políticos brasileiros estão se movimentando tendo como referencial unicamente o seu instinto de sobrevivência diante das acusações da Operação Lava Jato.

O presidente da Câmara dos Deputados, Rodrigo Maia, colocou o projeto em votação na madrugada do dia 30 de novembro de 2016, justamente no momento em que o país estava estarrecido diante da tragédia, ocorrida na noite anterior, com o avião que levava o time da Chapecoense e vários jornalistas para Medellín, na Colômbia. Aproveitando-se da comoção nacional que atraía todas as atenções, os principais partidos da Câmara dos Deputados fracionaram o substitutivo aprovado na comissão especial em treze destaques que versavam sobre suas principais inovações. Postos em votação, os principais pontos do projeto foram derrubados, um a um, não sobrando quase nada que lembrasse o projeto inicial, que havia recebido o apoio de 2,2 milhões de brasileiros em abaixo-assinados distribuídos por todos os estados. Como se não bastasse, os deputados ainda aprovaram emendas relativas a abuso de autoridade, com o claro objetivo de intimidar juízes e membros do Ministério Público no exercício de suas atribuições.

Ao analisar o posicionamento dos partidos em cada uma das catorze votações ocorridas naquela madrugada, fica claro como funcionou o "acordão" para sepultar as "10 Medidas Contra a Corrupção". Inimigos mortais depois do impeachment de Dilma Rousseff, MDB e PT deram os braços em defesa da impunidade e orientaram seus correligionários a votar contra em todos os destaques que derrotaram a maior parte das medidas. Seus sócios (na governabilidade ou nos esquemas investigados pela Lava Jato) PP, PR, PTB, PDT, Partido Social Cristão (PSC) e Partido Ecológico Nacional (PEN) também se opuseram às dez medidas em 100% dos casos. Solidariedade (SD) e PCdoB ficaram só um pouco atrás, conforme pode ser visto nos Gráficos 37 e 38.

É verdade que, durante as votações nominais, houve deserções entre os partidos — ainda mais quando se leva em conta que foram realizadas catorze votações na sequência. Mas se a disciplina partidária é uma regra no presidencialismo de coalizão brasileiro, como já demonstramos no capítulo 9, não seria diferente quando o assunto é a defesa da impunidade para seus membros.

A situação foi tão escandalosa que o ministro Luiz Fux, do STF, atendendo a mandado de segurança impetrado pelo deputado Eduardo Bolsonaro (PSC-SP), identificou "uma multiplicidade de vícios" na tramitação do projeto e determinou, em decisão liminar, a invalidação da votação e o reinício de sua análise na Câmara dos Deputados.[9] Não é preciso dizer que, no atual estágio por que passa o Congresso, é melhor esperar sentado.

GRÁFICO 37
ÍNDICE DE POSICIONAMENTO DO PARTIDO CONTRA AS "10 MEDIDAS CONTRA A CORRUPÇÃO"

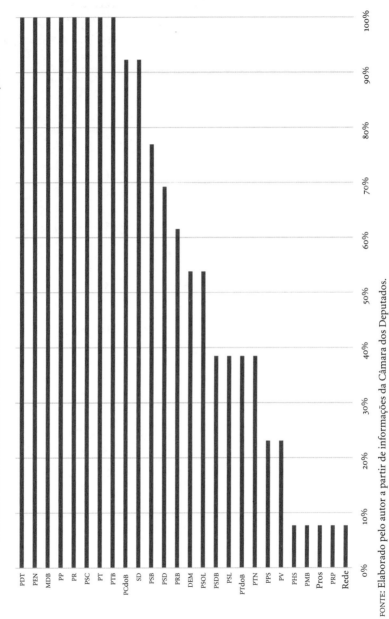

FONTE: Elaborado pelo autor a partir de informações da Câmara dos Deputados.

GRÁFICO 38
ÍNDICE DE VOTAÇÃO DOS PARTIDOS CONTRA AS "10 MEDIDAS CONTRA A CORRUPÇÃO"

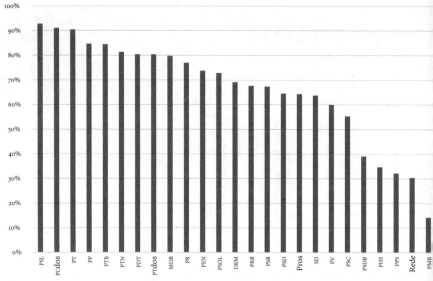

FONTE: Elaborado pelo autor a partir de informações da Câmara dos Deputados.

22. Cooptação e predação do Estado

Em 22 de janeiro de 2007 o presidente Lula baixou a medida provisória nº 349, que criou o Fundo de Investimento do Fundo de Garantia do Tempo de Serviço, o FI-FGTS. Em síntese, segregava-se uma parte do patrimônio do FGTS, composto por contribuições de todos os trabalhadores da iniciativa privada e empresas, para investimentos em projetos de infraestrutura. Na redação original da medida, limitavam-se as aplicações aos setores de energia, rodovia, ferrovia, porto e saneamento. Até a aprovação da medida no Congresso foram inseridas também as hidrovias. Em 2013, uma nova lei incluiu os aeroportos como destinatários dos investimentos.[1]

A sistemática do FI-FGTS prevê que as empresas interessadas em acessar o dinheiro do fundo devem apresentar seus projetos a um Comitê de Investimentos, vinculado ao Conselho Curador do FGTS. Uma vez aprovada, a operacionalização é feita pela Caixa Econômica Federal, agente financeiro do fundo.

O crescimento do volume de recursos disponível para as operações da Caixa e a criação do FI-FGTS, cujo patrimônio inicial era de 5 bilhões de reais e, por lei, poderia ser aumentado em parcelas sucessivas de mesmo valor até atingir 80% do patrimônio líquido do FGTS, fizeram crescer os olhos dos políticos interessados em fazer negócios com o setor privado. Por outro lado, o empresariado via-se bastante motivado a ter acesso a um volume de recursos crescente, cujos empréstimos cobram taxas de juros substancialmente inferiores às praticadas no mercado.[2]

No loteamento de cargos da administração direta e de estatais realizado para compor a coalizão partidária do governo petista pós-mensalão, coube ao MDB da Câmara (leia-se Michel Temer, Eduardo Cunha e Henrique Eduardo Alves) a vice-presidência de Fundos de Governo e Loterias da Caixa (Vifug), justamente a área que cuidava, entre outras coisas, do FI-FGTS — pelo menos segundo a delação de Lúcio Funaro.

O doleiro de forte sotaque paulistano conta que teria partido dele a ideia de nomear Fábio Cleto para comandar a Vifug em 2011, assim que Dilma Rousseff assumiu o Palácio do Planalto. A sugestão foi logo abraçada por Eduardo Cunha e, durante a tramitação da indicação na Casa Civil, teria sido acompanhada de perto por Henrique Eduardo Alves, com a devida chancela do novo vice-presidente da República, Michel Temer.

Com um apadrinhado tomando conta do cofre, Funaro operacionalizou um grande esquema de corrupção na Caixa e no FI-FGTS em favor do seu grupo político. Ele se aproximava de grandes empresas vendendo a facilidade de uma rápida aprovação do projeto no banco, e, uma vez liberado o dinheiro, era cobrada uma comissão que variava em torno de 3%. A operação alegadamente funcionava da seguinte forma: Funaro, mediante uma de suas empresas, emitia notas fiscais em nome da beneficiária do empréstimo, como se tivesse prestado um serviço. A empresa então depositava o dinheiro acertado na conta de Funaro, que inclusive pagava os impostos devidos. Com o dinheiro em conta,

Funaro definia com Eduardo Cunha como seria a divisão do dinheiro. Na descrição dos fatos feita pelo doleiro, "em 99% dos casos" os valores seriam repassados a Cunha em espécie, por meio de prepostos — de nomes Altair e Zabo — ou diretamente aos políticos interessados.

Funaro sugere que os pacotes de dinheiro, a princípio, foram entregues no seu próprio escritório. Ele lista uma série de parlamentares que teriam passado por lá para buscar sua parte no butim: José Priante, Manoel Júnior, Mauro Lopes, e os assessores de Antônio Andrade e Sérgio Souza. No entanto, como o doleiro se incomodou com o intenso movimento de pessoas na sede da sua empresa, Cunha acabou alugando um flat na mesma rua, num hotel chamado Clarion.

Na distribuição da propina, Funaro faz menção especial a dois peixes grandes. Henrique Eduardo Alves tinha tratamento VIP e enviava um assessor parlamentar — de nome Wellington ou Norton — que receberia a quantia diretamente de Funaro. Outras vezes, o doleiro se encarregava de entregar o dinheiro, em Brasília ou até mesmo em Natal, para onde a remessa era enviada no seu próprio avião.

Com relação a Michel Temer, Funaro relata que uma feliz coincidência facilitava os trabalhos: os escritórios do então vice-presidente, de seu assessor José Yunes e o de Funaro ficavam muito próximos, a cerca de cem metros de distância um do outro, o que reduzia bastante o risco de transporte de dinheiro. Na delação do doleiro, consta que ele ouviu muitas vezes Altair, o preposto de Cunha, recolher o dinheiro no seu escritório e comentar que iria fazer a entrega "pro Michel".[3]

Elton Negrão de Azevedo Jr., que até 2015 foi presidente da Andrade Gutierrez Industrial, se orgulha de uma coisa na vida: ele não conhece Brasília. O executivo fez questão de frisar esse ponto no seu depoimento no TSE para dizer que nunca se reuniu com políticos — embora tivesse apertado a mão de Lula e Dilma quando eles, em duas ocasiões, foram visitar um canteiro de obras da Andrade Gutierrez em Manaus.[4]

Na sua visão, a expansão da Petrobras foi determinante para tudo o que aconteceu no Brasil nos últimos anos, da cartelização das empreiteiras à farra de doações oficiais e propinas para políticos. Nas suas contas, o plano de investimentos da Petrobras em 2004 e 2005 era um décimo do que alcançou entre 2007 e 2011.[5] De acordo com o executivo do grupo mineiro, o crescimento de sua empresa está relacionado às propinas e contribuições partidárias pagas a políticos.[6] A influência política sobre o dia a dia da sua empresa era tão intensa que a própria execução das obras seguia o ritmo da pressão por propinas: obras bilionárias, como o Complexo Petroquímico do Rio de Janeiro (Comperj), foram entregues mesmo sem ter assegurado o fornecimento de energia elétrica — forçando-o a ficar "hibernado", com a planta pronta, sem produzir e se deteriorando por anos — porque custou 2 bilhões de reais e, com isso, geraria um volume imenso de comissões.[7] Para o executivo da Andrade Gutierrez, o maior prejuízo da Petrobras não veio diretamente da corrupção, mas desses erros estratégicos de se entregar projetos tão grandes sem estarem aptos a produzir, apenas para atender à pressão por propinas.[8]

Os laços que unem o empresariado a um Estado grande e propenso à captura não se limitam a empréstimos subsidiados, benefícios fiscais ou a grandes obras de infraestrutura. Normas regulatórias, quando utilizadas para barrar a concorrência ou constituir reservas de mercado, também são muito apreciadas pelas grandes empresas que atuam no Brasil. É o caso, por exemplo, das normas que exigiam conteúdo nacional nos contratos de exploração do pré-sal.

Ricardo Pessoa, presidente do grupo UTC e considerado o organizador do cartel de empreiteiras que comandava as licitações de grande vulto da Petrobras, conta que foi procurado em 2014 tanto por João Vaccari Neto (tesoureiro do PT) quanto por Edinho Silva (tesoureiro da campanha de Dilma Rousseff) com solicitações de contribuições para as campanhas petistas daquele ano. Embora reconheça que esses pedidos não estavam vinculados a nenhum contrato específico da Petrobras, ele manifestou aos representantes do PT que se preocupava com a manutenção das regras de conteúdo local. Ele deixou bem claro quais seriam as suas intenções:

> Era a continuidade da forma como se faziam as coisas. Isso significa que o conteúdo local continuaria, que as obras da Petrobras seriam totalmente tocadas daquela mesma forma, que o mercado, salvo qualquer incerteza externa — porque o preço do petróleo não é a gente que manda, não é o Brasil que define —, teríamos investimentos perenes na Petrobras.[9]

A resposta de Edinho foi bem clara: "Quer continuar tendo novas obras, quer continuar tendo oportunidades? Então você tem que contribuir mais. Porque eu preciso. Porque o senhor não sabe, mas político só controla receita, não controla despesa".[10]

Ao fazer as considerações finais em seu depoimento para o ministro Herman Benjamin, Benedicto Júnior, da Odebrecht, ilustra o funcionamento dos arranjos políticos para desviar recursos e achacar empresas:

> Eu vi uma frase ao longo desse processo dos últimos dois anos [...] uma frase verdadeira, ministro: "É impossível botar um tijolo no Brasil sem pagar alguma coisa para alguém". Essa é a realidade nossa. [...] É aviltante você não poder sentar e ter uma discussão técnica onde prevaleçam o bom senso e o que é o melhor para aquele negócio. [...] Eu acho que o abuso do poder econômico no

sistema de doações eleitorais que foi criado [...] tem que ser revisto. Na minha humilde visão, enquanto houver a possibilidade de que as pessoas se relacionem com as empresas num volume que não é controlado, vai continuar existindo esse pedido e as empresas vão se sujeitar a essa realidade.[11]

Todos esses relatos demonstram como as engrenagens que mantêm o presidencialismo de coalizão brasileiro funcionando geram oportunidades de negócios para grandes grupos empresariais e para a elite política que controla os principais partidos. As amplas evidências apresentadas até aqui demonstram que os incentivos presentes na legislação eleitoral e nas relações entre os poderes Executivo e Legislativo seguem o modelo extrativista proposto por Daron Acemoglu e James Robinson. Nele, grupos políticos se valem de maciças doações eleitorais e propinas provenientes de importantes setores econômicos para se eleger e se manter no poder e, em troca, aprovam leis e políticas públicas que atendam aos interesses dessa elite econômica. Na direção indicada pelos economistas Marcos Lisboa e Zeina Latif, os incentivos a comportamentos de *rent seeking* demonstrados neste livro constituem uma característica do desenvolvimento político e econômico brasileiro — concentrador de renda e resistente à concorrência, ao pluralismo político e à inovação.[12]

Diante dessa realidade, um dos grandes desafios para a sociedade brasileira, neste momento de encruzilhada histórica, é gerar condições de aprovar medidas para reduzir essas oportunidades de predação do Estado.

Como demonstramos fartamente, o poder de agenda concentrado no poder Executivo — por meio de competências legislativas e a distribuição de cargos públicos e recursos do Orçamento — e nos líderes partidários torna o presidencialismo de coalizão brasileiro um ambiente propício para o exercício de pressão por parte de grupos de interesse e caciques políticos sedentos de propina.

Reverter esses incentivos de cooptação passa, portanto, por repensar as estruturas desse regime de governabilidade que já se cristalizou nas últimas décadas. Em outras palavras, é preciso reduzir o valor das moedas de troca utilizadas nas negociações entre o Palácio do Planalto e o Congresso. Limitar o uso de medidas provisórias e a possibilidade de inserção de emendas estranhas ao seu conteúdo, reformular o processo orçamentário para que a execução não seja objeto de chantagem entre o presidente da República e os parlamentares e reduzir drasticamente o número de cargos de confiança na administração direta e nas estatais provocariam uma revolução no modo de funcionamento do Estado.

O tamanho do Estado brasileiro, aliás, é fonte quase inesgotável de oportunidades de corrupção, como explica Marcelo Odebrecht:

> Se eu me reunisse com o ministro dezenas de vezes, sempre levava meus pleitos. Por mais legítimos que eles fossem, e mesmo se buscassem o interesse público, na cabeça dele, ele estava ajudando a gente. Então, criava uma expectativa nele também. E quando ele veio e me pediu [...] 100 milhões, era porque, na cabeça dele, ele também tinha ajudado muito a Odebrecht a crescer. É isso. Essa é a relação, infelizmente ou felizmente, que havia entre o político e o empresário.[13]

Para lidar com esse problema, precisamos de mais transparência e participação social. De um lado, precisamos saber quem são as pessoas que se reúnem com os agentes públicos, quando e onde — e a serviço de quais interesses trabalham. Uma abrangente regulação do lobby, portanto, poderia colaborar para o monitoramento da imprensa e da sociedade em geral sobre as relações entre o público e o privado. Para isso, os pesquisadores Manoel Leonardo Santos e Lucas Cunha, com base em amplo levantamento da experiência internacional, sugerem que o Brasil deveria levar em conta aspectos como o registro dos profissionais, a divulgação de gastos do lobista e de seus empregadores, o detalhamento das suas atividades e relações com os políticos e a disponibilização dessas informações para que a sociedade exerça o controle social sobre as ações de *lobbying*, de quem contrata esses serviços e com quais agentes públicos eles se relacionam.[14]

De forma complementar à regulação do lobby, deveríamos aumentar a proteção contra denunciantes de crimes de corrupção e afins, a abertura do sigilo fiscal de ocupantes de cargos públicos, a adoção de códigos de conduta para agentes governamentais e o estabelecimento de regras mais claras sobre conflitos de interesses. Essas inovações poderiam contribuir de modo complementar para a redução da influência econômica na concepção de novas leis e programas governamentais, segundo recomendações da OCDE.[15]

Outro problema de nosso modelo que submete a economia e a política às estratégias de *rent seeking* de grandes empresas é a imensa distância nos graus de acesso entre grupos organizados e os eleitores em geral no processo de formulação legislativa. Para reduzir esse espaço, precisamos investir no combate à assimetria de informações no processo de concepção de leis e políticas públicas. A intensificação do uso de audiências e consultas públicas nos poderes Executivo e Legislativo, assim como o relaxamento dos requisitos para a apresentação de projetos de lei de iniciativa popular, poderiam ser passos decisivos na direção de uma democracia efetivamente mais plural e menos dominada por grupos de interesse empresariais.

Outra dimensão que poderia fechar as torneiras do *rent seeking* seria aumentar as exigências para a instituição de benefícios e privilégios instituídos das mais diversas formas: regulação, tratamentos tributário e fiscal diferenciados, crédito subsidiado etc. A proliferação desses regimes especiais nos últimos anos torna difícil reverter esse processo devido à grande resistência daqueles que se aproveitam das regras atuais — além de gerar um estímulo para comportamentos individualistas, pois todos que podem se mobilizam para obter tratamento diferenciado ou melhorar sua posição naqueles já existentes. O resultado desse *rent seeking* fragmentado é a inviabilização de reformas tributária e fiscal abrangentes, pois nenhum grupo admite uma piora do seu estado alcançado anteriormente.[16]

Para diminuir a demanda por regimes especiais seria necessário aumentar o custo político de sua instituição. Para isso, recomenda-se exigir i) a publicação de "livros brancos" com a opinião de especialistas explicitando suas vantagens e desvantagens para, assim, fomentar o debate no Congresso e perante a sociedade; ii) a realização de audiências públicas para apresentação de seus objetivos, metas e custos; e iii) a concessão de benefícios apenas com prazo certo, metas, quantificação de resultados e avaliação de resultados realizadas por órgãos de controle externo.

No seu profético artigo de 1988, em que expôs as incongruências de nosso presidencialismo de coalizão, o cientista político Sérgio Abranches anteviu o quadro que enfrentamos agora: um Estado imenso, imobilizado pelos incentivos e subsídios que o conluio da burocracia com agentes privados concede e pelo desinteresse das classes políticas em assumir o custo de combater esses privilégios. "Verifica-se, portanto, o enfraquecimento da capacidade de governo, seja para enfrentar crises de forma mais eficaz e permanente, seja para resolver os problemas mais agudos que emergem de nosso próprio padrão de desenvolvimento."[17] Esse diagnóstico foi concebido em 1988, no Brasil de Sarney. Em 2018, no Brasil de Temer, enfrentamos os mesmos problemas. Evoluímos muito entre um e outro. Mas é surpreendente como permanecemos no mesmo lugar.

Desarmar esse sistema que concentra renda e poder nas mãos de grandes grupos econômicos e de uma elite política dinástica é o grande desafio a ser enfrentado pela sociedade brasileira. Às portas da comemoração de trinta anos da Constituição Federal, precisamos colocar em prática um projeto democrático e sustentável para alcançar os objetivos fundamentais da República Federativa do Brasil: construir uma sociedade livre, justa e solidária; garantir o desenvolvimento nacional; erradicar a pobreza e a marginalização e reduzir as desigualdades sociais e regionais; e promover o bem de todos, sem preconceitos de origem, raça, sexo, cor, idade e quaisquer outras formas de discriminação.[18]

Conclusão

As histórias reveladas pela Operação Lava Jato, muitas delas recontadas aqui, chocaram o Brasil. A sensação de ver pela primeira vez barões do capital e políticos de alta patente sendo presos por corrupção causou assombro na população acostumada à impunidade.

Mas o grau de relacionamento entre grandes empresários e a cúpula dos principais partidos, o volume de recursos movimentado (seja em malas ou em contas no exterior) e a colocação de símbolos nacionais (como a Petrobras, a Caixa Econômica Federal e o BNDES) a serviço de interesses individuais não são inéditos. Pelo contrário, passam de geração a geração. E nos dois lados do balcão.

Marcelo Odebrecht foi escolhido em 2008 para assumir o comando da empresa criada pelo seu avô Norberto em 1944. Antes, seu pai Emílio se encarregou de consolidar a companhia que leva o nome da família como uma das maiores empresas da América Latina. A primeira obra da Odebrecht para a Petrobras foi feita em 1953: um pequeno acampamento para os funcionários que construíam um oleoduto na Bahia. Em 1969, a construtora baiana foi escolhida para erguer a sede da Petrobras no Rio.[1] De lá para cá, a empresa cresceu impulsionada por grandes projetos de infraestrutura governamentais, no Brasil e no exterior — até 1º de dezembro de 2016, quando foi forçada a pedir desculpas pelas "práticas impróprias" (ela só utiliza a palavra "corrupção" uma única vez no documento de 476 palavras) no seu relacionamento com o setor público. Marcelo Odebrecht, àquela altura, já estava preso, e assinava, junto com 76 executivos do grupo, um acordo de leniência com o Ministério Público.[2]

Geddel Vieira Lima é filho de político — seu pai, Afrísio, foi deputado federal e dirigente de várias estatais e órgãos públicos na Bahia, como o Instituto Nacional de Colonização e Reforma Agrária (Incra), a Companhia Docas e a Junta Comercial. Durante toda a sua carreira política, Geddel quase sempre transitou ao redor do poder. Antes de se eleger deputado federal pela primeira vez, em 1990, foi diretor de estatais no mesmo estado. Depois foram cinco mandatos na Câmara dos Deputados, sempre com funções de destaque: líder do então PMDB, presidente de comissões, membro da Mesa Diretora. Geddel foi ministro de Lula, vice-presidente da Caixa Econômica Federal com Dilma e ministro novamente com Temer.

Ao longo da sua trajetória, sempre se envolveu em suspeitas de corrupção: foi acusado de desvio de dinheiro no Banco do Estado da Bahia, foi um dos Anões do Orçamento, teve problemas com o TCU a respeito de favorecimento na liberação de recursos para obras e, em 5 de setembro de 2017, revelou-se guardião de fabulosos 51 milhões de reais em espécie, armazenados em caixas e malas num apartamento de Salvador.

Assim como corruptos e corruptores expandem seus negócios de geração em geração, os esquemas de corrupção sistematicamente chacoalham o país revelando as vísceras de nosso capitalismo de Estado. Para ficarmos só nos maiores escândalos da Nova

República (de 1985 em diante), tivemos P. C. Farias, Anões do Orçamento, favorecimentos na privatização do governo FHC, mensalões (do PT, do PSDB mineiro e do DEM), Lava Jato, Zelotes, Greenfield e trensalão tucano.

Quase sempre os mesmos políticos (ou seus filhos), quase sempre os mesmos partidos, quase sempre as mesmas empresas, quase sempre o mesmo modus operandi. Doleiros, marqueteiros, caixa dois, contas no exterior, laranjas.

Todas essas histórias resumem os maiores mistérios da política brasileira. Como criminosos conseguem se reeleger mandato após mandato mesmo sendo bombardeados com denúncias de corrupção ao longo das suas extensas carreiras? Como empresas optam por corromper políticos em vez de investir em produtos melhores, mais baratos e mais avançados tecnologicamente?

A resposta mais tradicional para esses paradoxos é que o brasileiro não sabe votar. Não temos memória, não acompanhamos o noticiário político, acreditamos no "rouba, mas faz". Para quem confia nessa explicação, a Operação Lava Jato enche os corações com a esperança de que estamos virando uma página na nossa história: dezenas de corruptos e corruptores dos mais variados partidos e empresas estão sendo investigados e condenados, e nossa política está sendo finalmente purificada pela ação (tardia) da Justiça. Será mesmo?

É inegável que a condenação de peixes graúdos como Geddel ou Marcelo Odebrecht representa um marco num passado multissecular de impunidade em favor dos poderosos. Mas estamos avançando muito pouco para tomarmos medidas concretas, institucionais, para lidar com o problema da corrupção de forma sistemática.

Para tanto, precisamos encarar de maneira mais técnica e menos passional o mistério dos grandes corruptos que não largam o osso do poder e das empresas que têm na propina seu principal investimento — menos caderno de polícia e mais caderno de política. Não são as pessoas, é o sistema. Não é o brasileiro que não sabe votar; são as instituições que garantem a eleição dos corruptos e a impunidade dos corruptores.

Seleção adversa e risco moral são dois conceitos da teoria econômica que podem nos ajudar a encontrar uma saída institucional para o dilema da corrupção em bases mais perenes, para que a Lava Jato não seja apenas um evento isolado em nossa história pouco republicana.

Um sistema político que atrai criminosos e repele cidadãos de bem nos induz a comprar gato por lebre e a elegermos permanentemente Congressos que são verdadeiros "abacaxis" democráticos. Isso, em economia, se chama seleção adversa: as regras disponíveis nos induzem a fazer escolhas erradas. Logo, não é o brasileiro que não sabe votar — o sistema é que é construído para beneficiar quem sabe jogar o seu jogo sujo.

Para piorar, uma vez eleitos, esses criminosos dispõem de "condições de trabalho" tão favoráveis que são levados a testar continuamente seus limites éticos. O exercício de seus mandatos funciona sob a lógica do risco moral, como se protegidos por um seguro contra condenações pelos sinistros que eles provocam ao erário. Em vez de temerem a aplicação severa da lei, nossos políticos contam com uma quase certeza de impunidade para praticarem seus "malfeitos". Afinal, por aqui vale a máxima: "Aos amigos tudo, aos inimigos a lei".

Enfrentar o problema da corrupção de modo sistemático demanda, portanto, minimizar as oportunidades de seleção adversa nas eleições e de risco moral no exercício do mandato. E como se faz isso?

Para reduzir a seleção adversa, precisamos de sistemas eleitorais que privilegiem candidaturas mais baratas (distritos menores, com campanhas mais simples e limites de gastos baixos), partidos com estruturas mais transparentes e democráticas (minando o poder dos velhos caciques que controlam a arrecadação e a distribuição de dinheiro, e combatendo as legendas de aluguel) e fontes de financiamento pulverizadas — partidos e candidatos têm que buscar dinheiro junto aos seus eleitores, e não no Orçamento público ou em grandes empresas.

No combate ao risco moral, precisamos eliminar um amplo sistema de incentivos que contribui para a sensação de impunidade de quem exerce o poder: fim do foro privilegiado, regras de prescrição menos benéficas, forte restrição aos recursos protelatórios, punições maiores ao crime de caixa dois, melhor integração dos órgãos de controle — afinal, se o crime é organizado, Receita Federal, Polícia Federal, CGU, TCU, Ministério Público e seus congêneres estaduais também precisam se organizar e trabalhar juntos de forma sistemática.

Restringir as imensas oportunidades de *rent seeking* existentes no nosso presidencialismo de coalizão também ajudaria muito a reduzir tanto a seleção adversa quanto o risco moral na política brasileira: menos cargos em comissão, menos estatais, menos regulação, vedação a regimes tributários especiais, menos subsídios, mais transparência e avaliação no Orçamento público.

A promiscuidade entre público e privado no Brasil vem de tempos imemoriais. Não podemos deixar que o descrédito dos atuais políticos corruptos acabe por minar a confiança na democracia. Problemas complexos exigem soluções igualmente complexas, e não revoluções ou mudanças bruscas do sistema. Precisamos reconstruiur o sistema para desatar os laços entre dinheiro, eleições e poder. Mais pluralismo e menos concentração de poder; mais oportunidades e menos desigualdade de renda. Dá trabalho, exige enfrentar privilégios há muito cristalizados, e por isso não será indolor. Mas é urgente.

Agradecimentos

Milhões de pessoas contribuíram na elaboração deste livro. E isso não é figura de linguagem.

De 1985 a 2016, da segunda série do antigo primeiro grau ao doutorado, incluindo aí duas graduações e um mestrado, minha educação se deu integralmente em escolas e universidades públicas. Tenho a obrigação, portanto, de iniciar este meu livro de estreia, que é fruto do estudo nessas instituições, agradecendo aos milhões de brasileiros que os custearam até aqui.

Nessa trajetória, cabe ainda expressar meu amor e gratidão aos meus pais, Angela e Jandir, que não mediram sacrifícios para propiciar a seus três filhos a melhor formação possível dentro das suas possibilidades. À minha mãe, em especial, agradeço por ter me apresentado à biblioteca pública de Bom Despacho (MG) — de certa forma, este livro é consequência, muitos anos adiante, daquele momento mágico.

Conceber este livro exigiu seis anos de pesquisas e muitos outros de reflexões sobre os problemas brasileiros. A ideia de pesquisar as relações entre política, direito e economia surgiu a partir de conversas informais com os amigos Wagner Guerra Jr., Otávio Damaso e toda a turma dos bons tempos da SPE, Cleveland Prates, Geraldo Andrade Filho, Pedro Bozzolla, Leandro Novais, Nilson Figueiredo Filho, Reinaldo Luz e Lízia Figueiredo.

À minha orientadora, Amanda Flávio de Oliveira, meus agradecimentos pela liberdade no desenvolvimento da tese de doutorado que resultou neste livro, assim como aos professores Marcos Lisboa, César Mattos, Bruno Reis, Onofre Batista Júnior e Leandro Novais, integrantes da banca de avaliação, pelas várias sugestões de aprofundamento.

Agradeço também a Hélio Schwartsman e Vinícius Mota pela oportunidade de divulgar os resultados das minhas pesquisas e reflexões em âmbito nacional, na *Folha de S.Paulo*. Aproveito para reverenciar os leitores, assíduos ou eventuais, dos meus blogs (Leis e Números e O E$pírito das Leis) pelos inúmeros comentários, críticas, sugestões e curtidas que muito me incentivaram nos últimos anos.

A Denis Burgierman, por ter acreditado no potencial desta pesquisa e recomendado minha tese ao Ricardo Teperman, editor da Companhia das Letras, que apostou no projeto de um mineiro desconhecido que tinha a pretensão de escrever um livro a partir de um trabalho acadêmico e depoimentos extraídos dos autos da Operação Lava Jato.

A toda a equipe da Companhia das Letras, agradeço o extremo profissionalismo, em especial a leitura atenta e as inúmeras sugestões de Luiz Schwarcz, Otávio Marques da Costa, Ricardo Teperman, Fábio Bonillo, Clara Diament e Angela das Neves, a preparação do texto feita por Cacilda Guerra e a minuciosa checagem de todos os dados, nomes, datas e citações realizada por Érico Melo.

Ao longo da elaboração da primeira versão deste livro foram imprescindíveis os comentários, sugestões e incentivos dos amigos Lucas Gelape, Alexandre Goldschmidt e Jeff Santos, a quem sou muito grato por terem servido de "cobaias" voluntárias na leitura dos originais — suas contribuições foram muito valiosas na busca por um trabalho tecnicamente rigoroso e ao mesmo tempo atraente para o público leigo. Se esses objetivos não tiverem sido alcançados, a responsabilidade é toda minha.

Este livro é dedicado àqueles que dão sentido ao meu mundo. À Léia, todo o meu amor pelo incentivo, pela compreensão e por ter mantido os pés no chão enquanto eu me perdia em meio a leituras, vídeos de delações e uma montanha de dados. Alice e Gustavo, espero que perdoem as ausências e a falta de paciência do papai — no fundo, tudo foi feito por uma vontade meio ingênua de tentar entender o presente para, de alguma forma, contribuir para um futuro melhor para vocês e seus filhos. Por fim, não poderia deixar de homenagear o Spirit, companheiro das madrugadas e de longas caminhadas nas quais brotaram as principais ideias expostas nestas páginas.

Notas

INTRODUÇÃO [pp. 7-18]

1. Disponível em : <http://politica.estadao.com.br/noticias/geral,palocci--faz-acordo-para-votar-relatorio-de-lei-de-falencias,20040601p36444>. Acesso em: 8 abr. 2018.

2. "Principais avanços na implementação da agenda de poupança e investimento". Brasília: Ministério da Fazenda/Secretaria de Política Econômica, 2002. (Relatório Técnico.)

3. Palocci nomeou Marcos Lisboa, então professor da PUC-Rio, para o cargo de secretário de Política Econômica do Ministério da Fazenda, no qual permaneceu de 2003 a 2005.

4. Numa tentativa de renovar sua imagem junto ao eleitorado, o PMDB obteve em 15 de maio de 2018 a aprovação do Tribunal Superior Eleitoral para seu pedido de mudança de sua denominação para Movimento Democrático Brasileiro (MDB).

5. A legislação do Império pode ser consultada no site da Câmara dos Deputados. Disponível em: <www2.camara.leg.br/atividade-legislativa/legislacao/publicacoes/doimperio>. Acesso em: 8 abr. 2018.

6. Relatório Final da CPMI do Esquema P. C. Farias, 1992, p. 61.

7. Ibid., p. 62.

8. Ibid., p. 184.

9. Ibid., p. 249.

10. Ibid., p. 258.

11. Ibid., p. 124.

12. Ibid., p. 219.

13. Outras empresas também foram citadas no relatório final da CPMI, mas não aparecem na Lava Jato: a falida Vasp, de Wagner Canhedo, o grupo Votorantim, de Antonio Ermírio de Moraes, Líder Táxi Aéreo, Instituto Vox Populi e as construtoras Tratex e Cetenco, entre outras.

14. Relatório Final da CPMI do Esquema P. C. Farias, 1992, p. 250.

15. Ibid., p. 207.

16. Relatório Final da CPMI dos Anões do Orçamento, jan. 1994, v. I, p. 44.

17. Ibid., v. I, p. 54.

18. Ibid., v. III, pp. 5-6.

19. Ibid., v. II, pp. 221-31.

1. O MARQUETEIRO E O DINHEIRO NAS ELEIÇÕES [pp. 21-7]

1. Anos depois o político mato-grossense passou a se apresentar como Delcídio do Amaral.

2. Supremo Tribunal Federal, Petição nº 6890/DF, Homologação de Acordos de Colaboração Premiada, Colaborador João Cerqueira de Santana Filho, 06/03/2017, v. 1, p. 54.

3. Ibid., p. 188.

4. Ibid., p. 197.

5. Ibid., p. 269.

6. Ibid., p. 277.

7. Ibid., p. 502.

8. Mônica Moura não apresentou o contrato relativo ao segundo turno das eleições de 2014, mas afirma isso na p. 495 do processo.

9. A base de dados com as estatísticas de prestação de contas do Tribunal Superior Eleitoral não indica discrepâncias relevantes entre os valores totais de receita e despesas dos candidatos. Por uma questão de facilidade no manuseio de um volume tão grande de informações, optamos por trabalhar com os dados de arrecadação.

10. Essa advertência é reforçada por Wagner Mancuso e Bruno Speck: "É muito importante levar em conta que, além de realizar as despesas diretas apontadas acima, os partidos, os candidatos e os comitês também podem transferir recursos entre si. Por exemplo, uma empresa pode doar 1 milhão de reais para um diretório partidário estadual, e este pode repartir a doação entre dez candi-

datos a deputado federal, cada um deles recebendo 100 mil reais. Como veremos, o volume dessas transferências internas é muito significativo. Portanto, a estimativa correta do total de recursos investidos em um ciclo eleitoral deve descontar todas as transferências internas, para evitar múltiplas contagens dos mesmos recursos" (Mancuso e Speck, 2014, p. 138).

11. Os dados do gráfico carecem de uma explicação mais detalhada. Embora as doações empresariais tenham sido liberadas em 1994, o TSE só divulga as prestações de contas a partir das eleições de 2002. Antes disso, as informações foram coletadas pelo pesquisador David Samuels junto aos arquivos em papel da corte eleitoral. O banco de dados de David Samuels para 1994 e 1998 não inclui as doações para candidados a deputado estadual. Além disso, as doações de 1994 incluem registros em cruzeiros reais — o que exigiu que fossem convertidos primeiro em dólares e, depois, para reais. A queda na arrecadação de 1994 para 1998 pode ser explicada, em parte, pelos ainda altos índices de inflação no segundo semestre de 1994 e início de 1995. Apesar desses problemas, no entanto, os dados fornecidos por Samuels são extremamente valiosos para entender a evolução do financiamento eleitoral no final dos anos 1990, e por isso somos imensamente gratos pela sua gentileza em fornecê-los para a elaboração desta pesquisa.

12. Disponível em: <www.tse.jus.br/eleitor-e-eleicoes/estatisticas/eleicoes/eleicoes-anteriores/estatisticas-eleitorais-2016/eleicoes-2016>. Acesso em: 7 jun. 2018.

13. Disponível em: <www.tse.jus.br/partidos/partidos-politicos/registrados-no-tse>. Acesso em: 7 jun. 2018.

14. É preciso deixar claro que, no limite, toda doação de campanha é motivada por um interesse pessoal do doador, seja porque o candidato ou o partido apoia uma causa de sua preferência ou porque comunga com suas ideias. Porém, neste livro, quando nos referimos a doações interessadas, temos em mente aquelas realizadas visando a um retorno financeiro derivado da ação do candidato eleito no exercício de sua função.

15. Tribunal Superior Eleitoral, AIJE nº 1943-58.2014.6.00.0000/DF, Termo de Transcrição, Depoente João Santana, 24/04/2017, p. 47.

2. TENTANDO DIMENSIONAR O CAIXA DOIS [pp. 28-39]

1. Tribunal Superior Eleitoral, AIJE nº 1943-58.2014.6.00.0000/DF, Termo de Transcrição, Depoente Hilberto Mascarenhas Alves da Silva Filho, 06/03/2017, pp. 6 e 7.

2. Ibid., pp. 7-8.

3. Tribunal Superior Eleitoral, AIJE nº 1943-58.2014.6.00.0000/DF, Termo de Transcrição, Depoente Marcelo Bahia Odebrecht, 01/03/2017, p. 7.

4. Tribunal Superior Eleitoral, AIJE nº 1943-58.2014.6.00.0000/DF, Termo de Transcrição, Depoente Benedicto Barbosa da Silva Júnior, 02/03/2017, p. 9.

5. Tribunal Superior Eleitoral, AIJE nº 1943-58.2014.6.00.0000/DF, Termo de Transcrição, Depoente Marcelo Bahia Odebrecht, 01/03/2017, pp. 7 e 61.

6. Ibid., p. 8.

7. Tribunal Superior Eleitoral, AIJE nº 1943-58.2014.6.00.0000/DF, Termo de Transcrição, Depoente Hilberto Mascarenhas Alves da Silva Filho, 06/03/2017, p. 13.

8. Tribunal Superior Eleitoral, AIJE nº 1943-58.2014.6.00.0000/DF, Termo de Transcrição, Depoente Benedicto Barbosa da Silva Júnior, 02/03/2017, p. 7.

9. Tribunal Superior Eleitoral, AIJE nº 1943-58.2014.6.00.0000/DF, Termo de Transcrição, Depoente Hilberto Mascarenhas Alves da Silva Filho, 06/03/2017, pp. 9 e 17.

10. Tribunal Superior Eleitoral, AIJE nº 1943-58.2014.6.00.0000/DF, Termo de Transcrição, Depoente Maria Lúcia Tavares, 10/03/2017, p. 5.

11. Tribunal Superior Eleitoral, AIJE nº 1943-58.2014.6.00.0000/DF, Termo de Transcrição, Depoente Fernando Migliaccio, 10/03/2017, p. 25.

12. Tribunal Superior Eleitoral, AIJE nº 1943-58.2014.6.00.0000/DF, Termo de Transcrição, Depoente Alexandrino de Salles Ramos de Alencar, 06/03/2017, p. 17.

13. Tribunal Superior Eleitoral, AIJE nº 1943-58.2014.6.00.0000/DF, Termo de Transcrição, Depoente Hilberto Mascarenhas Alves da Silva Filho, 06/03/2017, pp. 19-20.

14. Tribunal Superior Eleitoral, AIJE nº 1943-58.2014.6.00.0000/DF, Termo de Transcrição, Depoente Marcelo Bahia Odebrecht, 01/03/2017, p. 61.

15. Tribunal Superior Eleitoral, AIJE nº 1943-58.2014.6.00.0000/DF, Termo de Transcrição, Depoente Hilberto Mascarenhas Alves da Silva Filho, 06/03/2017, pp. 23-4.

16. Ibid., pp. 68-9.

17. Tribunal Superior Eleitoral, AIJE nº 1943-58.2014.6.00.0000/DF, Termo de Transcrição, Depoente Benedicto Barbosa da Silva Júnior, 02/03/2017, p. 33.

18. Ibid., p. 13.

19. Tribunal Superior Eleitoral, AIJE nº 1943-58.2014.6.00.0000/DF, Termo de Transcrição, Depoente Marcelo Bahia Odebrecht, 01/03/2017, p. 98.

20. Tribunal Superior Eleitoral, AIJE nº 1943-58.2014.6.00.0000/DF, Termo de Transcrição, Depoente Marcelo Bahia Odebrecht, 01/03/2017, p. 28.

21. Tribunal Superior Eleitoral, AIJE nº 1943-58.2014.6.00.0000/DF, Termo de Transcrição, Depoente Fernando Migliaccio, 10/03/2017, p. 17.

22. Tribunal Superior Eleitoral, AIJE nº 1943-58.2014.6.00.0000/DF, Termo de Transcrição, Depoente Benedicto Barbosa da Silva Júnior, 02/03/2017, pp. 25-6.

23. Polícia Federal, Declarante Paulo Roberto Costa, Termo de Colaboração nº 01, 29/08/2014, p. 289.

24. Ibid., Termo de Colaboração nº 04, 30/08/2014, p. 303.

25. Ibid., Termo de Colaboração nº 05, 31/08/2014, p. 306.

26. Supremo Tribunal Federal, Petição nº 7003/DF, Pré-Acordo de Colaboração Premiada, Colaborador Joesley Mendonça Batista, 07/04/2017, Apenso nº 01, Termo de Depoimento nº 01, pp. 27-8.

27. Ibid., Acordo de Colaboração Premiada, Colaborador Joesley Mendonça Batista, 03/05/2017, Apenso nº 01, Anexo nº 15, p. 90.

28. Ibid., Anexo nº 16, p. 91.

29. Ibid., Anexo nº 17, p. 92.

30. Supremo Tribunal Federal, Petição nº 7003/DF, Acordo de Colaboração Premiada, Colaborador Ricardo Saud, 03/05/2017, Apenso nº 03, Anexo nº 30, p. 60.

31. Ibid., Pré-Acordo de Colaboração Premiada, Colaborador Ricardo Saud, 07/04/2017, Apenso nº 03, Termo de Depoimento nº 01, pp. 10-2.

32. Supremo Tribunal Federal, Petição nº 6890/DF, Acordo de Colaboração Premiada, Colaboradora Mônica Regina Cunha Moura, 06/03/2017, Anexo nº 03, pp. 176-8.

33. Ibid., Anexo nº 06, pp. 249-51.

34. Ibid., Anexo nº 09, pp. 494-6.

35. Tribunal Superior Eleitoral, AIJE nº 1943-58.2014.6.00.0000/DF, Termo de Transcrição, Depoente Marcelo Bahia Odebrecht, 01/03/2017, pp. 26-7.

3. QUANDO A DOAÇÃO É DEMAIS, O ELEITOR DEVERIA DESCONFIAR [pp. 40-53]

1. Uma cópia do contrato encontra-se na Petição nº 6890/DF, Homologação de Acordos de Delação Premiada pelo Supremo Tribunal Federal, pp. 353-61.

2. Supremo Tribunal Federal, Petição nº 6890/DF, Homologação de Acordos de Colaboração Premiada, Colaboradora Mônica Regina Cunha Moura, 06/03/2017, pp. 346-8.

3. Ministério Público Federal, Procuradoria da República no Paraná, Força-Tarefa, Termo de Transcrição, Eike Batista, pp. 3-4.

4. Ibid., p. 6.

5. Tribunal Superior Eleitoral, AIJE nº 1943-58.2014.6.00.0000/DF, Termo de Transcrição, Depoente Eike Batista, 07/10/2016, pp. 26-7.

6. Tribunal Superior Eleitoral, AIJE nº 1943-58.2014.6.00.0000/DF, Termo de Transcrição, Depoente Otávio Marques de Azevedo, 19/09/2016, pp. 4-5.

7. Tribunal Superior Eleitoral, AIJE nº 1943-58.2014.6.00.0000/DF, Termo de Transcrição, Depoente Marcelo Bahia Odebrecht, 01/03/2017, p. 122.

8. Tribunal Superior Eleitoral, AIJE nº 1943-58.2014.6.00.0000/DF, Termo de Transcrição, Depoente Fernando Migliaccio, 10/03/2017, p. 35.

9. Tribunal Superior Eleitoral, AIJE nº 1943-58.2014.6.00.0000/DF, Termo de Transcrição, Depoente Benedicto Barbosa da Silva Júnior, 02/03/2017, p. 41.

10. Ibid., p. 32.

11. Tribunal Superior Eleitoral, AIJE nº 1943-58.2014.6.00.0000/DF, Termo de Transcrição, Depoente Marcelo Bahia Odebrecht, 01/03/2017, p. 145.

12. Ibid., p. 18.

13. Tribunal Superior Eleitoral, AIJE nº 1943-58.2014.6.00.0000/DF, Termo de Transcrição, Depoente Luiz Eduardo da Rocha Soares, 08/03/2017, p. 25.

14. Tribunal Superior Eleitoral, AIJE nº 1943-58.2014.6.00.0000/DF, Termo de Transcrição, Depoente Benedicto Barbosa da Silva Júnior, 02/03/2017, p. 22.

15. Tribunal Superior Eleitoral, AIJE nº 1943-58.2014.6.00.0000/DF, Termo de Transcrição, Depoente Luiz Eduardo da Rocha Soares, 08/03/2017, p. 26.

16. Tribunal Superior Eleitoral, AIJE nº 1943-58.2014.6.00.0000/DF, Termo de Transcrição, Depoente Benedicto Barbosa da Silva Júnior, 02/03/2017, p. 47.

17. Ibid., p. 46.

4. DOA QUEM TEM INTERESSE NO ESTADO [pp. 54-62]

1. Tribunal Superior Eleitoral, AIJE nº 1943-58.2014.6.00.0000/DF, Termo de Transcrição, Depoente Paulo Roberto Costa, 02/06/2015, p. 35.

2. Ibid., p. 2.

3. Polícia Federal, Declarante Paulo Roberto Costa, Termo de Colaboração nº 01, 29/08/2014, p. 289.

4. Tribunal Superior Eleitoral, AIJE nº 1943-58.2014.6.00.0000/DF, Termo de Transcrição, Depoente Luiz Eduardo da Rocha Soares, 08/03/2017, pp. 3-4.

5. Ibid., p. 58.

6. Tribunal Superior Eleitoral, AIJE nº 1943-58.2014.6.00.0000/DF, Termo de Transcrição, Depoente Pedro José Barusco Filho, 16/09/2016, p. 49.

7. Supremo Tribunal Federal, Petição nº 7210/DF, Acordo de Delação Premiada, Colaborador Lúcio Bolonha Funaro, Termo de Depoimento nº 02, 23/08/2017, p. 6.

8. Samuels, 2001, p. 37.

9. Tribunal Superior Eleitoral, AIJE nº 1943-58.2014.6.00.0000/DF, Termo de Transcrição, Depoente Paulo Roberto Costa, 02/06/2015, p. 35.

5. POUCA IDEOLOGIA, MUITO PRAGMATISMO [pp. 63-75]

1. Tribunal Superior Eleitoral, AIJE nº 1943-58.2014.6.00.0000/DF, Termo de Transcrição, Depoente Fernando Migliaccio, 10/03/2017, p. 26.

2. Tribunal Superior Eleitoral, AIJE nº 1943-58.2014.6.00.0000/DF, Termo de Transcrição, Depoente Marcelo Bahia Odebrecht, 01/03/2017, p. 6.

3. Ibid., p. 116.

4. Tribunal Superior Eleitoral, AIJE nº 1943-58.2014.6.00.0000/DF, Termo de Transcrição, Primeira Acareação, 10/03/2017, pp. 12-3.

5. Tribunal Superior Eleitoral, AIJE nº 1943-58.2014.6.00.0000/DF, Termo de Transcrição, Depoente Ricardo Ribeiro Pessoa, 19/09/2016, p. 14.

6. Ibid., pp. 39-40.

7. Tribunal Superior Eleitoral, AIJE nº 1943-58.2014.6.00.0000/DF, Termo de Transcrição, Depoente Vitor Sarquis Hallack, 07/10/2016, p. 85.

8. Ibid., p. 97.

9. Tribunal Superior Eleitoral, AIJE nº 1943-58.2014.6.00.0000/DF, Termo de Transcrição, Depoente Marcelo Sturlini Bisordi, 23/09/2016, p. 7.

10. Tribunal Superior Eleitoral, AIJE nº 1943-58.2014.6.00.0000/DF, Termo de Transcrição, Depoente Edson Antônio Edinho Silva, 07/11/2016, pp. 9-10.

11. Tribunal Superior Eleitoral, AIJE nº 1943-58.2014.6.00.0000/DF, Termo de Transcrição, Depoente Gilles Carriconde Azevedo, 07/11/2016, p. 29.

12. Supremo Tribunal Federal, Petição nº 5952/DF, Acordo de Colaboração Premiada, Colaborador Delcídio do Amaral Gomez, 11/02/2016, Anexo nº 27, p. 105.

13. Tribunal Superior Eleitoral, AIJE nº 1943-58.2014.6.00.0000/DF, Termo de Transcrição, Depoente José Sérgio de Oliveira Machado, 22/10/2016, p. 59.

14. Tribunal Superior Eleitoral, AIJE nº 1943-58.2014.6.00.0000/DF, Termo de Transcrição, Depoente Otávio Marques de Azevedo, 19/09/2016, pp. 30-2.

15. Ibid., pp. 22-6.

6. ELES SE LAMBUZARAM COM O DINHEIRO DAS EMPRESAS [pp. 76-87]

1. Samuels, 2001.

2. Tribunal Superior Eleitoral, AIJE nº 1943-58.2014.6.00.0000/DF, Termo de Transcrição, Depoente Edinho Silva, 07/11/2016, pp. 6-7.

3. Ibid., p. 19.

4. Tribunal Superior Eleitoral, AIJE nº 1943-58.2014.6.00.0000/DF, Termo de Transcrição, Depoente Otávio Marques de Azevedo, 19/09/2016, pp. 7-8.

5. Ibid., pp. 17-8.

6. Tribunal Superior Eleitoral, AIJE nº 1943-58.2014.6.00.0000/DF, Termo de Transcrição, Depoente Flávio David Barra, 19/09/2016, pp. 8-9.

7. Tribunal Superior Eleitoral, AIJE nº 1943-58.2014.6.00.0000/DF, Termo de Transcrição, Depoente Eduardo Hermelino Leite, 19/09/2016, pp. 7-8.

8. Ibid., p. 14.

9. Tribunal Superior Eleitoral, AIJE nº 1943-58.2014.6.00.0000/DF, Termo de Transcrição, Depoente Marcelo Bahia Odebrecht, 01/03/2017, p. 10.

10. Supremo Tribunal Federal, Petição nº 7003/DF, Acordo de Colaboração Premiada, Colaborador Joesley Mendonça Batista, 03/05/2017, Apenso nº 01, Termo de Colaboração nº 1, p. 115.

11. Ibid., Anexo nº 14, p. 89.

12. Supremo Tribunal Federal, Petição nº 7003/DF, Acordo de Colaboração Premiada, Colaborador Ricardo Saud, 03/05/2017, Apenso nº 03, Anexo nº 25, pp. 33-4.

13. Disponível em: <www1.folha.uol.com.br/poder/2016/01/1725212-o--pt-se-lambuzou-diz-jaques-wagner-ministro-da-casa-civil.shtml>. Acesso em: 10 abr. 2018.

7. OS CACIQUES [pp. 88-99]

1. Disponível em: <http://www1.folha.uol.com.br/poder/2017/10/ 1927221-confira-todos-os-videos-do-depoimento-do-operador-lucio-funaro-a-pgr.shtml>, vídeo nº 4 ("O esquema na Caixa e a relação com políticos do PMDB"), aos 26 minutos. Acesso em: 10 abr. 2018.

2. Supremo Tribunal Federal, Petição nº 7210/DF, Acordo de Delação Premiada, Colaborador Lúcio Bolonha Funaro, Termo de Depoimento nº 07, 23/08/2017, p. 2.

3. Ibid., pp. 3-4.

4. Supremo Tribunal Federal, Petição nº 6138/DF, Acordo de Colaboração Premiada, Colaborador José Sérgio de Oliveira Machado, 06/05/2016, Termo de Colaboração nº 11, p. 87.

5. Resolução nº 23.406/2014, art. 26.

6. Tribunal Superior Eleitoral, AIJE nº 1943-58.2014.6.00.0000/DF, Termo de Transcrição, Depoente Edson Antônio Edinho Silva, 07/11/2016, pp. 11-2.

7. Tribunal Superior Eleitoral, AIJE nº 1943-58.2014.6.00.0000/DF, Termo de Transcrição, Depoente Benedicto Barbosa da Silva Júnior, 02/03/2017, p. 23.

8. Speck, 2016, p. 129.

9. Procuradoria-Geral da República, Depoente Cláudio Melo Filho, Anexo Pessoal, p. 52.

10. Tribunal Superior Eleitoral, AIJE nº 1943-58.2014.6.00.0000/DF, Termo de Transcrição, Segunda Acareação, 10/03/2017, pp. 3-5.

11. Tribunal Superior Eleitoral, AIJE nº 1943-58.2014.6.00.0000/DF, Termo de Transcrição, Depoente Cláudio Melo Filho, 06/03/2017, p. 18.

12. Tribunal Superior Eleitoral, AIJE nº 1943-58.2014.6.00.0000/DF, Termo de Transcrição, Depoente José de Carvalho Filho, 10/03/2017, pp. 5-6.

13. Procuradoria-Geral da República, Depoente Cláudio Melo Filho, Anexo Pessoal, p. 53.

8. CONTRIBUIÇÕES DE CAMPANHA E RESULTADO DAS ELEIÇÕES [pp. 100-9]

1. Tribunal Superior Eleitoral, AIJE nº 1943-58.2014.6.00.0000/DF, Termo de Transcrição, Depoente Mônica Moura, 24/04/2017, pp. 55-6.

2. Samuels, 2001.

3. "A interpretação desses dados e o refinamento da análise levantam uma série de questões, a maioria das quais ainda ocupa a investigação acadêmica. Em primeiro lugar, correlação não representa causalidade. À primeira interpretação intuitiva de que a disponibilidade de recursos é uma das causas que influenciam os resultados eleitorais se somam outras, igualmente plausíveis (Ansolabehere, Figueiredo e Snyder, 2003; Milyo, 2007). Podemos imaginar que os doadores ajam estrategicamente, contribuindo com recursos somente para aqueles candidatos que tiveram chance de sucesso eleitoral. Nesse caso a expectativa de sucesso nas urnas é a causa das contribuições. Uma terceira alternativa é que tanto a arrecadação de recursos como a conquista de votos têm a sua origem em outros fatores. Os candidatos que são apoiados por um partido bem estruturado e que têm experiência na arena eleitoral conseguem arrecadar recursos com mais eficiência que outros" (Speck, 2015, p. 258).

4. Paulo Arvate, Klênio Barbosa e Eric Fuzitani (2013), Taylor Boas, Daniel Hidalgo e Neal Richardson (2014) e Gustavo Araujo (2012) utilizam essa metodologia em exercícios econométricos que investigam a relação entre doações eleitorais e contratos administrativos relacionados a obras públicas. Sérgio Lazzarini e outros (2014) também o fazem com foco em empréstimos do BNDES.

Nenhum deles, entretanto, realiza os testes para verificar a influência do financiamento eleitoral nas chances de ser eleito.

5. Peixoto, 2012, p. 22.

6. Lei nº 4.737/1965, arts. 105 a 112.

7. Supremo Tribunal Federal, Petição nº 7003/DF, Termo de Colaboração Premiada, Colaborador Joesley Mendonça Batista, 03/05/2017, Apenso nº 01, Anexo nº 36, p. 109.

9. PRESIDENCIALISMO DE COALIZÃO OU DE COOPTAÇÃO? [pp. 113-30]

1. Nas suas palavras: "Apenas uma característica, associada à experiência brasileira, ressalta como uma singularidade: o Brasil é o único país que, além de combinar a proporcionalidade, o multipartidarismo e o 'presidencialismo imperial', organiza o Executivo com base em grandes coalizões. A esse traço peculiar da institucionalidade concreta brasileira chamarei, à falta de melhor nome, 'presidencialismo de coalizão' [...]. Adicionando-se à equação os efeitos políticos de nossa tradição constitucional, de constituições extensas, que extravasam o campo dos direitos fundamentais para incorporar privilégios e prerrogativas particulares, bem como questões substantivas, compreende-se que, mesmo no eixo partidário-parlamentar, torna-se necessário que o governo procure controlar pelo menos a maioria qualificada que lhe permita bloquear ou promover mudanças constitucionais" (Abranches, 1988, p. 22).

2. Power, 2015, p. 30.

3. Limongi e Figueiredo, 1994, 1995, 1997, 1998, 1999, 2004, 2007.

4. Os dados foram obtidos pela Lei de Acesso à Informação. Segundo informação da Câmara dos Deputados, não existem dados tabulados a respeito de orientação dos partidos nas votações anteriores a 1998.

5. No Gráfico 20 estão compiladas apenas as votações nominais — ou seja, aquelas em que o parlamentar é convocado a registrar o seu voto individual no painel. As votações simbólicas, no estilo "aqueles que estiverem de acordo permaneçam como estão", não foram computadas.

6. Essa crítica está presente nos trabalhos de Scott Mainwaring (1997) e Barry Ames (2003), que apontam que o presidencialismo de coalizão brasileiro apresenta um alto custo para garantir a governabilidade e, assim, evitar crises políticas.

7. Supremo Tribunal Federal, Petição nº 6138/DF, Acordo de Colaboração Premiada, Colaborador José Sérgio de Oliveira Machado, 04/05/2016, Termo de Colaboração nº 01, p. 42.

8. Tribunal Superior Eleitoral, AIJE nº 1943-58.2014.6.00.0000/DF, Termo de Transcrição, Depoente José Sérgio de Oliveira Machado, pp. 5-6.

9. Supremo Tribunal Federal, Petição nº 6138/DF, Acordo de Colaboração Premiada, Colaborador José Sérgio de Oliveira Machado, 05/05/2016, Termo de Colaboração nº 04, pp. 61-2.

10. Ibid., Termo de Colaboração nº 05, pp. 64-6.

11. Ibid., Termo de Colaboração nº 06, pp. 68-70.

12. Ibid., Termo de Colaboração nº 07, p. 72.

13. Ibid., Termo de Colaboração nº 08, pp. 75-6.

14. Ibid., Termo de Colaboração nº 01, p. 43.

15. Ibid.

16. Ibid., 06/05/2016, Termo de Colaboração nº 10, p. 83.

17. Polícia Federal, Declarante Paulo Roberto Costa, Termo de Colaboração nº 01, 29/08/2014, p. 291.

18. Tribunal Superior Eleitoral, AIJE nº 1943-58.2014.6.00.0000/DF, Termo de Transcrição, Depoente Alberto Youssef, 11/10/2016, p. 6.

19. Ibid., p. 10.

20. Ibid., p. 17.

21. Supremo Tribunal Federal, Petição nº 7210/DF, Acordo de Delação Premiada, Colaborador Lúcio Bolonha Funaro, Termo de Depoimento nº 07, 23/08/2017, p. 7.

22. Tribunal Superior Eleitoral, AIJE nº 1943-58.2014.6.00.0000/DF, Termo de Transcrição, Depoente Marcelo Bahia Odebrecht, 01/03/2017, pp. 65-6.

23. Tribunal Superior Eleitoral, AIJE nº 1943-58.2014.6.00.0000/DF, Termo de Transcrição, Depoente Rogério Nora de Sá, 07/10/2016, p. 8.

24. Supremo Tribunal Federal, Petição nº 5952/DF, Acordo de Colaboração Premiada, Colaborador Delcídio do Amaral Gomez, 11/02/2016, Anexo nº 21, pp. 98-9.

25. Ibid., Termo de Colaboração nº 02, p. 122.

26. Ibid., p. 123.

27. Ibid., Termo de Colaboração nº 14, pp. 192-4.

28. Supremo Tribunal Federal, Petição nº 7003/DF, Pré-Acordo de Colaboração Premiada, Colaborador Joesley Mendonça Batista, 07/04/2017, Apenso nº 01, Termo de Depoimento nº 02, pp. 33-4.

29. Ibid., p. 37.

30. A teoria do *rent seeking* foi desenvolvida por Gordon Tullock (1967), mas a expressão foi cunhada posteriormente por Anne Krueger (1974). Seu argumento central baseia-se no entendimento de que não apenas os benefícios concedidos pelas autoridades governamentais aos grupos de interesse são uma

perda de bem-estar para consumidores — que arcam com preços mais altos em função da regulação favorável aos setores — ou aos contribuintes — no caso de pagarem maiores impostos para cobrir a concessão de subsídios, incentivos tributários e outros privilégios —, mas que a estratégia de *rent seeking* constitui, em si, uma perda social. Segundo Tullock (1967), em vez de aplicarem seus recursos para produzir melhores produtos a preços mais baixos, as empresas preferem aplicá-los em contribuições de campanha, *lobbying* e corrupção pura e simples para convencer parlamentares e membros do poder Executivo a conceder-lhes legislação favorável, tratamento tributário especial ou regulação mais benéfica. De acordo com a teoria do *rent seeking*, grupos de interesse levam grande vantagem ao lidar com o governo, uma vez que os benefícios são concedidos a grupos específicos (ou seja, os ganhos são concentrados), ao passo que os custos daquela política são diluídos entre um número indefinido de consumidores e contribuintes.

10. SIGA O LÍDER [pp. 131-9]

1. Supremo Tribunal Federal, Petição nº 7210/DF, Acordo de Delação Premiada, Colaborador Lúcio Bolonha Funaro, Termo de Depoimento nº 3, 23/08/2017, pp. 2-4.

2. Procuradoria-Geral da República, Depoente Cláudio Melo Filho, Anexo Pessoal, pp. 9-11.

3. Ibid., p. 5.

4. Os líderes partidários são vistos por Lee J. Alston et al. (2005, p. 19) como intermediários entre os interesses dos parlamentares e do poder Executivo, comunicando as demandas individuais dos legisladores nas negociações com o governo.

5. Santos, 2006, p. 231.

6. Cruz, 2009, p. 103.

7. A diferença entre os dois grupos é estatisticamente relevante para a 53ª legislatura (2007-10), num nível de significância inferior a 5%; e para a 54ª legislatura (2011-4), com nível de significância inferior a 1%. Embora os líderes tenham recebido mais que o restante dos deputados na eleição de 2014, a diferença entre os dois grupos não se mostrou estatisticamente relevante.

8. Nos três últimos pleitos, a diferença entre as doações médias dos líderes e dos demais deputados mostrou-se estatisticamente relevante, com níveis de significância de 10% (2006), 5% (2010) e 1% (2014).

9. Procuradoria-Geral da República, Depoente Cláudio Melo Filho, Anexo Pessoal, p. 5.

11. MEDIDAS PROVISÓRIAS, LUCROS PERMANENTES [pp. 140-54]

1. Tribunal Superior Eleitoral, AIJE nº 1943-58.2014.6.00.0000/DF, Termo de Transcrição, Depoente Guido Mantega, 06/04/2017, p. 11.

2. Decreto-lei nº 491, de 05/03/1969, art. 1º.

3. Decreto-lei nº 1.658, de 24/01/1979, art. 1º, §§ 1º e 2º.

4. Decreto-lei nº 1.724, de 07/12/1979, art. 1º.

5. A Procuradoria argumentava que a Constituição de 1969 — em seu art. 6º, § 1º — não autorizava a delegação de competência para um ministro legislar.

6. Constituição Federal, Ato das Disposições Constitucionais Transitórias, art. 41.

7. Superior Tribunal de Justiça, Embargos de Divergência em Recurso Especial nº 738.689/PR, relator Min. Teori Zavascki, julgado em 27/06/2007.

8. Supremo Tribunal Federal, Recurso Extraordinário nº 577.302/RS, relator Min. Ricardo Lewandowski, julgado em 13/08/2009.

9. Tribunal Superior Eleitoral, AIJE nº 1943-58.2014.6.00.0000/DF, Termo de Transcrição, Depoente Marcelo Bahia Odebrecht, 01/03/2017, pp. 12-3.

10. Tribunal Superior Eleitoral, AIJE nº 1943-58.2014.6.00.0000/DF, Termo de Transcrição, Depoente Guido Mantega, 06/04/2017, p. 13.

11. Ibid.

12. Tribunal Superior Eleitoral, AIJE nº 1943-58.2014.6.00.0000/DF, Termo de Transcrição, Depoente Marcelo Bahia Odebrecht, 01/03/2017, p. 14.

13. Tribunal Superior Eleitoral, AIJE nº 1943-58.2014.6.00.0000/DF, Termo de Transcrição, Depoente Guido Mantega, 06/04/2017, pp. 14-5.

14. Medida Provisória nº 470, de 13/10/2009, art. 3º.

15. Exposição de Motivos nº 00143/2009 — MF, de 08/10/2009.

16. O poder Judiciário e o Ministério Público têm uma participação residual de 4,4% do total das leis relativas principalmente à criação de órgãos e remuneração de carreiras.

17. O pesquisador Fábio de Barros Gomes (2013, p. 34) destaca a necessidade de se relativizar a predominância do poder Executivo na produção legislativa brasileira, uma vez que ela decorre mais de uma condição preexistente — as competências privativas na iniciativa dos projetos de leis estabelecidas na Cons-

tituição — que de uma submissão permanente do Parlamento à Presidência da República.

18. Constituição da República, art. 84, XXIII, e art. 165, caput, da Constituição.

19. Em observância ao princípio da separação dos poderes, a legislação sobre estrutura administrativa de cada um deles é reservada, pela Constituição, ao presidente da República (art. 37, X, e art. 84, VI), à Câmara dos Deputados (art. 51, IV), ao Senado Federal (art. 52, XIII) e ao Supremo Tribunal Federal e aos Tribunais Superiores (art. 96, II), cada qual tratando da sua esfera de poder.

20. As medidas provisórias devem ser aprovadas num prazo máximo de sessenta dias, prorrogável por igual período, sob pena de perder sua eficácia (CR/1988, art. 62, § 3º).

21. Limongi e Figueiredo, 1997, p. 146.

22. Medida Provisória nº 168, de 15/03/1990, art. 5º.

23. Medida Provisória nº 542, de 30/06/1994.

24. Fernanda Machiaveli (2009, pp. 102-3) chama a atenção para o fato de que, mesmo após a mudança constitucional no rito processual com a promulgação da emenda constitucional nº 32/2001, o Congresso não exerceu seu papel de apreciar os requisitos de "relevância e urgência" das MPS.

25. Mancuso, 2007, p. 186.

26. Melo, 2006, p. 197.

27. Como houve uma significativa mudança no rito das medidas provisórias com a promulgação da EC nº 32/2001, foram consideradas apenas aquelas aprovadas a partir de então, a fim de tornar os dados comparáveis entre si. Essa mudança ocorrida em 2001 procurou estabelecer restrições ao poder de edição de MPS pelo presidente da República (como uma lista de temas que não podem ser regulados por esse tipo de norma, proibição de reedições sucessivas etc.) e, consequentemente, buscava atribuir maior controle do processo ao Congresso.

28. Pereira, Power e Rennó, 2008.

29. Amorim Neto e Tafner, 2002, p. 31.

30. Supremo Tribunal Federal, Petição nº 7210/DF, Acordo de Delação Premiada, Colaborador Lúcio Bolonha Funaro, Anexo nº 05.

31. As medidas provisórias apontadas como tendo sido veículo para aprovação desses objetivos são as de nᵒˢ 549/2011, 563/2012, 585/2012, 595/2012, 627/2013 e 656/2014.

32. Tribunal Superior Eleitoral, AIJE nº 1943-58.2014.6.00.0000/DF, Termo de Transcrição, Depoente Marcelo Bahia Odebrecht, 01/03/2017, p. 15.

12. OS SUPERPODERES DO RESOLVEDOR-GERAL DA REPÚBLICA [pp. 155-63]

1. Procuradoria-Geral da República, Depoente Cláudio Melo Filho, Anexo Pessoal, p. 28.

2. Ibid., p. 19.

3. Regimento Interno da Câmara dos Deputados, art. 41, § IV, e art. 129.

4. Resolução nº 01/2002 do Congresso Nacional.

5. Mancuso, 2007, p. 93.

6. Além das atribuições previstas no Regimento Interno, Fernando Sabóia Vieira (2011, p. 110) também chama a atenção para a função de coordenação das negociações realizadas no decorrer dos trâmites legislativos, inclusive aquelas envolvendo governo e oposição.

7. Ministério Público Federal, Termo de Colaboração Premiada, Delcídio do Amaral Gomez, Termo de Colaboração nº 15, p. 198.

8. Procuradoria-Geral da República, Depoente Cláudio Melo Filho, Anexo Pessoal, p. 12.

9. Ibid., pp. 13-4.

10. Nesse processo foram selecionadas 180 MPS que traziam de forma explícita benefícios a algum setor da economia brasileira.

11. Os dados da tabela se contrapõem à tese defendida por Fabiano Santos e Acir Almeida (2005, p. 706). Para esses pesquisadores, as escolhas dos titulares da relatoria recaem geralmente em especialistas no tema em análise ou em parlamentares que tenham condições de apreender e coletar informações sobre o assunto junto às fontes devidas. Os resultados relacionando doações de campanha a relatoria parecem indicar que a influência econômica é uma variável mais relevante para explicar a escolha da relatoria do que a seleção de especialistas no assunto entre os parlamentares.

13. EMENDAS QUE VALEM OURO [pp. 164-75]

1. Supremo Tribunal Federal, Petição nº 7210/DF, Acordo de Delação Premiada, Colaborador Lúcio Bolonha Funaro, Termo de Depoimento nº 03, p. 4.

2. Exposição de Motivos nº 00187/2013 MF, de 07/11/2013.

3. Supremo Tribunal Federal, Petição nº 7210/DF, Acordo de Delação Premiada, Colaborador Lúcio Bolonha Funaro, Anexo nº 05, pp. 9-10.

4. Procuradoria-Geral da República, Termo de Colaboração Premiada, Depoente Delcídio do Amaral Gomez, Termo de Colaboração nº 16, pp. 203-6.

5. Supremo Tribunal Federal, Petição nº 7210/DF, Acordo de Delação Pre-

miada, Colaborador Lúcio Bolonha Funaro, Termo de Colaboração nº 07, pp. 4-5.

6. Analisando dados de projetos de lei ordinária propostos no primeiro mandato presidencial de Fernando Henrique Cardoso, Ana Regina Amaral (2009, pp. 139-40) verifica uma elevada parcela de projetos alterados pela Câmara, porém não vetados pelo presidente da República. Para a autora, isso seria possivelmente fruto de uma intensa negociação entre representantes dos poderes Executivo e Legislativo ao longo do processo.

7. As emendas anteriores a 2003 foram descartadas em função das diferentes formas de classificação setorial do banco de dados elaborado por David Samuels para as eleições de 1994 e 1998 e os registros do TSE após a eleição de 2002.

8. Gomes, 2013, p. 133.

9. Limongi e Figueiredo, 1998, p. 94.

10. Cruz, 2009, p. 14.

11. Supremo Tribunal Federal, Petição nº 7003/DF, Pré-Acordo de Colaboração Premiada, Colaborador Joesley Mendonça Batista, Anexo nº 07, p. 77.

12. Supremo Tribunal Federal, Petição nº 7003/DF, Acordo de Colaboração Premiada, Colaborador Ricardo Saud, Anexo nº 33, p. 51.

13. Em ambos os casos os resultados são estatisticamente significativos, com um intervalo de confiança de 95% segundo o teste-Z de igualdade de médias. No caso dos prazos de tramitação, para não comprometer a comparação, foram descartadas as MPS que não tiveram sua conversão concluída, por rejeição do Congresso, transcurso do prazo, veto integral, revogação por outra MP ou declaração de inconstitucionalidade pelo STF.

14. Maciel, 2011.

15. Gonçalves, 2012, p. 71. Onofre Batista Júnior (2005) vai além e afirma que os regimes tributários especiais representam um atentado ao princípio da legalidade estrita, constituindo verdadeiros contratos entre o setor privado e o poder Executivo que levam a uma deterioração não apenas financeira, mas também jurídica.

14. INTERESSES EM JOGO NAS COMISSÕES [pp. 176-85]

1. Supremo Tribunal Federal, Petição nº 7003/DF, Acordo de Colaboração Premiada, Colaborador Ricardo Saud, Anexo nº 30, p. 44.

2. Embora diversos trabalhos reconheçam a importância das comissões na análise da atuação dos grupos de interesse (Pereira e Mueller, 2000; Ames, 2003; Santos e Almeida, 2005; Anastasia e Nunes, 2006; Mancuso, 2007; Machiaveli,

2009), apenas recentemente esses órgãos começaram a ser estudados mais a fundo (Santos, 2014, Speck e Marciano, 2015).

3. Anastasia e Nunes, 2006.

4. Santos, 2014.

5. Para isso, tomamos como base as competências previstas no do Regimento Interno da Câmara e os objetos das comissões especiais (temporárias).

6. O setor de atuação das empresas doadoras foi definido segundo as divisões da Classificação Nacional de Atividades Econômicas (CNAE) declarada no Cadastro Nacional de Pessoas Jurídicas (CNPJ) dos doadores de campanha.

7. Dois trabalhos anteriores fizeram exercícios similares aos apresentados aqui, porém com um enfoque menos abrangente. Bruno Speck e João Marciano (2015) analisaram a composição das comissões de Constituição e Justiça e de Finanças e Tributação com base no total do financiamento privado e dos dez maiores doadores de campanhas. Além disso, Carlos Pereira e Bernardo Mueller (2000) estudaram a composição das comissões permanentes segundo o alinhamento ou não de seus membros com as posições assumidas pelo poder Executivo.

8. Amaral (2009, p. 133) argumenta que as comissões têm um papel mais importante na rejeição de projetos do que o plenário da Câmara dos Deputados, em razão da prerrogativa constitucional concedida a esses órgãos de apreciar em caráter terminativo os projetos de lei.

9. Analisando a taxa de sucesso do lobby da indústria no Congresso Nacional no período de 1996 a 2010, Manoel Santos (2011) concluiu que a probabilidade de a indústria ser bem-sucedida no processo legislativo é significativamente maior quando se trata de barrar a tramitação de projetos contrários ao seu interesse, por meio de rejeição, arquivamento ou desistência do autor. Esses resultados foram confirmados em trabalho posterior do mesmo autor (Santos, 2014).

10. Regimento Interno da Câmara dos Deputados, art. 34.

11. Vieira, 2011, pp. 107-8.

12. Nesse exercício, portanto, só foram levadas em conta as comissões que versavam sobre assuntos econômicos e regulatórios que diziam respeito explicitamente a um ou mais setores específicos.

13. Procuradoria-Geral da República, Acordo de Colaboração Premiada, Depoente José Sérgio de Oliveira Machado, Termo de Colaboração nº 09, pp. 77-8.

15. BANCADAS QUE BOTAM BANCA [pp. 186-96]

1. Tribunal Superior Eleitoral, AIJE nº 1943-58.2014.6.00.0000/DF, Termo de Transcrição, Depoente Marcelo Bahia Odebrecht, 01/03/2017, pp. 62-3.

2. Araujo, 2012, p. 16.

3. De acordo com o ato da Mesa nº 69, de 10/11/2005, em seu art. 2º, "considera-se Frente Parlamentar a associação suprapartidária de pelo menos um terço de membros do Poder Legislativo Federal, destinada a promover o aprimoramento da legislação federal sobre determinado setor da sociedade".

4. A relação das frentes parlamentares da Câmara dos Deputados encontra-se disponível em: <http://www.camara.gov.br/internet/deputado/frentes.asp>. Acesso em: 12 maio 2018.

5. Limongi e Figueiredo, 1998, p. 98.

6. As informações sobre a composição das frentes na 52ª e 53ª legislaturas não foram consideradas porque se encontram dispersas nas edições do *Diário da Câmara dos Deputados* e em arquivos de difícil manipulação. Consultada, a Coordenação de Relacionamento, Pesquisa e Informação da Câmara dos Deputados informou que não dispõe de um cadastro unificado sobre a composição das frentes parlamentares.

7. Existem evidências, entretanto, de que os resultados no gráfico estão subestimados. Em primeiro lugar, a adesão a frentes tem custo baixíssimo para o parlamentar — basicamente, basta assinar uma lista de filiação, sem precisar se comprometer com a defesa de suas propostas. Isso pode explicar, em parte, o número elevado de parlamentares que, embora associados à frente, não possuem vinculação com empresas do setor via financiamento eleitoral. Além disso, a vinculação às bancadas pode se dar por razões não diretamente financeiras, como, por exemplo, ter sua base eleitoral numa região com grande predomínio de atividades daquele setor. Por fim, como grandes corporações podem realizar doações eleitorais utilizando o CNPJ de subsidiárias, coligadas e afins, a relação entre o setor da empresa doadora e o candidato pertencente à frente parlamentar pode ficar camuflada.

8. Tribunal Superior Eleitoral, AIJE nº 1943-58.2014.6.00.0000/DF, Termo de Transcrição, Depoente Benedicto Barbosa da Silva Júnior, 02/03/2017, p. 42.

9. Outro ponto interessante do gráfico é que o grupo de deputados vinculados às duas frentes parlamentares posiciona-se mais próximo ao padrão dos defensores da agropecuária que ao dos ambientalistas — um indício de que há menor engajamento entre aqueles que se vinculam a grupos que defendem interesses difusos, em comparação com os grupos que apoiam interesses concentrados.

10. Manoel Leonardo Santos et al. (2015) apresentam um trabalho pioneiro ao analisar treze votações nominais de propostas legislativas ocorridas entre 1999 e 2007, e correlacioná-las com as doações empresariais recebidas do setor industrial e o posicionamento da Confederação Nacional da Indústria. Embora

os resultados encontrados tenham frustrado as expectativas iniciais dos autores, evidências indiretas obtidas em seus testes econométricos prenunciam boas perspectivas para superar essa lacuna na literatura nacional sobre o assunto.

11. Tribunal Superior Eleitoral, AIJE nº 1943-58.2014.6.00.0000/DF, Termo de Transcrição, Depoente Marcelo Bahia Odebrecht, 01/03/2017, p. 64.

16. BOBO DA CORTE? [pp. 197-213]

1. "Eles pagaram todo mundo. Vejo hoje a Odebrecht como um quarto poder da República, porque eles praticamente estavam em todas as áreas, em todas as áreas. Eles pagavam gente, eles compravam isso. Então, assim, é uma dimensão gigantesca, é algo assim meio assustador." Tribunal Superior Eleitoral, AIJE nº 1943-58.2014.6.00.0000/DF, Termo de Transcrição, Depoente Mônica Moura, p. 51.

2. Tribunal Superior Eleitoral, AIJE nº 1943-58.2014.6.00.0000/DF, Termo de Transcrição, Depoente Marcelo Bahia Odebrecht, 01/03/2017, pp. 127-31.

3. A Contribuição de Intervenção no Domínio Econômico (Cide) é um tributo que, inicialmente, incidia sobre a importação e comercialização de derivados do petróleo, o que tornava o uso de etanol mais atraente para o consumidor.

4. Tribunal Superior Eleitoral, AIJE nº 1943-58.2014.6.00.0000/DF, Termo de Transcrição, Depoente Marcelo Bahia Odebrecht, 01/03/2017, p. 130.

5. Tribunal Superior Eleitoral, AIJE nº 1943-58.2014.6.00.0000/DF, Termo de Transcrição, Depoente Fernando Migliaccio, pp. 77-8.

6. O Reiq foi instituído pela medida provisória nº 613/2013, posteriormente convertida na lei nº 12.859/2013.

7. Tribunal Superior Eleitoral, AIJE nº 1943-58.2014.6.00.0000/DF, Termo de Transcrição, Depoente Marcelo Bahia Odebrecht, 01/03/2017, p. 51.

8. MP nº 255/2005, convertida na lei nº 11.196/2005.

9. Procuradoria-Geral da República, Depoente Cláudio Melo Filho, Anexo Pessoal, pp. 36-7.

10. Ibid., pp. 41-2.

11. Ibid., pp. 43-5.

12. Tribunal Superior Eleitoral, AIJE nº 1943-58.2014.6.00.0000/DF, Termo de Transcrição, Depoente João Santana, 24/04/2017, pp. 53-5.

13. Convertida na lei nº 12.973 de 13/05/2014.

14. Procuradoria-Geral da República, Depoente Cláudio Melo Filho, Anexo Pessoal, p. 50.

15. Supremo Tribunal Federal, Petição nº 7210/DF, Acordo de Delação Premiada, Colaborador Lúcio Bolonha Funaro, Termo de Depoimento nº 02, p. 6.

16. Supremo Tribunal Federal, Petição nº 7003/DF, Pré-Acordo de Colaboração Premiada, Colaborador Joesley Mendonça Batista, Anexo nº 21, pp. 101-8.

17. Ibid., Anexo nº 19, pp. 95-6.

18. Ibid., Anexo nº 20, pp. 98-100.

19. Ibid., Anexo nº 01, pp. 65-7, e Termo de Colaboração nº 01, pp. 113-5.

20. Ibid., Anexo nº 03, pp. 70-1, e Termo de Colaboração nº 02, pp. 117-8.

21. Ibid., Anexo nº 01, p. 67.

22. Ibid., Anexo nº 04, pp. 72-3, e Termo de Colaboração nº 03, pp. 119-20.

23. Supremo Tribunal Federal, Petição nº 7210/DF, Acordo de Delação Premiada, Colaborador Lúcio Bolonha Funaro, Termo de Depoimento nº 02, p. 2.

24. Supremo Tribunal Federal, Petição nº 7003/DF, Pré-Acordo de Colaboração Premiada, Colaborador Joesley Mendonça Batista, Anexo nº 04, p. 73.

25. Supremo Tribunal Federal, Petição nº 7210/DF, Acordo de Delação Premiada, Colaborador Lúcio Bolonha Funaro, Termo de Depoimento nº 02, p. 8.

26. Ibid., pp. 7-8.

27. Supremo Tribunal Federal, Petição nº 7003/DF, Pré-Acordo de Colaboração Premiada, Colaborador Joesley Mendonça Batista, Anexo nº 05, pp. 74-5, e Termo de Colaboração nº 04, pp. 121-2.

17. O STF NÃO ACABOU COM A FARRA [pp. 217-26]

1. Conselho Federal da Ordem dos Advogados do Brasil, ADI nº 4650/DF, Petição Inicial, p. 6.

2. Especificamente, foram questionados os seguintes dispositivos legais: i) sobre as doações de pessoas jurídicas para partidos políticos e o Fundo Partidário: Lei nº 9.096/1995, art. 31, art. 38, III, e art. 39, § 5º); ii) sobre as doações de empresas para candidatos e comitês financeiros de partidos ou coligações nas eleições: Lei nº 9.504/1997, art. 24 e art. 81, caput e § 1º; iii) limites para doações de pessoas físicas e candidatos (autofinanciamento): Lei nº 9.504/1997, art. 23, § 1º, I e II.

3. Supremo Tribunal Federal, ADI nº 4650, p. 144.

4. Ibid., pp. 150-1.

5. Ibid., pp. 238-40.

6. Supremo Tribunal Federal, Petição nº 7003/DF, Pré-Acordo de Colaboração Premiada, Colaborador Joesley Mendonça Batista, p. 141.

7. Lei nº 9.504/1997, art. 23, §§ 1º e 1º-A.

8. Nesse grupo encontram-se 192 municípios, que juntos concentram 47,9% de todo o eleitorado brasileiro e estão distribuídos por todos os 26 estados (o Distrito Federal não tem eleições municipais). Levando em conta que os candidatos mais ricos tendem a se concentrar nas cidades mais populosas, acreditamos que se trata de uma amostra bastante representativa.

9. Speck, 2010, pp. 7-8.

10. OECD, 2016.

18. UM OLHAR PARA O MUNDO: FINANCIAMENTO PÚBLICO OU PRIVADO?
[pp. 227-40]

1. "*There is always a well-known solution to every human problem — neat, plausible, and wrong.*"

2. Przeworski, 2011, p. 16.

3. Institute for Democracy and Electoral Assistance.

4. Bruno Speck (2016, p. 135), analisando a reforma do sistema eleitoral brasileiro resultante da decisão do STF, já previa que um dos resultados esperados seria a ampliação das dotações orçamentárias destinadas ao Fundo Partidário, além da procura por pessoas físicas com grandes fortunas, por meio de doações ou candidaturas próprias.

5. A emenda constitucional nº 95/2016 altera o Ato das Disposições Constitucionais Transitórias no seu art. 107, § 6º. Entre as exceções ao teto de gastos estão, no inciso III, as "despesas não recorrentes da Justiça Eleitoral com a realização de eleições".

6. Speck, 2015, p. 266.

7. Embora seja válido o argumento de que políticos que antes recebiam doações expressivas de pessoas jurídicas terão agora que disputar os recursos dos partidos, é razoável admitir que esses políticos têm grande proeminência nos seus partidos e, assim, ficarão com boa parte do montante a ser dividido.

8. Speck, 2015, p. 8. Comparando a situação da regulação brasileira vigente até o final de 2015 com um conjunto de 96 países, Vitor Peixoto (2012, p. 99) alertava que um dos caminhos para se atingir um equilíbrio entre competitividade política e influência econômica dos doadores seria a imposição de tetos de gastos aos partidos e de contribuições para os doadores, pois diminuiria a desigualdade no poderio da publicidade eleitoral e, assim, conteria a dependência de alguns candidatos a seus financiadores.

9. Walecki, 2009, p. 48.

10. Tribunal Superior Eleitoral, AIJE nº 1943-58.2014.6.00.0000/DF, Termo de Transcrição, Depoente Benedicto Barbosa da Silva Júnior, 02/03/2017, p. 53.

11. Mulcahy, 2012, p. 12.

12. Öhman, 2009, p. 70.

13. Samuels (2006, p. 149) desconfia das intenções daqueles que defendem o financiamento exclusivamente público nas eleições brasileiras. Segundo sua visão, sem reformas sérias que fortaleçam institucionalmente o TSE e combatam o caixa dois por meio do endurecimento das legislações bancária e tributária, a adoção do financiamento exclusivamente público, na realidade, incentivaria a corrupção no país. Segundo o autor, um sistema ideal para os políticos brasileiros seria o de eleições custeadas integralmente por recursos públicos e nenhum poder ao TSE para descobrir e punir abusos de caixa dois.

14. Marenco, 2010.

19. OFERTA E DEMANDA DE DINHEIRO NAS ELEIÇÕES: LISTAS FECHADAS VS. VOTO DISTRITAL [pp. 241-9]

1. Tribunal Superior Eleitoral, AIJE nº 1943-58.2014.6.00.0000/DF, Termo de Transcrição, Depoente Alberto Youssef, 09/06/2015, p. 34.

2. Samuels, 2001, pp. 29-30.

3. Num trabalho pioneiro a respeito dos gastos de campanha nas eleições de 2014, Bruno Speck e Wagner Mancuso (2015) concluíram que candidatos a cargos proporcionais (deputados estaduais e federais) tendem a concentrar seus esforços em estratégias tradicionais de campanha, que privilegiam o corpo a corpo com os eleitores, como cabos eleitorais, comícios, publicidade com carros de som, publicidade com placas, estandartes e faixas, despesas com transporte etc. (que responderam por 61,8% dos seus gastos). Embora os candidatos a cargos majoritários (senadores e governadores) ainda atribuam um peso maior a essas despesas (51% do total), a utilização de mídias modernas — publicidade em jornais e revistas, telemarketing, internet e produção de programas de rádio, televisão e vídeo — tem maior relevância em sua estratégia (43,3% do total) do que no caso dos candidatos a cargos proporcionais (34%).

4. Tribunal Superior Eleitoral, AIJE nº 1943-58.2014.6.00.0000/DF, Termo de Transcrição, Depoente Marcelo Bahia Odebrecht, 01/03/2017, pp. 64-5.

5. Samuels, 2001, p. 42.

6. Ames, 2003, p. 334.

7. Samuels, 2006, p. 148.

8. Nicolau, 2007, pp. 73-4 e Nicolau, 2006, p. 135.

9. Abranches, 1988, p. 12 e Cintra, 2006, p. 130.

10. Peixoto, 2012, p. 24.

11. Tribunal Superior Eleitoral, AIJE nº 1943-58.2014.6.00.0000/DF, Termo de Transcrição, Depoente Benedicto Barbosa da Silva Júnior, 02/03/2017, p. 52.

20. CRESÇA E APAREÇA: COLIGAÇÕES E CLÁUSULA DE BARREIRA [pp. 250-8]

1. Supremo Tribunal Federal, Petição nº 7003/DF, Acordo de Colaboração Premiada, Colaborador Ricardo Saud, Anexo 34, pp. 52-3.

2. Tribunal Superior Eleitoral, AIJE nº 1943-58.2014.6.00.0000/DF, Termo de Transcrição, Depoente Marcelo Bahia Odebrecht, 01/03/2017, p. 69.

3. Tribunal Superior Eleitoral, AIJE nº 1943-58.2014.6.00.0000/DF, Termo de Transcrição, Depoente Alexandrino de Salles Ramos de Alencar, 06/03/2017, pp. 12-4.

4. Ibid., p. 12.

5. Tribunal Superior Eleitoral, AIJE nº 1943-58.2014.6.00.0000/DF, Termo de Transcrição, Depoente Fernando Luiz Ayres da Cunha Santos Reis, 02/03/2017, pp. 67-9.

6. Ibid., pp. 68-9.

7. Essa lei alterou o artigo 105 e seguintes do Código Eleitoral (Lei nº 4.737/1965).

8. Abranches, 1988, p. 14.

9. Disponível em: <www.tse.jus.br/partidos/partidos-politicos/registrados-no-tse>. Acesso em: 7 jun. 2018

21. QUEM QUER COMBATER O CAIXA DOIS? [pp. 259-66]

1. Tribunal Superior Eleitoral, AIJE nº 1943-58.2014.6.00.0000/DF, Termo de Transcrição, Depoente Luiz Eduardo da Rocha Soares, 08/03/2017, pp. 3-7.

2. Ibid., pp. 55-6.

3. Marenco, 2010, pp. 842-3.

4. Limongi e Figueiredo, 2007, p. 56.

5. Reis, 2007, p. 99.

6. Disponível em: <www.mpf.mp.br/pge/institucional/sobre-o-mpe>. Aceso em: 7 jun. 2018

7. Conselho Nacional de Justiça, *Justiça em Números*, 2015, p. 348.

8. Tribunal Superior Eleitoral, AIJE nº 1943-58.2014.6.00.0000/DF, Termo de Transcrição, Depoente Luiz Eduardo da Rocha Soares, 08/03/2017, p. 61.

9. Supremo Tribunal Federal, Medida Cautelar em Mandado de Segurança nº 34.560/DF, relator Ministro Luiz Fux, 14/12/2016.

22. COOPTAÇÃO E PREDAÇÃO DO ESTADO [pp. 267-76]

1. Lei nº 12.873/2013, art. 7º.

2. Lei nº 12.087/2009, art. 15.

3. Essa narrativa encontra-se em Supremo Tribunal Federal, Petição nº 7210/DF, Acordo de Delação Premiada, Colaborador Lúcio Bolonha Funaro, Termo de Depoimento nº 04, 23/08/1977, pp. 2-5.

4. Tribunal Superior Eleitoral, AIJE nº 1943-58.2014.6.00.0000/DF, Termo de Transcrição, Depoente Elton Negrão de Azevedo Júnior, 28/09/2016, p. 8.

5. Ibid., p. 14.

6. Ibid., p. 27.

7. Ibid., pp. 23-5.

8. Ibid., p. 28.

9. Tribunal Superior Eleitoral, AIJE nº 1943-58.2014.6.00.0000/DF, Termo de Transcrição, Depoente Ricardo Ribeiro Pessoa, 19/09/2016, p. 17.

10. Ibid., p. 19.

11. Tribunal Superior Eleitoral, AIJE nº 1943-58.2014.6.00.0000/DF, Termo de Transcrição, Depoente Benedicto Barbosa da Silva Júnior, 02/03/2017, pp. 51-2.

12. Lisboa e Latif, 2013.

13. Tribunal Superior Eleitoral, AIJE nº 1943-58.2014.6.00.0000/DF, Termo de Transcrição, Depoente Marcelo Bahia Odebrecht, 01/03/2017, p. 97.

14. Santos e Cunha, 2015.

15. OECD, 2016, p. 80.

16. Maciel, 2011, pp. 288-9.

17. Abranches, 1988, p. 6.

18. Constituição da República Federativa do Brasil de 1988, art. 3º.

CONCLUSÃO [pp. 277-81]

1. Disponível em: <www.odebrecht.com/pt-br/organizacao-odebrecht/historia>. Acesso em: 10 abr. 2018.

2. Disponível em: <www.odebrecht.com/pt-br/comunicacao/releases/desculpe-a-odebrecht-errou>. Acesso em: 10 abr. 2018.

Referências bibliográficas

ABRANCHES, Sérgio Henrique Hudson de. "Presidencialismo de coalizão: O dilema institucional brasileiro". *Dados — Revista de Ciências Sociais*, Rio de Janeiro: Iesp/ Uerj, v. 31, n. 1, pp. 5-34, 1988.

ACEMOGLU, Daron; ROBINSON, James. *Por que as nações fracassam: As origens do poder, da prosperidade e da pobreza*. Rio de Janeiro: Elsevier, 2012.

ALSTON, Lee J.; MELO, Marcus; MUELLER, Bernardo; PEREIRA, Carlos. *Political Institutions, Policymaking Processes and Policy Outcomes in Brazil*. Washington, DC: RED/ Inter-American Development Bank, 2005. 88 pp. (Working Paper).

AMARAL, Ana Regina Villar Peres. *O parlamento brasileiro: Processo, produção e organização legislativa: O papel das comissões em perspectiva comparada*. Rio de Janeiro: Cefor/ CD/ Iuperj, 2009. 180 pp. Dissertação (Mestrado em Ciência Política).

AMES, Barry. *Os entraves da democracia no Brasil*. Rio de Janeiro: Editora FGV, 2003.

AMORIM NETO, Octavio; TAFNER, Paulo. "Governos de coalizão e mecanismos de alarme de incêndio no controle legislativo das medidas provisórias". *Dados — Revista de Ciências Sociais*, Rio de Janeiro: Iesp/ Uerj, v. 45, n. 1, pp. 5-38, 2002.

ANASTASIA, Fátima; NUNES, Felipe. "A reforma da representação". In: AVRITZER, Leonardo; ANASTASIA, Fátima (Orgs.). *Reforma política no Brasil*. Belo Horizonte: Editora UFMG, 2006. pp. 17-33.

ARAUJO, Gustavo Batista. *Contribuições de campanha influenciam decisões públicas? O caso dos contratos públicos federais e das emendas ao orçamento no Brasil.* São Paulo: FFLCH-USP, 2012. 270 pp. Tese (Doutorado em Ciência Política).

ARVATE, Paulo; BARBOSA, Klênio; FUZITANI, Eric. *Campaign Donation and Government Contracts in Brazilian States.* São Paulo: São Paulo School of Economics, Centre for Applied Microeconomics, julho 2013. (Working Paper).

BANDEIRA-DE-MELLO, Rodrigo; MARCON, Rosilene. "The Value of Business Group Affiliation for Political Connections: Preferential Lending in Brazil". In: Annual Meeting of the Academy of Management, 2010, Montreal-Canada. *Annals...* Nova York: AOM, 2011.

BATISTA JÚNIOR, Onofre Alves. "A 'governamentalização' do poder de decisão tributário". In: SCHOUERI, Luís Eduardo (Org.). *Direito tributário: Homenagem a Alcides Jorge Costa.* São Paulo: Quartier Latin, 2005. v. 1. pp. 393-428.

BOAS, Taylor C.; HIDALGO, F. Daniel; RICHARDSON, Neal P. "The Spoils of Victory: Campaign Donations and Government Contracts in Brazil". *The Journal of Politics,* Chicago: University of Chicago, v. 76, n. 2, pp. 415-29, 2014.

CARVALHO, José Murilo de. *Cidadania no Brasil: O longo caminho.* v. 1. Rio de Janeiro: Civilização Brasileira, 2001.

CINTRA, Antônio Octávio. "Sistema eleitoral". In: AVRITZER, Leonardo; ANASTASIA, Fátima (Orgs.). *Reforma política no Brasil.* Belo Horizonte: Editora UFMG, 2006.

CLAESSENS, Stijn; FEIJEN, Erik; LAEVEN, Luc. "Political Connections and Access to Finance: The Role of Campaign Contributions". *Journal of Financial Economics,* Chicago: University of Chicago, v. 88, pp. 554-80, 2008.

CRUZ, Márcia R. *Legislativo transformador? As modificações do Legislativo nos projetos de lei do Executivo.* Rio de Janeiro: Iuperj/ CD, 2009. 120 pp. Dissertação (Mestrado em Ciência Política).

DAMATTA, Roberto. *Carnavais, malandros ou heróis: Para uma sociologia do dilema brasileiro.* Rio de Janeiro: Zahar, 1979.

FAORO, Raymundo. *Os donos do poder: Formação do patronato político brasileiro.* 10. ed. São Paulo: Publifolha; Rio de Janeiro: Globo Livros, 2000. (Col. Grandes Nomes do Pensamento Brasileiro, v. 1 e 2.)

FREYRE, Gilberto. *Casa-grande e senzala.* Lisboa: Livros do Brasil, 1957.

GOMES, Fábio de Barros Correia. *Produção legislativa no Brasil: Visão sistêmica e estratégica no presidencialismo de coalizão.* Brasília: Câmara dos Deputados; Edições Câmara, 2013.

GONÇALVES, Maetê Pedroso. *O ciclo da política nacional de concessão de benefícios tributários (2003-2010)*. São Paulo: FFLCH-USP, 2012. 127 pp. Dissertação (Mestrado em Ciência Política).

HOLANDA, Sérgio B. *Raízes do Brasil*. São Paulo: Companhia das Letras, 1995.

KRUEGER, Anne O. "The Political Economy of the Rent-Seeking Society". *American Economic Review*, Nashville: AEA, v. 64, pp. 291-303, 1974.

LAMOUNIER, Bolívar. "Estrutura institucional e governabilidade na década de 1990". In: REIS VELLOSO, João Paulo dos. *O Brasil e as reformas políticas*. Rio de Janeiro: José Olympio, 1992.

LAZZARINI, Sérgio G.; MUSACCHIO, Aldo; BANDEIRA-DE-MELLO, Rodrigo; MARCON, Rosilene. *What Do State-Owned Development Banks Do? Evidence from BNDES, 2002-2009*. Cambridge: Harvard Business School, 2014. (Working Paper). Disponível em: <http://www.sciencedirect.com/science/article/pii/S03057 50X1400 254X>. Acesso em: 12 maio 2016.

LEAL, Victor Nunes. *Coronelismo, enxada e voto: O município e o regime representativo no Brasil*. 3. ed. Rio de Janeiro: Nova Fronteira, 1997.

LIMONGI, Fernando; FIGUEIREDO, Argelina Cheibub. "Mudança constitucional, desempenho do Legislativo e consolidação institucional". *RBCS — Revista Brasileira de Ciências Sociais*, São Paulo: Anpocs, n. 29, pp. 175-200, 1995.

_____. "O Congresso e as medidas provisórias: Abdicação ou delegação". *Novos Estudos Cebrap*, São Paulo: Cebrap, v. 47, pp. 127-54, 1997.

_____. "Bases institucionais do presidencialismo de coalizão". *Lua Nova*, São Paulo: Cedec, n. 44, pp. 81-106, 1998.

_____. *Executivo e Legislativo na Nova Ordem Constitucional*. Rio de Janeiro: Editora FGV; São Paulo: Fapesp, 1999.

_____. "Modelos de Legislativo: O Legislativo brasileiro em perspectiva comparada". *Revista Plenarium*, Brasília: Câmara dos Deputados, ano 1, n. 1, pp. 41-56, 2004.

_____. "Reforma política: Notas de cautela sobre os efeitos de escolhas institucionais". *Revista Plenarium*, Brasília: Câmara dos Deputados, ano IV, n. 4, pp. 50-8, 2007.

LISBOA, Marcos de Barros; LATIF, Zeina Abdel. *Democracy and Growth in Brazil*. São Paulo: Insper, 2013. (Working Paper). Disponível em: <http://www.insper. edu.br/working-papers/working-papers-2013/democracy-and-growth- -in-brazil/>. Acesso em: 12 maio 2016.

MACHIAVELI, Fernanda. *Medidas provisórias: Os efeitos não antecipados da EC32 nas relações entre Executivo e Legislativo*. São Paulo: FFLCH-USP, 2009. 150 pp. Dissertação (Mestrado em Ciência Política).

MACIEL, Marcelo Sobreiro. "Dependência de trajetória nos incentivos fiscais: Fragmentação do empresariado na reforma tributária". In: NICOLAU, Jairo;

BRAGA, João Ricardo (Orgs.). *Para além das urnas: Reflexões sobre a Câmara dos Deputados*. Brasília: Câmara dos Deputados; Edições Câmara, 2011. pp. 267-89.

MAINWARING, Scott. "Multipartism, Robust Federalism, and Presidentialism". In: _____; SHUGART, M. *Presidentialism and Democracy in Latin America*. Cambridge: Cambridge University Press, 1997. pp. 55-110.

MANCUSO, Wagner Pralon. *O lobby da indústria no Congresso Nacional: Empresariado e política no Brasil contemporâneo*. São Paulo: Edusp; Humanitas, 2007.

_____; SPECK, Bruno Wilhelm. "Financiamento de campanhas e prestação de contas". *Cadernos Adenauer*, Rio de Janeiro: Fundação Konrad Adenauer no Brasil, v. XV, n. 1, pp. 135-50, 2014. Disponível em: <http://www.kas.de/wf/doc/13776-1442-5-30.pdf>. Acesso em: 12 maio 2016.

MARENCO, André. "Quando leis não produzem os resultados esperados: Financiamento eleitoral em perspectiva comparada". *Dados — Revista de Ciências Sociais*, Rio de Janeiro: Iesp/Uerj, v. 53, n. 4, pp. 821-53, 2010.

MELO, Carlos Ranulfo. "Reforma política em perspectiva comparada na América do Sul". In: AVRITZER, Leonardo; ANASTASIA, Fátima (Orgs.). *Reforma política no Brasil*. Belo Horizonte: Editora UFMG, 2006. pp. 46-62.

MELO, Marcus. "Emendas parlamentares". In: AVRITZER, Leonardo; ANASTASIA, Fátima (Orgs.). *Reforma política no Brasil*. Belo Horizonte: Editora UFMG, 2006. pp. 197-201.

MULCAHY, Suzanne. *Money, Politics, Power: Corruption Risks in Europe*. Berlim: Transparency International, 2012.

NICOLAU, Jairo M. "Lista aberta — lista fechada". In: AVRITZER, Leonardo; ANASTASIA, Fátima (Orgs.). *Reforma política no Brasil*. Belo Horizonte: Editora UFMG, 2006. pp. 133-6.

_____. "Cinco opções, uma escolha: O debate sobre a reforma do sistema eleitoral no Brasil". *Revista Plenarium*, Brasília: Câmara dos Deputados, ano IV, n. 4, 2007.

ÖHMAN, Magnus. "Practical Solutions for the Public Funding of Political Parties and Election Campaigns". In: _____; ZAINULBHAI, Hani (Org.). *Political Finance Regulation: The Global Experience*. Washington, DC: International Foundation for Electoral Systems, 2009. pp. 57-81.

ORGANISATION FOR ECONOMIC CO-OPERATION AND DEVELOPMENT (OECD). *Financing Democracy: Funding of Political Parties and Election Campaigns and the Risk of Policy Capture*. Paris: OECD Publishing, 2016.

PEIXOTO, Vítor de Moraes. "Impacto dos gastos de campanhas nas eleições legislativas de 2010: Uma análise quantitativa". In: 8º Encontro da Associação

Brasileira de Ciência Política, 2012, Gramado. *Anais...* Rio de Janeiro: ABCP, 2012.

PEREIRA, Carlos; MUELLER, Bernardo. "Uma teoria da preponderância do poder Executivo: O sistema de comissões no Legislativo brasileiro". *RBCS — Revista Brasileira de Ciências Sociais*, São Paulo: Anpocs, v. 15, n. 43, pp. 45-67, 2000.

PEREIRA, Carlos; POWER, Timothy; RENNÓ, Lucio. "Agenda Power, Executive Decree Authority, and the Mixed Results of Reform in the Brazilian Congress". *Legislative Studies Quarterly*, Iowa: University of Iowa, v. 33, n. 1, pp. 5-34, 2008.

PEREIRA, João Ricardo. *Relações entre doações de campanha, denúncias de corrupção e variação de preço nas licitações de obras públicas.* Brasília: FACE-UnB, 2014. 50 pp. Dissertação (Mestrado em Economia).

POWER, Timothy J. "Presidencialismo de coalizão e o design institucional no Brasil: O que sabemos até agora?". In: SATHLER, André; BRAGA, Ricardo (Orgs.). *Legislativo pós-1988: Reflexões e perspectivas.* Brasília: Câmara dos Deputados; Edições Câmara, 2015.

PRZEWORSKI, Adam. *Money, Politics, and Democracy.* Nova York: New York University, 2011. 20 pp. (Working Paper).

REIS, Bruno P. Wanderley. "O presidencialismo de coalizão sob pressão: Da formação de maiorias democráticas à formação democrática de maiorias". *Revista Plenarium*, Brasília: Câmara dos Deputados, ano IV, n. 4, pp. 80-103, 2007.

SAMUELS, David. "Money, Elections, and Democracy in Brazil". *Latin American Politics and Society*, Cambridge: University of Cambridge, v. 43, n. 2, pp. 27--48, 2001.

_____. "Financiamento de campanhas no Brasil e propostas de reforma". In: SOARES, Gláucio Ary Dilon; RENNÓ, Lucio R. (Orgs.). *Reforma Política: Lições da história recente.* Rio de Janeiro: Editora FGV, 2006. pp. 133-53.

SANTOS, Fabiano. "Governos de coalizão no sistema presidencial: O caso do Brasil sob a égide da Constituição de 1988". In: AVRITZER, Leonardo; ANASTASIA, Fátima (Orgs.). *Reforma política no Brasil.* Belo Horizonte: Editora UFMG, 2006. pp. 223-36.

_____; ALMEIDA, Acir. "Teoria informacional e a seleção de relatores na Câmara dos Deputados". *Dados — Revista de Ciências Sociais*, Rio de Janeiro: Iesp/Uerj, v. 48, n. 4, pp. 693-735, 2005.

SANTOS, Manoel Leonardo. *O Parlamento sob influência: O lobby da indústria na Câmara dos Deputados.* Recife: DCP-UFPE, 2011. 196 pp. Tese (Doutorado em Ciência Política).

SANTOS, Manoel Leonardo. "Representação de interesses na arena legislativa: Os grupos de pressão na Câmara dos Deputados (1983-2012)". *Texto para discussão*, Brasília: Ipea, n. 1975, pp. 47, 2014.

_____; BATISTA, Mariana; FIGUEIREDO FILHO, Dalson Britto; ROCHA, Enivaldo Carvalho da. "Financiamento de campanha e apoio parlamentar à Agenda Legislativa da Indústria na Câmara dos Deputados". *Opinião Pública*, Campinas: Cesop/ Unicamp, v. 21, pp. 33-59, 2015.

_____; CUNHA, Lucas. "Propostas de regulamentação do lobby no Brasil: Uma análise comparada". *Texto para discussão*, Brasília: Ipea, n. 2094, pp. 56, 2015.

SPECK, Bruno Wilhelm. "Três ideias para oxigenar o debate sobre dinheiro e política no Brasil". *Em Debate*, Belo Horizonte: UFMG, v. 2, n. 3, pp. 6-13, 2010.

_____. "Recursos, partidos e eleições: O papel do financiamento privado, do Fundo Partidário e do horário gratuito na competição política no Brasil". In: AVELAR, Lúcia; CINTRA, Antônio Octavio (Orgs.). *Sistema político brasileiro: Uma introdução*. 3. ed. Rio de Janeiro: Ed. Unesp, 2015, v. 1. pp. 247-70.

_____. "Game over: Duas décadas de financiamento de campanhas com doações de empresas no Brasil". *Revista de Estudios Brasileños*, Salamanca: Universia/ USAL, v. 3, n. 4, pp. 125-35, 2016.

_____; MANCUSO, Wagner Pralon. "Street fighters e media stars: Estratégias de campanha e sua eficácia nas eleições brasileiras de 2014". In: Congresso da Latin American Studies Association, 2015, San Juan. *Anais...* Pittsburgh: Lasa, 2015.

_____; MARCIANO, João Luiz Pereira. "O perfil da Câmara dos Deputados pela ótica do financiamento privado das campanhas". In: SATHLER, André; BRAGA, Ricardo (Orgs.). *Legislativo pós-1988: Reflexões e perspectivas*. Brasília: Câmara dos Deputados; Edições Câmara, 2015. pp. 267-92.

TULLOCK, Gordon. "The Welfare Costs of Tariffs, Monopolies and Theft". *Western Economic Journal*, Fountain Valley: Western Economic Association International, v. 5, pp. 224-32, 1967.

VIEIRA, Fernando Sabóia. "Poderes e atribuições do Presidente da Câmara dos Deputados no processo decisório legislativo". In: NICOLAU, Jairo; BRAGA, João Ricardo (Orgs.). *Para além das urnas: Reflexões sobre a Câmara dos Deputados*. Brasília: Câmara dos Deputados, Edições Câmara, 2011. pp. 93-119.

WALECKI, Marcin. "Practical Solutions for Spending Limits". In: ÖHMAN, Magnus; ZAINULBHAI, Hani (Org.). *Political Finance Regulation: The Global Experience*. Washington, DC: International Foundation for Electoral Systems, 2009, pp. 45-53.

Índice remissivo

10 Medidas Contra a Corrupção, 262-6

Abranches, Sérgio, 113-4, 254, 275
Acemoglu, Daron, 76, 78, 86, 272
Agripino, José, 161
Airton, José, 121
Alcântara, Lúcio, 121
Aleluia, José Carlos, 15, 161
Alencar, Alexandrino, 31, 251
Almeida, Acir, 181-2
Alstom, 128
Alves, Garibaldi, 22, 92
Alves, Giovanni, 207
Alves, Henrique Eduardo, 90, 92, 123, 133, 154, 268
Alves, João, 14
Alves, Walter, 92
Alves dos Santos, José Carlos, 14
Alves Pinto, Altair, 172
Amaral, Delcídio do, 22, 36, 70, 127-8, 157, 167-8, 173, 175-6
Amastha, Carlos Enrique, 223

Ames, Barry, 115
Amil, 82, 153
Amorim Neto, Octavio, 153
Andrade, Antônio, 208
Andrade Gutierrez, 13-4, 47, 50, 53, 71-2, 75, 82, 84, 127, 269-70
Angra III, usina de, 85, 128
Anões do Orçamento, escândalo, 11, 14-5, 30, 155, 278-9
Araújo, Bruno, 161, 237
Araujo, Gustavo Batista, 187, 212
Arisco, 164; ver também Queiroz Filho, João Alves
Associação Brasileira da Indústria Química (Abiquim), 201
Azambuja, Reinaldo, 202
Azevedo, Gilles, 69, 72
Azevedo Jr., Elton Negrão de, 269

Baldy, Alexandre, 166
Balhmann, Antonio, 203-4
bancada ruralista, 192-4

Banco Alvorada, 49-50
Banco BMG, 50, 53
Banco BTG Pactual, 50, 53, 57, 153, 168
Banco do Brasil, 58, 60
Banco Itaú, 50, 53
Banco Safra, 57
Banco Santander, 57
Bandeira-de-Mello, Rodrigo, 211
BankBoston, 57
Barbalho, Jader, 121, 123, 127
Barbosa, Joaquim, 219
Barbosa, Silval, 203
Barra, Flávio, 85
Barros Gomes, Fábio de, 171
Barroso, Roberto, 219
Barusco, Pedro, 58, 125
Batista, Eike, 40-3, 53
Batista, Joesley, 35, 78, 86, 108, 128, 166, 172, 175, 202-5, 207-8, 222
Belo Monte, usina de, 85, 128
Bendine, Aldemir, 129
Benedicto Júnior, 29, 33, 35-6, 47-8, 51-2, 64, 95, 191, 238, 249, 271
Benjamin, Herman, 27, 47, 52, 62, 100, 197, 199, 271
Bertin (grupo), 89, 206
Berzoini, Ricardo, 84
Binotti, Luiz, 223
Bisordi, Marcelo, 66
BNDES, 15, 53, 58, 60, 69, 86, 129, 204-5, 211, 259, 277
Boas, Taylor, 211
Bolsonaro, Eduardo, 264
Bolsonaro, Jair, 104
BR Distribuidora, 128
BR Foods, 82
Bradesco, 49-50, 53, 57, 82
Braga, Eduardo, 90
Braga, Hudson, 250

Braskem, 49-50, 65, 145, 154, 200
Buarque, Cristovam, 41

Cabral, Marco Antônio, 92
Cabral, Sérgio, 35, 92, 250
caixa dois, 15, 22, 25, 28-9, 31, 33-5, 38, 40, 51, 63, 85, 97, 108, 132, 159, 186, 198-9, 220, 225, 231, 237-8, 244, 259-64, 279, 281
Caixa Econômica Federal, 58, 60, 89, 126, 168, 205, 207-8, 267, 277
"caixa três", 51-2, 108
Calheiros, Renan, 7, 90, 121, 123, 127, 131-2, 161, 201-2
Camargo Corrêa, 50, 53, 66, 75, 85, 124
campanha eleitoral 2014, 37
campanhas eleitorais, 25, 101-3
Campos, Eduardo, 35, 64, 72-3
candidatos milionários, 223-6, 244
Cândido, Vicente, 231, 233, 237
Cardoso, Fernando Henrique, 68, 117, 121, 127, 153, 174, 211
Cardoso, Vanderlan Vieira, 223
Carioca Engenharia, 13, 50, 53
Cármen Lúcia, 219
Carvalho, Gilberto, 23
Carvalho Filho, José de, 97
Cervejaria Petrópolis, 50-3, 57
Cerveró, Nestor, 127
Chalita, Gabriel, 123
Claessens, Stijn, 209
cláusula de desempenho, 256-7
Cleto, Fábio, 89, 207, 268
Coca-Cola Brasil, 50, 53
coligações partidárias, 254-5
Collor de Mello, Fernando, 12-3, 21, 149
Comissão de Valores Mobiliários (CVM), 129

comissões parlamentares, 177-9

Companhia Metalúrgica Prada, 49-50

Companhia Siderúrgica Nacional (CSN), 49, 53

Complexo Petroquímico do Rio de Janeiro (Comperj), 270

Confederação Nacional da Indústria (CNI), 150, 157

Congresso Nacional, 89, 114-5, 148-53, 157-9, 168-9, 172, 177, 189-90, 192, 194-6, 218, 222, 234, 247, 275

Conselho Administrativo de Defesa Econômica (Cade), 129

Conselho Administrativo de Recursos Fiscais (Carf), 57

Constituição de 1988, 113-4, 141, 148, 276

Contribuição para o Financiamento da Seguridade Social (Cofins), 173-4, 201

Contribuição Social sobre o Lucro Líquido (CSSL), 174

Copa do Mundo 2014, 60, 259; Arena Corinthians, 198

Correios, escândalo dos, 22, 127

corrupção, 260-1, 272-5, 278-81

Costa, Paulo Roberto, 35, 54, 62, 124-5, 127

Costa e Silva, Arthur da, 141

Coutinho, Luciano, 205

crédito-prêmio do IPI, 141-2, 144, 146, 154

crise financeira, 2008, 68-9, 145, 259

Cruz, Márcia, 157, 172

Cunha, Eduardo, 13, 88-90, 92, 94, 98, 128, 131, 133, 154, 167-8, 171-2, 206-8, 237, 268-9

Cunha, Lucas, 274

Cutrale, 50, 53

Dados (revista), 113

Delfim Netto, Antônio, 141

DEM, 128

Dias Toffoli, 219

Dilma-Temer, julgamento no TSE, 27, 41, 54, 86, 197, 238

distritão, 248

doações eleitorais, 33, 44-7, 78-80, 89-91, 93-4, 101-4, 228-9; como mecanismo de acesso ao poder, 156; comparadas ao porte das empresas, 55-6; de empresas, 12, 16, 43, 47-52, 54-75, 80-1, 84-6, 108, 156, 159, 161, 163, 218-21, 225, 242; de pessoas físicas, 41-3, 218-9, 221, 226; dificuldade de separar as lícitas das ilícitas, 186; endogeneidade, 104-5; favorecimento dos líderes dos partidos, 135-6, 138; financiamento público e, 231-5, 237, 240, 243; limitações no mundo, 228, 231; para partidos de esquerda, 83-4; resultados *versus* valores das, 100-9, 104-5, 107; setores da economia e, 61; transparência e, 226; *versus* caixa dois e propina, 33-4, 55; via partidos para candidatos, 95, 98

Doria, João, 222, 225

Dornelles, Francisco, 201

Dourado, Juscelino, 37

Eldorado (fábrica de celulose), 205-6

eleição presidencial 1994, 68-9

eleição presidencial 2002, 68

eleições 2010, 247

eleições 2014, 64-6, 70-4, 89, 91-3

emendas parlamentares, 14, 132, 143, 150, 156, 166-7, 169-70, 173-4 empresas doadoras: facilidade de acesso ao crédito, 210-1; interesse nas comissões do Congresso, 176, 178-9, 181-5; relacionamento com políticos, 132; valorização das ações após doações, 210; vantagens em licitações, 211

escândalos da nova república, 18; Anões do Orçamento, 11, 14-5, 30, 155, 278-9; Correios, 22, 127; esquema P. C. Farias, 11, 30, 279; mensalão do DEM, 11, 279; mensalão petista, 11, 13, 127, 279; mensalão tucano, 11, 13, 279; operação Lava Jato ver Lava Jato, operação; privatizações de FHC, 11, 279

Essencis Soluções Ambientais, 124

Estaleiro Rio Tietê, 124

Esteves, André, 168

Estre Ambiental, 124

Farias, Paulo César (P. C.), 12-3, 21, 30, 220, 279

Feijen, Erik, 209

Feliciano, Marco, 104

Felipe, José Saraiva, 92

Ferreira, Paulo, 84

Figueiredo, Argelina, 115-7, 119, 148, 172, 261

Figueiredo, João Batista, 141

Florestal (empresa de reflorestamento), 205

Fonseca, Augusto, 21

Formigoni, Paulo Sérgio, 206

Fortes, Heráclito, 161, 184-5

Frente Parlamentar Ambientalista, 192-4

frentes parlamentares, 188-95

Fujimori, Alberto, 77

Funaro, Lúcio, 60, 88-9, 92, 98, 126, 131-2, 134, 153, 165, 167-8, 171, 173, 175, 202, 206-8, 268

Fundo de Garantia do Tempo de Serviço (FGTS), 207, 267; fundo de investimento, 89, 206-8, 267-8

fundo de previdência da Cedae-RJ (Prece), 88

Fundo Especial de Financiamento de Campanhas, 232, 243

Fundo Partidário, 221

fundos de pensão da Caixa Econômica Federal (Funcef), 205

Fux, Luiz, 218, 221, 264

Galvão Engenharia, 50, 53, 124-5

Gama, Benito, 237

Garotinho, Anthony, 88

Garotinho, Rosinha, 88

Geisel, Ernesto, 141

Gerdau, 50, 53, 57

Godinho, Flávio, 41

Gol Linhas Aéreas, 153

Goldman Sachs, 164

Gomes, Cid, 203

Gomes, Ciro, 251

Gonçalves, Maetê Pedroso, 174

Gonçalves, Marcelo Henrique Limírio, 166

Grendene, 223

Grilo, Marcos, 30

Guerra, Sérgio, 184-5

Haddad, Fernando, 40

Hallack, Vitor Sarquis, 66

Hidalgo, Daniel, 211

Hypermarcas, 153, 164-5, 167, 171

Imbassahy, Antonio, 161
Instituto Internacional para a Democracia e Assistência Eleitoral (IDEA), 228

J&F, 35, 176, 205, 207-9
"jabutis" ver emendas parlamentares
Janene, José, 54, 125
Janot, Rodrigo, 186
Jaraguá (empreiteira), 125
JBS, 35-6, 50, 53, 57, 60, 78, 82, 89, 129, 166, 173, 176, 186, 202-6, 208-9, 250, 258
Jereissati, Tasso, 7, 9-10, 121
Jucá, Romero, 90, 121, 123, 127, 131, 133, 157-9, 163, 168, 201-2, 232, 234
Justiça em Números (anuário), 262

Kalil, Alexandre, 223
Kassab, Gilberto, 251

Laeven, Luc, 209
Lamounier, Bolívar, 114-5
Landulpho Alves, refinaria, 128
Latif, Zeina, 272
Lava Jato, operação, 11-6, 18, 22, 32-3, 35, 37-8, 40, 47, 51, 53-4, 57, 65-6, 77, 84, 86, 94, 119, 124, 126-7, 130-1, 155, 167, 199, 206, 209, 219, 231, 234, 237, 247, 249, 260-1, 263-4, 277, 279-80
Lazzarini, Sérgio, 211
legislação eleitoral, 94, 100, 102, 217-26, 243, 250-8
Lei de Falências, 7-8
Leite, Eduardo, 85
Levy, Joaquim, 168
Lewandowski, Ricardo, 219
Libra (grupo), 153

líderes partidários, 117-8, 134
Lima, Geddel Vieira, 15, 92, 133, 155, 161, 278-9
Lima, Lúcio Vieira, 92, 201
Limongi, Fernando, 115-7, 119, 148, 172, 261
Lisboa, Marcos, 272
lista aberta versus fechada em eleições, 246
Lobão, Edison, 15, 121, 123, 127
lobby, regulação do, 273
Lorencini, Bruno César, 251
Lorenzoni, Onyx, 263
Lúcia Vânia, 144
Lula da Silva, Luiz Inácio, 8, 22, 24, 37, 41, 68, 71, 77-8, 117, 121, 127, 144, 151, 162, 170, 174, 198, 211, 267, 270, 278; Carta ao Povo Brasileiro, 68
Lumina Resíduos Industriais, 124
Lupi, Carlos, 251-2
Lupianhes Neto, Nicolau, 62

Mabel, Sandro, 154, 167
Machado, Flávio, 84
Machado, Sérgio, 71, 94, 121-4, 156, 184
Maciel, Marcelo Sobreiro, 174
Magalhães, Antônio Carlos, 128
Maia, Arthur, 161
Maia, Rodrigo, 161, 201, 237, 263
Mainwaring, Scott, 115
Malan, Pedro, 7
Mancuso, Wagner, 150, 157
Mantega, Guido, 38, 68, 85, 140, 143-4, 146, 204-5, 251-2
Marcon, Rosilene, 211
Marenco, André, 260-1
marketing eleitoral, 21, 23-4, 26-7

Marques de Azevedo, Otávio, 47, 71-2, 84

MDB (antes PMDB), 60, 66, 89-4, 124, 132, 206

medidas provisórias, 140-54, 169-73

Medioli, Vittorio, 223

Mello, Celso de, 219

Mello, Marco Aurélio, 219

Mello, Nelson, 166

Melo, Cláudio, 14, 155

Melo Filho, Cláudio, 14, 96-7, 132, 134, 138, 155, 158-60, 163, 201

Mencken, H. L., 227

Mendes, Gilmar, 219-20

Mendonça, Duda, 22, 101

mensalão do DEM, 11, 279

mensalão petista, 11, 13, 23, 127, 247, 279

mensalão tucano, 11, 13, 279

Mercadante, Aloizio, 7, 9-10

Migliaccio, Fernando, 31, 34, 37-8, 47, 63, 199, 285-8, 299

Minha Casa Minha Vida, 60, 144

Ministério da Agricultura, Pecuária e Abastecimento (Mapa), 208

Montesinos, Vladimiro, 77

Moreira Franco, Wellington, 133, 161

Moura, Mônica, 22, 24, 27, 37-8, 40, 100, 108, 198

MP do Bem 2, 201

Neves, Aécio, 36, 64-5, 69-70, 72-4, 94, 129

New York Evening Mail, 227

Nicolau, Jairo, 246

NM Engenharia, 124

Nogueira, Ciro, 161

Nora de Sá, Rogério, 84, 127

OAB, 217, 221

OAS, 13-4, 50, 53, 71, 82, 125, 128

Occhi, Guilherme, 126

Odebrecht (grupo), 13-5, 28-9, 30-1, 33-4, 37-8, 40, 47-52, 57, 63-4, 70, 75, 82, 95, 97, 125, 129, 132, 134, 138, 145-6, 150, 155, 158-61, 186, 191, 198-202, 209, 238, 249, 251-3, 258-9, 262, 271, 273, 277

Odebrecht, Emílio, 28, 277

Odebrecht, Marcelo, 28-9, 31-2, 34, 39, 47, 49, 51, 63, 65, 85, 96-7, 126, 140, 143-4, 146, 154, 187, 196, 198, 200-1, 244, 251, 273, 277, 279

Öhman, Magnus, 239

Okamoto, Paulo, 38

Olimpíada 2016, 60, 259; Vila dos Atletas, 198

Oliveira, Eunício, 90, 133, 161, 173, 201

Organização para a Cooperação e Desenvolvimento Econômico (OCDE), 226, 238

Pacheco, Rodrigo, 223

Padilha, Eliseu, 96-7, 133, 161

Paes Landim, 15

Palmeira, Angela, 31

Palocci, Antonio, 7, 9, 22-3, 36-7, 41, 85

Panella, Marcelo, 252

partidos políticos, 117-20

Paulinho da Força, 237

Pedrosa, Mino, 21

Peixoto, Vitor, 105, 247

Pereira, Carlos, 153

Pereira, João Ricardo, 212

Peru, 77

Pessoa, Ricardo, 65, 270

Petrobras, 35, 54, 58, 62, 65, 85, 121, 124-5, 127-8, 205, 259, 270-1, 277

Petros (fundo de pensão da Petrobras), 205

Pinheiro, Walter, 161

Pinho, Arialdo, 204

Pitta, Celso, 22

Plano Real, 77, 149

PMDB ver MDB

poder econômico, influência nas eleições, 245

política de campeões nacionais, 205

políticos: e a elite econômica, 76, 78; relacionamento com empresas, 132-6, 197-212, 268-74, 277; relações com empreiteiras e estatais, 122-4, 126-8, 130

Pollydutos, 124

Por que as nações fracassam (Daron Acemoglu e James Robinson), 76-7, 86

Power, Timothy, 153

PP, 85, 124-6, 241

presidencialismo de coalizão, 113-30, 137, 147, 168, 171-2, 184, 194, 256, 264, 272, 275, 281

presidente da República como legislador, 148-51

privatização do governo FHC, escândalo, 11, 279

Programa de Aceleração do Crescimento (PAC), 60

Programa de Integração Social (PIS), 173-4, 201

propaganda eleitoral em rádio e televisão, 250

Przeworski, Adam, 228

PSDB, 66-70, 94

PT, 7-8, 66-70, 72, 77-8, 80, 82, 84-5, 94, 117, 124, 140, 200, 205, 211

Puccinelli, André, 202

Queiroz Filho, João Alves (Júnior da Arisco), 164-5, 167, 171

Queiroz Galvão (empreiteira), 14, 50, 53, 124-5

Quintão, Leonardo, 92

Rebelo, Aldo, 161

Refis da Crise, 143, 145-6

Regime Especial da Indústria Química (Reiq), 200

Reis, Bruno Wanderley, 261

Reis, Fernando, 252

relatores, 157, 163

Rennó, Lucio, 153

rent seeking, 147, 187, 208-9, 213, 272, 274, 281

Ribeiro Filho, Alcides (Professor Alcides), 223

Richardson, Neal, 211

Robinson, James, 76, 78, 86, 272

Rocha Loures, Rodrigo, 92, 237

Rocha Soares, Luiz Eduardo da, 31, 51, 57, 259, 262

Rossi, Baleia, 92

Rousseff, Dilma, 16, 23-4, 36-8, 64, 67, 69-70, 72-4, 80-1, 86, 95, 117, 121, 153-4, 162, 168-70, 174, 251, 264, 268, 270, 278; ver também Dilma--Temer, julgamento no TSE

Russomanno, Celso, 104

Samuels, David, 61, 78, 245

Sandes Júnior, 166-7, 171

Sandri, Victor Garcia, 204

Sant'Anna, Roberto, 207

Santana, Camilo, 203
Santana, João, 21-3, 26-7, 37-8, 40, 101, 201, 238
Santos, Fabiano, 181-2
Santos, Manoel, 177, 274
Sarney, José, 7, 121, 123, 148, 156, 275
Saud, Ricardo, 36, 86, 173, 175-6, 250
Secretaria de Política Econômica (SPE), 8
seleção adversa, 280
Serra, José, 36, 71
Serveng-Civilsan, 13
Sete Brasil, 58
Silva, Edinho, 67, 72, 80, 95, 251, 271
Silva, Hilberto, 28, 30-2, 37-8
Silva, Marina, 64, 72-5
sistema eleitoral, 26-7
Skaf, Paulo, 97
Skornicki, Zwi, 37
Soares dos Reis, Manoel Ailton, 15
Speck, Bruno, 95, 225, 237
Suplicy, Marta, 36
Supremo Tribunal Federal (STF), 17, 217-26, 242

Tafner, Paulo, 153
Tavares, Maria Lúcia, 31
Tebet, Ramez, 9
Temer, Michel, 16, 78, 90, 92, 94, 96-7, 123, 126, 128, 133, 148, 151, 154-5, 161, 206, 223, 225, 237, 251, 268, 275, 278; *ver também* Dilma-Temer, julgamento no TSE

Tesouro Nacional, 168
Tiririca, 104
Transparência Internacional (ONG), 238, 260
Transpetro, 71, 121, 123, 184

UTC Engenharia, 50, 53, 65, 75, 125, 270

Vaccari Neto, João, 38, 41, 84-5, 271
Vale (mineradora), 129
valores de propinas, 32, 35, 37-8
Vasconcelos, Paulo, 238
Veja (revista), 14
Venezuela, 77
Vieira, Cláudio, 12
Villas Boas, Ticiana, 208
voto distrital, 246

Wagner, Jaques, 86, 161
Walecki, Marcin, 238
Weber, Rosa, 219

Youssef, Alberto, 125, 241
Yunes, José, 269

Zarattini, Carlos, 237
Zavascki, Teori, 142, 219-20
Zeca do PT, 202
Zelada, Jorge, 128
Zelotes, Operação, 57
Zona Franca de Manaus, 53

ESTA OBRA FOI COMPOSTA PELA SPRESS EM ELECTRA E IMPRESSA EM OFSETE PELA GEOGRÁFICA SOBRE PAPEL PÓLEN SOFT DA SUZANO PAPEL E CELULOSE PARA A EDITORA SCHWARCZ EM JULHO DE 2018

A marca FSC® é a garantia de que a madeira utilizada na fabricação do papel deste livro provém de florestas que foram gerenciadas de maneira ambientalmente correta, socialmente justa e economicamente viável, além de outras fontes de origem controlada.